이 책을 읽은 독자들의 찬사

이 책에서는 성공할 수밖에 없는 혁신적 사업방식을 논하고 있다. 직원의 행복을 통해 고객에게 행복을 전달하고자 하는 사람이라면 이 책을 사서 공부하길 권한다. 이 책에는 버릴 것이 없다!

트레버 실리, 플로리다

비즈니스에서 (그리고 인생에서) 성공하고 싶은 사람은 문제를 어떻게 해결하고 다른 사람들을 어떻게 행복하게 할 것인지 배워야 한다. 이 두 가지는 성공한 모든 비즈니스맨의 핵심이다. 비즈니스맨으로 성공하고 싶은 이들이라면 이 책을 꼭 읽어보기를 권한다.

멜리사 킹, 애틀랜타

저자가 말하고자 하는 가장 큰 핵심은 비즈니스가 아니라 인생사다. 그는 공동 설립한 회사를 스물네 살에 팔고 거액을 벌었을 때 돈이 전부가 아니며 일에는 의미가 있어야 한다는 사실을 깨달았다. 열정 없이는 만족도 없다.

케이트 그레이, 네바다

성공과 실패를 거듭하는 회사의 이야기는 현실적이며 흥미롭다. 재포스는 기업이라면 겪는 시행착오와 고난을 모두 겪었다. 회사 간부진이 반드시 읽어야 하는 책이다.

레이먼드 피나드, 뉴햄프셔

상식에 기반하고 직원들의 행복을 염두에 둠으로써 성공적인 기업체를 만들어가는 데 저자의 실용적 통찰력이 뛰어나다. 재포스처럼 책 자체도 특별하다. MBA 학생이나 교수들이 필독해야 하는 책이다.

토미

리더십, 마케팅, 브랜딩, 고객 서비스, 기업문화에 대한 귀한 교훈과 사업성공담이 잘 버무려져 있는 책으로 읽기도 쉽다. 기업 경영자나 직장인, 또는 직업을 바꾸려는 사람이라면 이 책에 큰 자극을 받을 것이다. 적어도 세상을 다른 눈으로 보게 될 것이다.

엘리자베스 오헤이즈

이 책에서는 저자가 설명하는 비즈니스 전략과 기술이 특히 볼 만하다. 회사 초창기 자동차 사고로 고속도로에 신발 재고를 다 잃는 이야기, 운영을 위한 자금 조달 과정의 고난기, 폐업 위기까지 갔다가 극적으로 살아나는 소생기 등 회사가 성공과 위기 사이에서 균형을 잡아가는 재포스의 경영 이야기는 실로 박진감 넘치며 흥미진진하다.

리사 스파크스, 마이애미

사업가 정신을 가진 사람들이 꼭 읽어야 하는 멋진 책. 뻔한 소리 없이 사실만을 언급하며 핵심을 찌른다. 좋은 정보로 가득하다.

treyj86

경제경영서의 금메달이다. 성공적인 회사의 CEO가 성공의 방법과 이유에 대해 이렇게 자세하게 알려준 적이 없었다.

아트 조나크, 텍사스

매우 재미있으며 술술 읽히는 책. 다 읽고 나서는 나 또한 재포스 같은 회사를 차리고 싶다는 충동에 자주 시달렸다.

파블로 암브람, 에콰도르

딜리버링
해피니스

DELIVERING
HAPPINESS

딜리버링
해피니스

토니 셰이 지음 | 송연수 옮김

북하우스

에이바 제크*를 비롯한 미래의 사업가들과

비즈니스 리더들에게 바칩니다.

열한 살 생일을 축하해요, 에이바!

* 재포스 간부 리처드 제크의 딸인 에이바는 저자 토니 셰이와 몇 년 전 처음 만나 금방 친한 친구가 되었다. 네 살에 거라지 세일을 열어 엄마의 프라다 구두를 다 팔려고 하는 등 어린 시절부터 사업가의 싹을 보였고, 최근에는 유기농 달걀 판매 사업을 시작했다고 한다. 토니 셰이는 에이바의 이야기를 책에 포함하고 싶었으나 마땅한 자리를 찾지 못해 대신 에이바에게 책의 헌사를 바치기로 했다. 에이바는 2010년 6월 이 책의 출간기념파티에도 참석했다.

서문

나는 내 인생 대부분의 시간을 사업가로 보냈다. 창조와 실험을 항상 즐겼고 그 과정에서 배웠던 교훈을 새로운 사업과 내 사생활에 적용하는 것을 즐겼기 때문에 가능했던 것이 아닐까 한다.

1996년에는 링크익스체인지(LinkExchange)를 공동 설립하여, 1998년 2억6천5백만 달러를 받고 마이크로소프트(Microsoft)에 매각했다.

1999년에는 고문 겸 투자자로 재포스(Zappos)에 합류, 후에 CEO가 되었다. 재포스는 1999년 거의 매출이 없던 상태에서 연간 총매출 10억 달러를 초과하는 기업으로 성장했다.

2009년에는 결산일 기준 12억 달러가 넘는 금액으로 아마존(Amazon)에 재포스를 매각했다.

외부인의 관점에서 보면 두 기업 모두 하룻밤 새 성공한 예로 보일지도 모르겠지만 그 과정에는 수많은 시행착오들이 있었다. 내 철학과 세계관은 대체로 내가 성장하면서 경험했던 것들에 의해 형성된 것이다.

나는 언제나 독서광이었다. 재포스는 사내 도서관을 설치하여 직원들에게 독서를 권장한다. 직원들이 개인적으로, 직업적으로 성장하는 것을 돕기 위해서다. 우리가 권하는 책 중에는 재포스의 철학에 영향을 미치고, 우리가 지금의 자리에 오르는 데 도움이 된 책들이 많다.

내가 저지른 실수를 다른 이들이 되풀이하는 것을 막기 위하여 나는 책을 쓰기로 결심했다. 나는 또한 이 책이 이미 자리 잡은 기업들뿐만 아니라 일반적 통념을 거스르고 성공으로 가는 자신만의 길을 개척하고자 하는 사업가들에게 용기를 전하길 희망한다.

책의 구조

이 책은 3부로 구성되어 있다.

「돈」이라는 제목의 1부는 나의 성장기와 재포스에 합류하기까지의 이야기를 담고 있다. 사업가로서의 초기 모험담들과 어른들이 기대했던 모범생이 되기를 거부하는 이야기도 있다.

「돈, 열정」이라는 제목의 2부는 좀더 비즈니스적인 내용으로, 재포스가 믿고 지키는 여러 중요한 철학을 논한다. 회사 이메일과 우리가 지금도 쓰고 있는 내부 문서도 약간 포함했다.

제3부는 「돈, 열정, 사명」이다. 평범함에 머무르지 않고 더 높이, 더 멀리 전진하자는 재포스의 비전을 서술하고 있다. 독자들이 3부에 자극받아 비범함을 추구하게 되기를 바란다.

이 책은 재포스의 역사나 내가 관여했던 사업들을 포괄적으로 서술하는 책이 아니다. 또한 나의 자서전도 아니다. 따라서 나의 삶에 기여했거나 내 인생에서 일정 역할을 담당했던 분들이 모두 등장하지는 않는다(내가 원한다 해도 다 등장시킬 수도 없다. 내게 영향을 끼친 분들이 너무나 많기에 모두 포함시킨다면 독자들이 제대로 책의 내용을 파악할 수 없을 것이다). 이 책의 목적은 일과 인생에서 행복을 찾는 방법을 발견해가는 여정에서 내가 선택한 길에 대한 내용을 함께 나누는 것이다.

독자들이 책을 읽다보면 영문법의 좋은 예라고 보기 힘든 문장들을 종종 마주치게 될 것이다. 이 책에서 뚜렷하게 명시된 제삼자들의 도움을 제외한다면 나는 대필작가의 도움 없이 책을 썼다. 나는 전문 작가가 아니다. 또한 전치사로 문장을 끝내는 등, 고등학교 시절 영어 선생들이 본다면 움찔할 정도로 일부러 엉터리로 쓴 문장들도 있다. 내가 평소에 말하는 방식을 반영하려는 뜻도 있고, 고등학교 시절 영어 선생님들을 짜증나게 하고 싶어서이기도 했다(사실은 내가 깊이 존경하는 분들이다).

대필작가를 이용하지는 않았으나 원고에 대한 의견, 각종 제안, 격려 등으로 눈에 보이지 않는 도움을 주신 분들이 많다. 이 기회를 빌려 그분들에게 깊은 감사의 뜻을 표한다. 지면이 좁아 이 책에 기여한 모든 분들을 언급할 수는 없지만, 오랜 친구이며 내 '백업 두뇌' 이기도 한 젠 림에게는 특별히 감사하고 싶다. 젠은 이 책의 프로젝트 매니저로서 시작부터 마무리까지 집필 전과정을 지휘하며 이끌어주었다. 또한 다른 분들이 제공한 많은 자료들을 취합하여 편집하는 것까지 도와주었다. 그러한 자료의 일부는 이 책에 포함되어 있으며 나머지는 나의 웹사이트 www.deliveringhappinessbook.com에서 볼 수 있다.

차례

길을 아는 것과 그 길을 걷는 것은 분명히 다르다.

—영화 〈매트릭스〉에서 모르페우스의 대사

프롤로그

나의 길을 찾아서

와우.

강당이 터질 듯했다. 직원회의에 참석하기 위해 단상에 서자 7백 명의 재포스 직원들이 일어서서 환호하며 손뼉을 쳤다. 행복의 눈물을 줄줄 흘리는 이들까지 있었다.

48시간 전, 아마존이 우리를 인수한다는 소식을 세계에 알렸다. 재포스 밖 세상에서는 온통 돈 이야기뿐이었다. 언론의 머릿기사도 이런 식이었다.「아마존, 10억 달러에 달하는 금액으로 재포스 인수」「아마존, 사상 최대 금액의 인수」「재포스 매각으로 다들 얼마나 벌었나」.

1998년 11월, 친구와 공동 설립했던 기업 링크익스체인지는 설립 후 2년 반 만에 2억6천5백만 달러의 가격으로 마이크로소프트에 팔렸다. 2009년 7월 현재, 재포스의 CEO인 나는 재포스의 창사

10주년을 축하한 직후 아마존이 재포스를 인수한다는 소식을 발표했다(인수는 공식적으로는 몇 달 후 주식과 현금이 혼합되어 교환되는 형태로 종결될 예정이었고 종결 당일 주식의 가치는 12억 달러에 달할 것이었다). 두 기업의 인수는 언뜻 유사해 보였다. 각 기업 모두 인수를 통해 한 해당 1억 달러 정도의 가치를 창출한 셈이었다. 따라서 외부자의 눈에는 단지 규모만 커졌을 뿐, 역사가 되풀이되는 것처럼 보였을 것이다.

전혀 진실이 아니었다.

강당에 모인 우리는 모두 아마존 인수의 핵심이 돈이 아님을 알고 있었다. 우리는 함께 재포스를 통해 돈과 열정, 그리고 사명을 결합한 기업을 일구어냈다. 재포스의 핵심은 기업을 일구는 것만도 아니었다. 우리 자신을 포함한 모두에게 행복을 전달하는 생활방식을 구축하는 것이 재포스의 핵심이었다.

단상 위에 오른 순간, 시간이 멈춘 듯했다. 강당 안의 모두를 하나가 되게 한 강력한 에너지와 뜨거운 감정을 보며 나는 10년 전 난생처음 참가했던 레이브 파티(일종의 광란 파티. 옥외나 빈 건물에 대규모 인파가 모여 빠른 음악에 맞춰 춤을 추고 노래를 부르며 즐기는 파티—옮긴이)를 떠올렸다. 내 눈앞에서 수천 명의 사람들이 하나 되어 춤을 추며 에너지를 주고받던 그날. 당시 레이브를 즐기던 사람들은 PLUR라고 알려진 네 가지의 핵심가치를 공유하며 함께 어울렸다. Peace(평화), Love(사랑), Unity(단합), Respect(존중).

우리는 재포스 고유의 10가지 핵심가치를 함께 정했다. 이러한 가치는 우리를 하나로 묶어주었고, 지금 이 순간으로 우리를 인도하는 데 중요한 역할을 해주었다.

내 앞의 직원들을 바라보며 나는 깨달았다. 개인적으로 택한 길들은 모두 다른 길이었을지도 모르지만, 모두의 길이 결국 서로 통해 지금 이 순간, 이곳에 함께 다다랐다는 사실을 깨달았다. 나를 여기까지 안내한 행로는 내 인생에 재포스나 링크익스체인지가 나타나기 훨씬 오래전에 어디선가 시작되었다는 사실을 깨달았다. 내가 관여했던 여러 사업들, 내 인생에 등장했던 모든 이들, 그리고 내가 겪었던 모든 모험들이 떠올랐다. 내가 저질렀던 실수들과 그 과정에서 내가 배웠던 교훈들이 생각났다. 대학 시절의 기억은 고등학생 시절로, 중학생 시절로, 급기야 초등학생 시절로 이어졌다.

모든 이들의 시선을 한 몸에 받으며 나는 나의 여정이 언제 시작되었는지 되짚어보려고 했다. 머릿속에서 해답을 찾아 거꾸로 시간여행을 했다. 죽음을 앞둔 것도 아니었는데 (이 점 충분히 확신한다. 나는 아직도 살아 있다) 눈앞에서 내 삶의 장면들이 주마등처럼 스쳐갔다. 언제지? 언제였지? 나는 답을 찾고 싶어 안달이 났다. 바로 이 순간, 강당 안의 에너지가 사그라지기 전에, 멈춘 시간이 다시 흐르기 전에 답을 찾아야 했다. 왜인지는 모른다. 그저 내 길이 어디서 시작되었는지 지금 '알아내야만' 했다.

바로 그때였다. 현실세계로 돌아와 시간이 흐르기 바로 직전, 답이 떠올랐다.

내 긴 여정의 시작은 지렁이 농장이었다.

1. PROFITS

1장
돈을 벌고 싶어!

지렁이 농장

사람들은 처음에는 당신을 무시한다. 그러고는 당신을 비웃는다. 그러고는 당신에게 싸움을 건다. 결국에는 당신이 이긴다.

—간디

내가 아홉 살 때 간디는 나라는 존재를 몰랐을 것이다. 나도 간디가 누군지 몰랐다. 하지만 지렁이를 대량사육, 판매하여 돈을 많이 많이 벌겠다는 나의 비전과 소싯적 꿈을 간디가 알았더라면, 나를 세계 최대 규모의 지렁이 판매업자로 성장시키기 위해 우리 집을 찾아와 앞에서 인용한 말을 내게 해주었을지도 모른다.

불행히도, 간디는 우리 집에 들러 현자다운 충고와 지혜를 나누어주지 않았다. 간디를 만나지 못한 나는 대신 아홉 살 생일날 부모님께 북쪽으로 한 시간쯤 떨어진 거리에 위치한 소노마에 데려다달라고 했다. 그곳엔 당시 지역에서 가장 큰 지렁이 판매업체가 있었다. 물론 그들은 내가 자신들의 가장 강력한 경쟁자가 되려는 꿍꿍이를 품고 있다는 사실을 몰랐다.

적어도 100마리의 지렁이가 묻혀 있다는 진흙이 든 상자를 부모님은 33.45달러를 내고 사주었다. 반토막 난 벌레는 두 마리의 어엿한 벌레로 자란다는 것을 책에서 읽은 기억이 있다. 그렇게 된다면 진짜 근사하지 않겠는가? 하지만 벌레를 반토막 내는 것은 너무 번거로울 것 같아 나는 더 좋은 계획을 짰다. 뒤뜰에 '지렁이 농장'을 짓는 것이다. 대단한 게 아니라 바닥에 철망을 댄 모래상자 같은 것이었는데, 나는 모래 대신 진흙을 상자에 채우고 100마리가 넘는 지렁이를 풀어놓았다. 지렁이들이 자유롭게 기어다니며 쬐그만 아기 지렁이들을 많이많이 낳게 하기 위해서였다.

매일 나는 날달걀 노른자 두 개를 지렁이 농장 위에 부었다. 프로 선수들이 아침으로 날달걀 노른자를 먹는다는 이야기를 들었던 터라 날달걀을 먹은 지렁이들이 더 빨리 번식할 것이라고 굳게 믿고 있었다. 사랑하는 자식이 지렁이 판매로 부자의 꿈을 이루지는 못할 것임을 부모님은 확신했지만 내가 매일 벌레들에게 달걀노른자를 먹이는 것만큼은 내버려두었다. 아마도 달걀노른자의 콜레스테롤 함유량이 매우 높았기 때문일 것이라고 짐작된다. 지렁이가 노른자를 먹어치우면 동생들과 내가 콜레스테롤 함량이 낮은 달걀흰

자만 먹게 될 테니까. 엄마는 콜레스테롤 수치를 높일지도 모르는 음식을 우리가 먹지 않도록 항상 신경을 많이 썼다. 콜레스테롤의 위험성을 다룬 지역뉴스를 보고는 겁을 잔뜩 집어먹은 것이 아닌가 싶다.

날달걀 노른자 식이요법을 지렁이들에게 강요한 지 30일이 지난 어느 날, 상황을 점검하기로 결심한 나는 지렁이 농장의 진흙을 파고 아기 지렁이들이 태어났는지 살폈다. 불행히도 아기 지렁이는 전혀 눈에 띄지 않았다. 그리고 더욱 불행하게도, 어른 지렁이조차 전혀 눈에 띄지 않았다…… 나는 지렁이 상자에 깔린 진흙을 한 시간 동안 조심스레 헤쳐보았다. 지렁이는 한 마리도 남아 있지 않았다. 상자 밑의 철망을 통해 도망친 것이 분명했다. 아니면 달걀노른자 냄새를 맡고 날아든 새들에게 잡아먹혔든가.

새싹을 피우던 지렁이 제국은 이리하여 공식적으로 패망을 고했다. 지렁이를 기르는 건 지루해서 오래 할 일은 아니었다고 부모님께 말씀드렸지만, 진실을 고백하자면 실패에 가슴이 쓰렸다. 토마스 에디슨이 살아 있었다면 우리 집에 들러 실패에 관한 그의 유명한 말을 거듭하며 나를 격려해줄 수도 있었을 것이다.

> 나는 실패하면서 성공에 이르렀다.
>
> —토마스 에디슨

에디슨 또한 다른 일 때문에 바빴던 모양인지, 간디와 마찬가지로 우리 집에 들르지 않았다. 간디랑 둘이서 노느라 바빴는지도 모르겠다.

성장기

대만에서 미국 일리노이주립대 대학원으로 따로따로 유학을 왔던 엄마와 아빠는 학교에서 만나 결혼했다. 나는 일리노이 주에서 태어났지만 거의 4미터 높이에 달하는 다이빙대에서 뛰어내렸던 것과 반딧불을 잡던 것 외에는 그 시절을 기억하지 못한다. 어릴 적 기억은 언제나 아리송한 법. 그러나 다이빙대 점프 사건과 반딧불 생포 사건이 동시에 일어나지 않은 것은 확실하다. 두 살짜리 꼬마가 공중 부양하여 반딧불을 잡는다는 것이 현실적이지 않으니까.

내가 다섯 살 되던 해, 아빠가 캘리포니아 주에 직장을 얻어 우리 가족은 금문교를 사이에 두고 샌프란시스코 바로 위쪽에 위치한 마린 카운티(샌프란시스코 근교의 아름다운 풍광으로 유명한 부유한 거주지역—옮긴이)로 이주했다. 우리는 루카스 밸리(마린 카운티에 속한 동네 이름—옮긴이)에 살았다. 우리 집은 조지 루카스(〈스타워즈〉로 유명해진)가 거주하면서 사업도 꾸리던 스카이워커 랜치에서 20분 정도 거리에 있었다.

부모님은 흔히 볼 수 있는 전형적인 아시아계 미국인 부모였다. 아빠는 셰브론에서 일하는 화학공학기술자, 엄마는 사회복지사였다. 두 분은 나와 두 남동생들에게 성적에 관한 기대가 컸다. 동생 앤디는 나보다 두 살 어렸고, 캘리포니아로 이사 온 지 4년 만에 막내 데이비드가 태어났다.

마린 카운티에는 아시아계 가정이 별로 없었지만 부모님은 어찌어찌하여 아시아계 가정을 열 집이나 찾아내서는, 각자 음식을 준비해 함께 먹고 부모와 자녀들이 다 같이 모여 노는 모임을 정기적으로 가졌다. 아이들이 텔레비전을 보는 동안 부모들은 다른 방에서 자식들의 성취에 대해 자랑을 하며 만남의 시간을 보냈다. 자식 자랑은 아시아 문화의 일부였다. 자녀의 성취란 부모들에게 자기 자신의 성공과 지위를 상징하는 트로피와 같았다. 부모의 성적은 자식의 성적에 달려 있었다.

아시아계 부모들이 꼽는 자녀의 성취에는 세 가지 종류가 있다.

우선 학업적 성공을 들 수 있는데, 뛰어난 성적, 다양한 종류의 수상과 대외적인 인정, 좋은 SAT 점수, 또는 학교의 수학경시대회 대표 등이 이에 속한다. 이런 여러 요소들 중 가장 으뜸은 자녀가 어느 대학에 진학했는가였다. 부모들이 가장 으스댈 수 있는 대학은 하버드였다.

두번째 종류는 직업적 성취다. 의사가 되거나 박사학위를 취득하는 것이 최고의 직업적 성취로 간주되었다. 두 경우 다 '미스터 셰이'에서 '닥터 셰이'(미국의 경우 의사나 박사학위자를 부를 때 '닥터'라는 호칭을 사용한다 — 옮긴이)로 상승할 수 있었기 때문이다.

세번째는 능숙한 악기 연주이다. 거의 모든 아시아계 어린이들이 피아노나 바이올린, 심지어는 두 악기 모두 배울 것을 강요당했고, 아시아계 가정이 모일 때마다 저녁식사 후 자식들은 부모들 앞에서 악기 연주를 해야 했다. 연주의 표면적인 이유는 부모들을 즐겁게 하기 위해서였지만, 사실은 부모들이 자식들을 서로 비교하는 방법이었다.

우리 부모님은 다른 아시아계 부모와 마찬가지로 우리가 이 세 가지를 모두 이룰 수 있도록 상당히 엄하게 가르쳤다. TV 시청 가능 시간은 일주일에 한 시간. 부모님은 내게 전 과목 올A를 기대했고 중학교와 고등학교 시절 내내 나를 SAT 모의시험에 끌고 다녔다. SAT는 대학 지원과정의 한 부분으로서 보통은 고등학교 마지막 학년에 딱 한 번 응시하는 검정시험이다. 그러나 우리 부모님은 6학년 때부터 SAT를 준비시켰다.

중학생 때 나는 피아노, 바이올린, 트럼펫, 그리고 프렌치호른 등 네 가지의 악기를 다루게 되었다. 학기 중 주중에는 한 악기당 하루 30분, 토요일과 일요일에는 한 시간씩 연습을 해야 했다. 여름방학 동안은 악기마다 매일 한 시간씩 연습해야 했다. 이러한 연습은 '여름방학'의 '방학' 부분을 맛보고 싶은 아이들에게는 잔혹한 형벌이며 미국 헌법 제8조에서 언급하는 '잔인하고 비정상적인 형벌'로 지정되어야 한다고 믿는다.

나는 주말과 여름방학을 즐길 수 있는 방법을 생각해냈다. 일단 부모님이 잠들어 있는 아침 여섯 시에 일어나 피아노가 있는 곳으로 내려온다. 그리고 피아노를 치는 대신 카세트테이프 플레이어를 이용하여 미리 녹음해놓은 한 시간짜리 연습 연주를 튼다. 일곱 시가 되면 내 방으로 올라가 문을 잠그고 한 시간짜리 바이올린 연습 테이프를 튼다. 그동안 나는 책이나 『소년생활 *Boys' Life*』 잡지를 읽으며 빈둥거렸다.

당연한 이야기지만 레슨 선생님들은 왜 내 실력이 전혀 나아지지 않는지 이해하지 못했고, 그저 내가 음악에 재능이 없는 모양이라고 생각했던 것 같다. 내 입장에서 본다면, 이렇게 여러 가지 악기를 배우는 것이 어떻게 성취도를 측정할 수 있는 성과가 되는지 도저히 상상을 할 수가 없었다(이 책을 읽고 엄마가 화를 많이 안 냈으면 좋겠다. 엄마가 피아노랑 바이올린 레슨에 쓰신 돈을 전부 갚는 게 나의 도리일 것이다).

부모님, 특히 엄마는 내가 의사가 되거나 박사학위를 따기를 바랐다. 부모님은 정규교육이 가장 중요한 것이라고 강조했지만, 내 인생의 첫 25년을 미리 정해놓는다는 것은 너무 엄격한 것 같아 생각만 해도 숨이 막혔다.

나는 사업을 운영하고 돈을 벌 수 있는 다양한 방법을 찾는 데 훨씬 더 관심이 많았다. 내가 공부에만 집중할 수 있도록 부모님은 돈 걱정은 할 필요가 없다고 항상 말하곤 했다. 의사가 되거나 박사학위를 따는 데 드는 모든 비용을 대준다는 것이다. 또한 내가 원하는 옷도 다 사준다고 했다. 다행히도 (우리 부모님에게 다행이란 뜻이다) 나는 패션감각이 없어서 옷에 대해서는 까다롭게 굴지 않았다.

나는 돈을 버는 것에 대해 늘 공상하곤 했다. 나에게 돈이란 어른이 되었을 때 원하는 것을 뭐든지 할 수 있는 자유를 뜻했다. 또한 나만의 회사를 운영한다는 것은 창조적으로 살 수 있고, 궁극적으로는 내 마음대로 인생을 살 수 있음을 뜻했다.

초등생 시절 나는 거라지 세일(garage sale, 동네 사람들에게 중고물품을 파는 것. 주로 집의 차고garage에서 이루어진다 — 옮긴이)을 자주 열었다. 부모님의 차고에 있던 잡동사니가 동이 났을 때 나는 친구네 집에서 거라지 세일을 하고 싶다고 부탁했다. 친구와 나는 친구 부모님의 집에서 찾아낸 잡동사니들을 진입로에 늘어놓고, 레모네이드도 좀 만들어놓았다. 또 친구에게는 어린 소녀들이 입는 옷을 입혀 다섯 살은 어려 보이게 했다. 이렇게 하면 잡동사니는 못 팔더라도 레모네이드는 팔 수 있을 거라는 생각에서였다(미국에서는 어린아이들이 종종 집 앞에서 동네 사람들에게 레모네이드를 파는데 그 모습이 귀여워서 어른들이 많이 사준다 — 옮긴이). 결과적으로는 잡동사니보다는 레모네이드로 돈을 더 많이 벌었다.

중학생이 되자 나는 다른 방식으로 돈을 벌고 싶었다. 자전거를 타고 신문을 돌려봤지만 곧 그만뒀다. 청소년은 지역신문사의 직원이 아니라 자영업자의 신분으로 신문을 돌리게 되는데, 따라서 지역신문사들은 미성년고용법을 위반하지 않고 아이들을 헐값에 이용하는 교활한 수작을 부릴 수 있었다. 주판알을 튀겨보니 나는 시간당 2달러밖에 못 벌었다.

신문 배달을 그만두고 나서는 직접 소식지를 만들기로 결심했다.

직접 쓴 기사 20쪽과 낱말 퍼즐, 그리고 재미있는 농담을 넣은 소식지를 밝은 주황색 종이에 출력한 후, 『고블러(*The Gobbler*, '탐독하는 사람'이란 뜻이 있다 ― 옮긴이)』라고 이름을 붙이고 5달러의 가격을 매겼다. 이렇게 심혈을 기울인 소식지 1호는 친구들에게 4부를 판 것이 다였다. 돈이 있는 친구를 더 사귀든지, 다른 방식의 수익 창출을 생각해내야 했다. 어느 날 나는 이발을 하러 갔다가 이발사 아저씨에게 고블러를 한 호 보여주고 다음 호 전면광고를 사겠느냐고 물어봤다. 광고가는 단돈 20달러.

이발사 아저씨가 광고를 내겠다고 했을 때 나는 대박이 터졌음을 알았다. 광고를 네 개만 더 판다면 바로 100달러의 수입이 생기는 것 아닌가! 당시의 나로서는 만져보지 못한 거액이었다. 첫 광고 판매 후 자신만만해진 나는 이발관 옆의 가게들로 진군하여 전국을, 아니면 온 동네라도 휩쓸 차세대 소식지의 광고 지면을 사지 않겠느냐고 권했다.

아이에게 매정할 수 없었던 점주들은 모두 가능한 한 아주 공손하게 거절했다. 2주 후, 나는 『고블러』 2호를 발간했다. 이번에는 2부밖에 팔지 못했다.

나는 뉴스 사업을 접기로 결정했다.

일만 무진장 많을 뿐, 신문을 사줄 친구들의 점심 용돈은 동이 났던 것이다.

내 동생 앤디와 나는 『소년생활』이란 잡지의 애독자였다. 최신호를 손꼽아 기다리다 발행되자마자 표지부터 끝까지 샅샅이 읽곤 했다. 내가 가장 좋아한 것은 잡지 맨 뒤의 줄광고면이었다. 줄광고면에서는 이제까지는 본 적도 없지만 언젠간 꼭 가져야만 할 멋진 잡동사니들을 주문할 수 있었다. 온갖 종류의 마술 도구들과 진기한 물건들(내게 '진기한'이란 단어는 아주 오랫동안 '무지무지 끝내주게 멋진'과 동의어였다)이 있었다. 진공청소기를 미니 호버크라프트(압축 공기를 이용, 수면이나 지면 바로 위로 날 수 있는 탈것—옮긴이)로 개조할 수 있는 키트도 있었다.

하지만 뭐니 뭐니 해도 내 관심을 가장 끌었던 것은 잡지 뒤표지에 실린 전면광고였는데, 그 광고에 따르면 내가 카드를 팔면 온갖 종류의 상품들을 얻을 수 있다고 했다. 카드 팔기? 식은 죽 먹기 아닌가. 이웃집을 가가호호 방문하여 크리스마스카드를 팔고(광고에 의하면 크리스마스카드가 필요없는 사람은 없단다. 옳은 소리다), 포인트를 많이 따면 그 포인트로 스케이트보드 또는 가지고 싶어했던 장난감을 얻을 수 있었다.

광고에 혹한 나는 카드 샘플과 카탈로그를 주문했고 일주일이 채 되지 않아 물품이 도착했다. 마침 여름방학 중이어서 이웃집을 가가호호 방문할 시간이 충분했다. 제일 먼저 들른 곳은 우리 바로 옆집이었다.

현관문을 연 아줌마에게 나는 다양한 종류의 크리스마스카드 사진이 실린 카탈로그를 보여주었다. 아줌마는 아직 8월이라서 크리스마스카드를 살 생각이 없다고 했다. 말 됐다. 8월에 크리스마스

카드를 파는 것이 멍청한 짓이었다. 나의 방문은 첫 집을 마지막으로 막을 내렸다.

나는 집으로 돌아가 계절을 덜 타는 사업 아이디어를 떠올리려고 애썼다.

초등학생 시절, 구스타프라는 단짝 친구가 있었다. 서로의 집에서 놀고, 부모님들을 위한 연극을 같이 만들고, 비밀언어와 암호로 이야기를 나누고 일주일에 한 번씩은 서로의 집에서 자는 등 무엇이든지 함께하는 친구였다.

구스타프네 놀러 간 어느 날, 그는 『어린이를 위한 공짜 물건들 *Free Stuff for Kids*』이라는 책을 빌려줬다. 끝내주는 책이었다. 무료 지도나 50센트짜리 볼펜, 무료 범퍼 스티커, 공짜 샘플 등등 공짜가 아니면 1달러 이하로 아이들이 주문할 수 있는 물품들을 수백여 가지나 빽빽이 수록하고 있었다. 원하는 제품이 있으면 제품별 주소로 편지를 써서 반송봉투 및 1달러 이하의 제품가를 동봉하기만 하면 되었다. 구스타프와 나는 책을 샅샅이 읽고 근사하다고 생각하는 물품을 전부 주문했다.

10분 천하로 막을 내린 크리스마스카드 방문판매의 경험 후 나는 집으로 돌아가 『소년생활』의 줄광고면을 다시 훑다가 50달러면 살 수 있다는 핀버튼 제작기계를 발견했다. 광고에 의하면 그 기계만 있으면 사진이나 종잇조각을 브로치처럼 셔츠에 꽂을 수 있는 핀버튼으로 만들 수 있었다. 한 개를 만드는 데 드는 재료가격은 25센트였다.

나는 수년 전 구스타프에게 빌린 후 돌려주지 않았던 『어린이를 위한 공짜 물건들』을 꺼내 '사진 핀버튼'을 파는 회사가 수록되어 있는지 살폈다. 없었다.

흥분한 나는 핀버튼 제작자인 척하고 출판사가 이듬해 발행호에 내 제품을 수록해주었으면 한다는 편지를 썼다. 제대로 된 사업을 운영하는 사람처럼 보이기 위해 나는 'FSFK 부서'라는 낱말을 내 주소에 포함시켰다. 'FSFK'는 '어린이를 위한 공짜 물건들'의 이니셜을 딴 비밀코드였다. 아이들이 사진과 반송봉투, 그리고 1달러를 보내면 사진을 이용하여 만든 핀버튼을 반송봉투에 넣어 보내준다는 것이 책에 실릴 제안이었다. 내가 볼 이익은 주문당 75센트였다.

몇 달 후, 출판사에서 답장이 왔다. 이듬해 나올 개정판에 내 제안을 수록하기로 결정했단다. 나는 부모님께 가서 핀버튼 제작기계를 살 50달러와 재료비 50달러가 필요하니 빌려달라고 했다. 100개를 주문 받으면 돈을 갚겠다고 했다.

부모님은 내가 100개의 주문을 받을 것이라고 생각한 것 같지는 않다. 『고블러』 지를 100부 팔면 이윤이 얼마 남는다는 둥, 카드를 100장 팔면 얼마나 벌 수 있다는 둥 설레발을 이미 경험했으니까. 그저 여전히 훌륭한 내 학교 성적에 대한 보상으로 핀버튼 제작기계와 재료를 주문하는 것을 허락한 것 같다.

두어 달 후, 개정판이 도착했다. 진짜 책에 우리 집 주소가 찍힌 것을 보자니 꽤 짜릿했다. 서둘러 책을 부모님께 보여드리고 첫 주문을 애타게 기다렸다.

우리 동네에 오는 집배원 아저씨는 한결같은 배달 경로를 고수했다. 우리 집은 언덕 아래쪽에 있었는데, 아저씨는 거리 반대편 끝에서 배달을 시작하여 언덕을 오르고, 방향을 튼 후, 언덕을 내려왔다. 그래서 우편 트럭 소리가 거리 반대편에서 들려오면 정확히 12분 후에 아저씨가 우리 집에 들를 것임을 알고 있던 나는 집 앞에 미리 나가 아저씨를 기다리곤 했다. 오후 1시 36분경이었다.

개정판이 출간된 지 2주 후, 첫번째 주문이 들어왔다. 봉투 안에는 빨간 격자무늬 원피스를 입고 프렌치 푸들을 안고 있는 열두 살짜리 여자아이의 사진이 들어 있었다. 사진보다 더 감동스런 것이 사진과 동봉된 1달러짜리 지폐였다. 내 사업의 공식적 출항이었던 것이다! 나는 사진으로 핀버튼을 만들어 반송용 봉투에 넣어 보냈다. 그날 저녁 엄마 아빠에게 나의 첫 주문에 대해 이야기를 하자 부모님은 약간 놀란 기색을 보였다. 부모님께 내가 번 1달러 지폐를 드리고, 그날 밤 빚이 99달러로 줄었다고 일기장에 적었다.

다음날, 주문이 두 개 더 들어왔다. 하룻밤 새 사업이 두 배로 커졌다. 그 후로 하루에 10개의 주문을 받는 날들도 있어서, 한 달이 지났을 때 나는 200달러가 넘는 돈을 벌었다. 부모님께 진 빚을 모두 갚았고 중학교 다니는 꼬마치고는 상당히 괜찮은 수입을 올렸다. 하지만 문제는 시간이었다. 핀버튼을 만드는 데 하루에 한 시간 정도 걸렸다. 숙제가 많은 날엔 만들 시간이 없었고 할 수 없이 주말까지 주문을 미루는 경우가 발생했다. 주말이 오면 네다섯 시간에 걸쳐 만들어야 했다. 벌이는 좋았지만 주말에 집 안에 틀어박혀 있어야 하는 건 별로였기에 나는 300달러짜리 반자동 기계로 사업 설비를 업그레이드해야 할 때라고 결론을 내렸다. 효율성과 생산성을 높여야 했다.

핀버튼 제작 사업을 통해 나는 중학교 시절 내내 꾸준히 월 200달러 수준의 수입을 올렸다. 이 사업을 통해 내가 배운 가장 큰 교훈은 고객을 직접 응대하지 않고 통신판매로도 성공적인 사업을 일구는 것이 가능하다는 사실이었다.

너무 바쁠 때는 때때로 동생들에게 하청을 주기도 했다. 중학교를 졸업할 즈음엔 매일의 작업이 지루해지기 시작해서 동생들에게 사업을 물려줄 시기가 왔다고 판단했다. 핀버튼 사업보다 더 정열적으로 일할 수 있는 통신판매 사업을 언젠가 다시 시작할 생각이었다.

당시엔 미처 몰랐지만 핀버튼 제작 사업은 가족사업으로 발전하게 된다. 내게 사업을 물려받은 동생 앤디는 2년 후 막내 데이비드에게 사업을 물려주었다. 데이비드가 사업을 물려받은 지 2년 후 우리는 광고를 중지하고 폐업했다. 승진을 해서 홍콩으로 발령을 받은 아빠가 엄마와 데이비드를 데리고 갔기 때문에 사업을 할 동생이 더 이상 없었다.

좀더 철저하게 사업 승계 계획을 세웠어야 했다.

전화 장난

고등학교 첫날. 중학교와 다를 게 없잖아, 생각하던 기억이 난다. 고등학생으로서 제법 나이도 먹고 성숙해졌으니 삶이 확 달라지겠지 하고 기대했던 것일까?

학교 도서관 안을 이리저리 거닐던 어느 날, 나는 도서관 옆쪽에 숨어 있던 컴퓨터실을 발견했다. 나는 컴퓨터를 가르치는 고어 선생님을 만났는데, 선생님은 파스칼(Pascal) 수업에 등록하라고 권했다. 파스칼이란 건 처음 들어보는 용어였다. 고어 선생님에 의하면 파스칼은 컴퓨터 프로그램 언어이며 수업을 들으면 컴퓨터과학 과목의 전국 AP시험에 대비할 수 있다고 했다. 나는 대학교 지원서에 써넣으면 그럴듯해 보인다는 것 외에는 AP시험이 무엇인지도 몰랐다. 중학생 시절 컴퓨터 프로그램 언어인 베이식(BASIC)을 즐겁게 독학했던 기억이 떠올라 나는 파스칼 수업을 들어보기로 결심했다.

수업은 꽤 재미있어서 나는 점심시간과 방과 후 시간을 컴퓨터 실습실에서 보내곤 했다. 당시엔 몰랐지만 2년 후 나는 여름학교에서 파스칼 수업을 강의하게 된다. 나 말고도 실습실 붙박이가 몇 명 있어서 오랜 시간을 함께 보냈다.

컴퓨터 실습실에서 우리는 BBS의 세계에 빨려 들어갔다. BBS란 'Bulletin Board System'의 약자로, 간단히 말하면 게시판이다. 실습실에는 전화선이 연결된 특수기구인 모뎀이 달린 컴퓨터가 한

대 비치되어 있었다. 그 컴퓨터로는 다른 컴퓨터에 전화를 해서 이야기를 할 수 있었다.

실습실에는 시내통화료로 연결할 수 있는 다른 BBS의 전화번호 목록이 있었고 우리는 그 BBS들에 모두 전화해서 학생들이 아래층에서 사용하는 학생 게시판의 전자 버전 게시판에 접속했다. BBS에는 누구나 메시지를 남기거나 광고를 올리고, 토론을 시작하거나 파일을 다운받고, 여러 가지 광범위한 주제의 논쟁을 벌일 수 있었다. 인터넷이 생기기 전의 크레이그스리스트(Craigslist, 미국인들이 많이 사용하는 전자게시판으로, 각 지역별로 분류되어 구인구직, 친구 찾기, 중고물품 교환, 임차임대 등 다양한 활동을 할 수 있다—옮긴이)나 마찬가지였다.

이내 우리는 컴퓨터에 연결된 전화선이 시내통화에만 제한되어 있지 않다는 사실을 발견하고는 전국 각지의 BBS로 시외전화를 걸기 시작했다. 시애틀이나 뉴욕, 마이애미에 사는 낯선 이들의 토론에 참여할 수 있다는 게 정말 근사했다. 갑자기 전세계에 접근할 수 있는 방법이 생긴 것이다. 예전엔 그런 게 존재하는지조차 몰랐다.

고어 선생님이 점심식사를 하러 가서 실습실에 없던 어느 날, 학생 한 명이 벽의 전화 잭에서 모뎀선을 빼고 전화선을 대신 꽂아보자는 제안을 했다. 전화가 걸릴 것인가, 안 걸릴 것인가 궁금해하며 모뎀선 대신 전화선을 꽂고 수화기를 들었을 때 귀에 들려온 것은 뚜- 하는 전화 발신음이었다. 우리에게 어떤 전화든 공짜로 걸 수 있는 능력이 강림한 것이었다. 새로 선사받은 이 비밀의 힘을 누구에게 사용할 것인지만 정하면 되었다.

나는 친구들에게 976 전화번호에 대해 들어본 사람이 있는지 물었다. TV에는 온갖 종류의 976 전화번호에 대한 광고가 넘쳤다. 예를 들면 976-JOKE(농담) 번호에 전화를 걸면, 통화당 99센트의 돈을 내고 '오늘의 농담'을 들을 수 있었다. 그래서 실제로 전화를 해서 농담을 들었는데 별로 재미가 없었다. 다른 농담을 들어보려고 다시 걸었지만 수화기 저편에서 되풀이되는 것은 똑같은 농담이었다. 전화에서 제공하는 것은 '오늘의 농담'이지 '지금 이 순간의 농담'은 아니니 같은 날 똑같은 농담이 계속될 수밖에 없는 것이 당연한데 그때는 그 생각을 못했다.

농담 번호 외에도 어떤 재미나는 세계가 기다리는지 시험해보기 위해 마구잡이로 다양한 976 번호를 걸어보았다. 그중에는 976-SEXY(섹시)도 있었다. 전화를 거니 '통화료가 분당 2.99달러이며 성인들만을 위한 서비스'라는 자동응답 메시지가 흘러나왔다. 메시지의 목소리는 나더러 21살 미만이면 즉각 전화를 끊으라고 명령했다.

물론 나는 끊지 않았다. 내 호기심은 절정에 달했다.

이윽고 한 여자가 관능적인 목소리로 이야기를 시작했다. "안녕, 자기?" 그녀가 말했다. "지금 좀 느끼고 있나요?"

음, 뉴욕의 BBS에 접속하는 것보다 확실히 더 재미있을 것 같았다. 새로운 신세계가 내 앞에 펼쳐지고 있었다.

"어…… 그렇지." 가능한 한 낮게 목소리를 깔며 내가 말했다.

그러자 갑자기 그 관능적인 목소리가 짜증난 듯한 보통 목소리로 변했다. 지각했다고 꾸짖던 지리 선생님 생각이 났다.

“스물한 살 넘었어요?” 의심 어린 목소리로 그녀가 물었다. 내 낮은 목소리가 사실은 그리 낮지가 않았던 모양이었다. 변성기란 남자의 일생에서 참으로 어색한 시기인 것이다.

숨을 깊게 들이쉬었다. “물론.” 내가 자신 있게 대답했다.

“그래요? 그럼 대답해봐요. 몇 년도에 태어났죠?”

전혀 예상치 못했던 전개였다. 그녀를 속여 넘길 만큼 빠르게 암산을 할 수가 없었다. 망했다.

“21년 전에 태어났지!” 나는 빽 소리를 지르고 재빨리 전화를 끊었다. 웃음이 터져나와 친구들과 나는 미친 듯이 웃기 시작했다. 몇 분 후 우리는 날짜 계산을 하고 1966년에 태어났다고 자신 있게 말하는 것을 함께 연습했다. 미래에 같은 실수를 저지르지 않도록 확실하게 대비하고 싶었다.

이후 몇 주 동안, 우리 몇몇은 컴퓨터 실습실에 점심시간마다 모여 순서를 바꿔가며 976-SEXY에 전화를 걸었다. 고어 선생님이 실습실을 비우는 경우는 점심시간 외엔 없었기 때문에 선택의 여지가 없었다. 우리는 비밀 동아리였고, ‘컴퓨터 실습실 점심 동아리’의 첫번째 규칙은 ‘컴퓨터 실습실 점심 동아리’에 대해서 언급하지 않는 것이었다.

우리가 무슨 짓을 하는지 아무도 눈치 채지 못했다.

그러던 어느 날, 점심시간에 실습실에 가니 놀랍게도 고어 선생님이 있었다. 점심 전에 끝내야 할 일이 있나보다 생각하고 우리는 선생님이 떠날 때까지 컴퓨터로 BBS에 접속하기로 했다.

"아, 얘들아!" 고어 선생님이 우리를 불렀다. 우리는 모두 고개를 들어 선생님을 보았다. "너희들 중 누가 976-7399에 전화하고 있니? 고지서를 받았는데 지난달에 여기 모뎀에서 그 번호로 300통이 넘는 전화를 했다고 나왔구나. 내가 방금 그 번호로 연결을 하려고 했는데 컴퓨터 신호가 잡히질 않아."

우리는 서로의 얼굴을 쳐다보고 다시 선생님을 보았다. 얼굴에 당혹감이 어리는 것을 막을 수는 없었지만 그래도 '컴퓨터 실습실 점심 동아리'의 첫번째 규칙을 꿋꿋이 고수할 수밖에 없었다. 따라서 우리는 되도록 순진한 표정을 짓고 어깨를 으쓱해 보였다.

"뭔가 착오가 있는 것 같아." 선생님이 결론을 내렸다. "전화회사에 전화해서 통화료를 면제해달라고 해야겠어. 그렇게 많이 전화를 한다는 것 자체가 인간적으로 불가능하지 않니?" 선생님은 우리의 초인간적 능력을 과소평가했다.

'컴퓨터 실습실 점심 동아리'는 그렇게 끝이 났다.

고전 경제학

컴퓨터 실습실에서 벌인 장난 말고도 나는 고등학교 시절 가능한 한 다양하고 재미있는 주제를 접해보려고 노력했다. 다양한 시각을 가질수록 더 좋다는 것이 내 지론이었다.

나는 프랑스어와 스페인어, 일본어, 심지어는 라틴어까지 외국어 수업을 많이 들었다. 체육 학점을 위해서는 전형적인 스포츠 대신 펜싱(고백하건대 펜싱의 가장 큰 매력은 수업이 일주일에 한 번 뿐이라는 점이었지만)을 선택하기로 했다. 음악 학점을 위해서는 재즈 피아노 수업을 들었고 미술은 인체 드로잉을 선택했다. 체스 동아리와 전자공학 동아리에도 들어 모스 부호를 배우고 아마추어 무선사 자격증을 땄다.

자원봉사 학점을 따기 위해서 지역 소극장에 지원하여 건물을 거대한 '유령의 집'으로 바꾸는 일을 했다. 할로윈을 앞둔 일주일 동안은 그곳의 가이드로 일했다. 손님들은 15달러씩 내고 20분 동안 '유령의 집'을 둘러볼 수 있었다.

연극 일은 정말 즐거웠다. 특히 무대 뒤에서 하는 일이 즐거웠다. 고등학교 연극 무대에서 나는 조명판 기사로 자주 일했고 한번은 친구와 함께 학교 학예회에서 마술쇼를 선보인 적도 있었다. 동네 소극장에서 스포트라이트(연극계 속어로는 '팔로 스팟follow spot)를 조종한 것이 고등학교 들어와 처음으로 한 아르바이트 중 하나였다. 멋진 경험과 다양한 감정을 겪은 후 추억만 남기고 사라지는 연극이란 것에는 매혹적인 구석이 있었다.

하지만 즐거움도 잠시뿐, 나는 정해진 수업시간에 꼬박꼬박 출석하고 숙제를 내는 일과에 지치기 시작해서, 수업 내용 자체보다는 수업이 내 스케줄에 미칠 영향을 고려하여 수업을 선택했다. 계획을 잘 짜서 화요일에는 수업이 하나밖에 없었고 나머지 시간엔 놀 수 있던 적도 있었다. 시험만 잘 보면 수업에 들어올 필요가 없다고 허락하는 선생님들도 생겼다.

숙제를 할 때는, 힘을 빼지 않고 마칠 수 있는 창조적 방법을 찾으려고 꽤 노력했다. 셰익스피어 수업의 숙제로 소네트를 써야 했을 때였다. 소네트란 일정의 압운(押韻) 체계를 갖춘 14줄짜리 시로, 특정 리듬을 유지하면서 강세가 들어간 음절과 강세가 없는 음절이 줄마다 교차되도록 쓰는 시다. 그것이 너무나 복잡해 보였기에 나는 모스 부호로 14줄을 써내기로 하고 단어 없이 점과 대시만 반복되는 소네트를 제출했다.

A일 것인가 F일 것인가, 선생님의 기분에 달린 문제였다. 다행히 선생님은 A++++++++++++를 주기로 결정했다. 학교 같은 곳에서조차도 모험을 하고 비전형적 발상을 하는 것이 가끔은 효과적일 수 있음을 그때 배운 것 같다.

고등학교 시절, 떠올리고 싶지 않은 끔찍한 기억이 있는데, 바로 내가 누군가의 런치카드를 훔쳤다는 혐의를 받았을 때다. 고등학교 식당에서 런치카드는 신용카드와 같은 역할을 했다. 다른 학생의 런치카드가 어째서 내 주머니 속에서 나왔는지 아직도 잘 모르겠다. 아마도 전날 계산원이 내게 다른 사람의 런치카드를 실수로 돌려준 게 아닌가 싶다. 어쨌든, 나는 미니 배심원단과 비슷한 형식으로 학생회장과 교사진 몇 명으로 구성된 징계위원회에 소집되었다.

변호를 할 기회가 주어졌지만 남의 런치카드가 어떤 경로로 내 주머니에 들어온 것인지 알 수가 없었기에 변호를 할 수가 없었다. 사실을 말한다면 모든 문제가 해결될 것이라는 맹목적 믿음을 품고 나는 위원회에 출석하여 진실을 말했다. 결국 아무도 나를 믿어주지 않았다. 나는 1일 정학을 선고받았고 정학 조치는 학교 기록에 남게 되었다. 저지르지도 않은 범죄 때문에 대가를 치른 것이었다.

그 경험을 통하여 나는 가끔은 진실만으로는 일이 해결되지 않으며 진실을 알리는 방식이 진실 그 자체만큼이나 중요하다는 교훈을 배웠다. 우리 학교의 교훈이 존 키츠의 시 「그리스 항아리에 바치는 노래」에서 따온 "진리는 아름다움이요, 아름다움이 진리다"였다는 사실은 실로 아이러니다.

그날 나는 별로 아름답게 느끼지 못했다.

고등학생 시절, 학교 밖에서 내가 가장 중점을 두었던 것은 돈을 잘 버는 방법을 찾아내는 것이었다. 나는 루카스필름(Lucasfilm)에 비디오게임 테스터 일을 얻었다. 〈인디아나 존스와 최후의 성전〉비디오 게임을 하는 대가로 시간당 6달러를 받았다. 재미있는 아르바이트였지만 시간당 6달러가 고작이었기 때문에 수당이 더 높은 아르바이트가 생겼을 때 바로 일을 바꿨다.

다양한 아르바이트를 갈아치우던 나는 고등학교 마지막 해에 접어들었을 때 드디어 GDI라는 회사에서 컴퓨터 프로그래밍을 하는 위치로 승격되었다. 시간당 15달러의 급료는 고등학생에게는 상당히 고액이었다. 나는 정부와 소규모 기업들이 종이 대신 컴퓨터로 서식을 작성할 수 있도록 하는 프로그램을 짜는 작업과 관련된 일을 했다.

지루할 때면 나는 가끔 상사에게 장난을 쳤다. 상사는 은색 머리칼과 심한 억양을 지닌 나이든 프랑스 남자였다. 차 마시는 것을 즐겼던 그는 내 책상 옆에 있는 전자레인지에 물 한 잔을 넣고 물이 데워지는 3분을 기다리지 않고 자기 사무실로 돌아가는 버릇이 있었다. 물이 다 데워지면 다시 사무실에서 나와서 찻잔을 꺼낸 후 차를 탔다.

어느 날, 그가 전자레인지 곁을 떠나자마자 나는 전원 코드를 뺐다. 몇 분 후 차가운 상태 그대로인 물을 본 상사는 자기가 전자레인지를 작동하지 않은 것으로 생각했다. 다시 3분을 맞춰놓고 자리를 떴다.

상사가 사라지자마자 나는 다시 전자레인지를 껐다. 두번째로 그가 오더니 물이 여전히 차가운 것을 보고는 전자레인지가 망가졌나 보다고 웅얼거렸다. 나는 웃음을 간신히 참았다.

그는 마지막으로 한 번 더 물 데우기에 도전하기로 하고 이번에는 물이 확실히 데워지도록 5분을 설정하고는 약간은 의아하고 답답한 표정을 지으며 자리를 떴다.

마지막으로 나타났을 때 전자레인지의 문을 연 은빛 머리의 사내는 "대체 뭐야!" 하고 외쳤다. 그리고 그는 웃기 시작했다. 그의 눈에 들어온 직원들은 모두 찔리는 표정이었다. 다들 장난에 참여했기 때문이다. 상사가 찻잔을 꺼내 모두에게 내가 몇 분 전에 한 짓을 보여주었다.

찻잔은 얼음으로 가득 차 있었다.

사무실 안의 모든 사람들이 미친 듯이 웃기 시작했다. 직원 중 누구도 사무실에서 그렇게 웃어본 적은 처음이었을 것이다. 약간의 장난 덕택에 모든 이의 기분이 좋아지는 것을 보는 것은 참으로 근사했다.

그날 해고되지 않은 것 또한 매우 기뻤다.

GDI에서 괜찮은 수입을 올리고 있었지만 나는 핀버튼을 통신판매하던 어린 시절, 기대와 흥분에 차 집배원이 우리 집에 도착하기만을 기다리던 시간을 잊을 수가 없었다. 핀버튼 제작기계를 팔았던 회사 또한 성공적인 통신판매업체였을 것이다. 나 또한 『소년생활』 잡지의 줄광고를 보고 기계를 주문하지 않았는가 말이다.

나도 거기에서 무언가 팔아봐야겠다는 생각이 들었다. 여가시간에 마술책을 읽곤 했던 나는 동전이 고무조각 안으로 녹아들어가는 것처럼 보이게 하는 마술 도구를 팔면 괜찮겠다고 생각했다. 그 마술을 본 사람들은 모두 깜짝 놀랐고 어떤 속임수를 쓰는 것인지 알고 싶어했다. 마술을 위해서는 동전과 컵, 고무줄 그리고 라텍스 막이 필요했는데, 알고 보니 라텍스 막은 치과의사들이 흔히 '덴탈 댐(dental dam)'이라 부르는 투명한 막과 동일한 것이었다.

검색을 해본 결과 덴탈 댐을 대량구매하면 장당 20센트 미만의 가격에 살 수 있음을 알게 되었다. 『소년생활』 줄광고는 건당 800달러. 마술도구에 10달러만 매겨도 80건의 주문이면 거의 본전을 찾을 수 있었다.

정말 근사한 계획 같았다. 핀버튼 제작 사업으로 한 달에 200에서 300건의 주문을 그러모았던 전례가 있지 않은가. 게다가 『소년생활』은 『어린이를 위한 공짜 물건들』보다는 구독층이 훨씬 넓을 것이었다. 게다가 이 마술 도구는 핀버튼보다 훨씬 그럴듯했다. 200건의 주문이 들어온다면 재료비 40달러를 빼도 이익이 1160달러. 300건의 주문이 들어오면 이익은 2140달러로 늘어난다. 고액의 평균 판매가와 높은 마진을 가진 제품을 판매하는 것은 실로 아름답지 않은가!

『소년생활』 줄광고 비용인 800달러는 내 2주 급료에 맞먹었지만 사업 투자로 간주하기로 했다. 내 광고가 잡지에 실릴 때까지는 시간이 좀 걸리기 때문에 두어 달 후에야 주문이 들어올 것이었다. 나는 장기적으로 사고하려고 애쓰면서 참을성 있게 기다렸다.

영원인 듯한 시간이 흐르고 드디어 내 광고가 실린 『소년생활』을 들고 집배원이 나타났다. 광고는 좋은 위치에 잘 실려 있었고 일주일 후 첫 주문이 들어왔다. 이제까지 번 것 중에 가장 쉽게 번 것 같은 10달러였다. 나는 다음 주문을 열렬히 기다렸다.

다음 주문은 들어오지 않았다.

첫 주문이 내 마술 도구 통신판매 사업에서 유일하게 받은 주문이었다. 핀버튼 제작 사업의 성공으로 나는 내가 통신판매계의 무적의 제왕이라고 착각했었다. 사실은 운이 한 번 좋았던 것이었다.

나는 '휴밀리티(humility)', 즉 겸손이라는 중요한 교훈을 배웠다. 우연의 일치인지 모르겠지만 나는 그리스 역사 시간에 '휴브리스(hubris)'라는 단어를 막 배웠던 참이었다. '휴브리스'란 '자존심과 자신감이 지나친 상태'라는 뜻으로, 많은 그리스 영웅들의 몰락을 초래했다고 했다.

'농장을 건 일('bet the farm'이라는 영어 표현에는 죽기 살기로 달려들다, 모든 것을 건다는 뜻이 있음—옮긴이)'이 실패로 끝나는 것은 상당히 가슴 아픈 일이었다. 지금 생각해보면 농장을 하나만 건 것도 아니었다.

800달러로는 24개의 지렁이 농장을 살 수 있었다.

대학교

나는 브라운, UC 버클리, 스탠퍼드, MIT, 프린스턴, 코넬, 예일, 그리고 하버드에 지원했고 지원한 모든 대학에서 합격통지를 받았다. 내 첫번째 선택은 브라운이었다. 브라운에는 광고학이 개설되어 있었는데, 다른 대학의 어떤 전공보다도 광고학이 비즈니스와 가장 관련이 있어 보였다.

하지만 부모님은 내가 소위 가장 명성이 드높다는 하버드에 가기를 원했다. 하버드는 특히 아시아계 사이에서는 가장 이름을 떨쳤고 그래서 결국 나는 하버드에 진학했다.

대학에 가서 가장 먼저 구매한 것이 TV였다. 부모님이 정해놓은 '일주일 한 시간 시청'의 굴레에 더 이상 얽매일 필요가 없었던 나는 새로 찾은 자유를 만끽하며 하루에 네 시간씩 TV를 시청했다. 내가 TV를 볼 때 기숙사의 다른 학생들은 여자화장실에서 휴지를 빼낸다든지, 사감의 욕조를 뜨거운 차로 가득 채워놓는다든지 하며 장난을 치느라 바빴다(사감은 별로 기뻐하지 않았다고 한다).

나는 특유의 스케줄 짜기 신공을 발휘하여 월, 수, 금 오전 아홉 시에서 오후 한 시까지 수업을 몰아넣고 화요일과 목요일에는 수업이 전혀 없도록 수업표를 짰다. 언뜻 보기엔 정말 근사한 시간표였지만 부엉이과인 나는 32시간은 계속 깨어 있고 나머지 16시간은 계속 자는 48시간제의 기묘한 스케줄에 시달리게 되었다.

수업이 있는 날 오전 여덟 시에 울려대는 자명종처럼 듣기 싫은 소리가 있을까? 나는 스누즈 버튼을 계속해서 누르면서 나중에 노트를 빌리면 된다고 혼잣말을 하고는 다시 잠에 빠져들었다. 한 시간 후 첫 시간 수업을 빠지는 데 적용했던 논리를 두번째 수업에도 적용하며 수업을 빠졌다. 세번째 시간 수업에 출석하기 위하여 일어나야 할 시간이 되면 이미 수업을 두 개나 빼먹었는데 하나 더 빼먹는 게 대수일까 싶었다. 그날의 마지막 수업에 가야 할 시간이 마침내 도달하면 다른 수업은 다 빼먹은 주제에 마지막 수업을 들을 이유가 없다고 생각했다. 굳이 자리에서 일어날 만큼 수업이 대단한 것 같지 않았다.

결론적으로 나는 수업에 전혀 출석하지 않은 채 1학년을 마치게 되었다. 수업이 있는데도 침대에서 나오지 않은 내가 밥을 먹으려고 일어나서 샤워하고 식당에 갈 만큼 부지런할 리 만무했다. 낮에는 애꿎은 라면만 축내고 막장 일일드라마 〈우리네 인생살이(Days of Our Lives, 수십 년간 방영되고 있는 드라마—옮긴이)〉를 한 편도 빼놓지 않고 보는 나날이 계속되었다.

캐너데이 A라는 기숙사에 살면서 사귄 친구들과 어울리며 나는 1학년의 대부분을 이런 식으로 보냈다. 친구들과 함께 TV도 한껏 보고 비디오 게임을 같이 했으며 수다도 엄청 떨었다. 내 소싯적 『고블러』 경험에 영감을 얻어 『캐너데이 A 소식지』를 만들기도 했다. 핵심 멤버 열다섯 명이 뭉친 우리 그룹은 떼어놓을 수 없을 정도로 친했다. 우리들은 핵심 멤버 외의 친구는 거의 사귀지 않았고 대학 4년 동안 내내 붙어 지냈다.

고등학생 시절처럼 나는 대학에서도 가능한 한 공부를 적게 하고 괜찮은 학점을 받으려고 시도했다. 미국 수화, 언어학, 그리고 북경어(부모님과 대화하느라 이미 잘 알고 있는) 등의 수업을 선택했다. 필수학점을 채우기 위해 나는 성서학 수업을 신청했다. 그 수업의 장점은 점수를 매기는 숙제가 없다는 것이어서 결국 나는 한 번도 수업에 들어가지 않았다. 그 수업의 단점은 학점이 기말고사 성적에 의해 정해진다는 것이었는데, 학기 동안 내내 읽어야 하는 교과서를 펼쳐본 적조차 없는 나는 당연히 기말고사에 대비한 상태가 전혀 아니었다. 대학 동안 내가 가장 많이 갈고 닦은 기술은 늑장부

리기였던 것 같다.

성서학 기말고사 2주 전, 교수님이 시험에 나올 수 있는 주제 100가지를 적은 목록을 돌렸다. 시험에는 무작위로 선정된 주제 다섯 가지가 나올 것이며 각 주제에 대해서 몇 문단의 답안을 작성해야 한다고 했다.

한 학기 내내 공부했어야 하는 주제들을 2주 안에 처리할 방법이 없었지만, 낙제를 할 생각 또한 별로 없었다.

필요는 발명의 어머니라는 말이 있다. 하버드에서는 컴퓨터를 이용해 전자뉴스 그룹에 접속할 수 있었는데, 고등학교 시절 접했던 BBS와 비슷한 것이었다. 전자뉴스 그룹에 접속한 나는 성서학을 수강하는 모든 하버드 학생들을 스터디 그룹에 오라고 초청하는 메시지를 올렸다. 컴퓨터를 이용한 가상 스터디 그룹으로 규모에 제한이 없었기 때문에 하버드 역사상 가장 큰 규모의 스터디 그룹이 아닐까 싶었다.

관심을 보인 학생들에게 나는 100가지 주제 중 세 가지씩 할당하여 치밀한 연구를 해올 것을 부탁했다. 각 학생은 자기가 받은 주제가 실제 시험문제인 것처럼 가정하고 준비한 내용을 내게 이메일로 보내야 했다. 나는 학생들의 답안을 취합하여 복사를 한 후 제본해서 20달러를 받고 학생들에게 돌렸다. 단, 세 가지 답안을 제출한 학생만이 제본을 구입할 수 있었다.

관심을 보인 학생이 실로 많아 같은 주제에 대한 여러 가지 답안이 들어왔다. 교과서 표지를 들추지 않고도, 스스로 답안을 작성하지 않고도 나는 유례없이 꼼꼼한 스터디 가이드를 갖게 되었다. 보너스로 나는 약간의 이윤마저 창출했다. 더 좋았던 것은 모든 학생들이 스터디 가이드를 유용하다고 여겼다는 점이었다. 하버드 학보인 『크림슨(*The Crimson*)』은 우리가 한 가상 스터디 그룹 실험에 대한 기사를 게재했고 나는 기말고사에서 좋은 성적을 올렸다.

나는 크라우드소싱(crowdsourcing, 한 가지 문제 해결을 위해 전문가나 아마추어, 프리랜서 등의 기술이나 수단을 사용하는 것. 2007년 『뉴욕타임스』 선정 '올해의 신조어' — 옮긴이)의 힘을 발견한 것이었다.

대학에 가서야 처음으로 접한 것들이 많았다.

나는 영화 클럽에 가입했다. 영화 클럽에서는 학교 강당에서 상영할 영화 필름을 대여하여 돈을 벌었고 학생들에게는 티켓을 팔았다. 친구네 농장에 놀러 가서 낮에는 젖 짜는 법을 배웠다. 밤에는 스케이트 타는 법을 배우려다가 넘어져 턱을 바닥에 부딪히는 바람에 몇 바늘이나 꿰매야 했다. 젖 짜는 것과 응급실 가서 봉합하는 것 중 어느 것이 더 끔찍한 경험이었는지는 잘 모르겠다.

지역 라디오 방송 프로그램에서 티켓이 당첨되어 생전 처음으로 콘서트라는 것에 다녀왔다. '주TV(Zoo TV)' 투어 중인 U2의 공연이었다. 학교에 다니며 나는 다양한 직업을 경험했다. 결혼식에서 케이터링 음식을 다루는 일도 했고 하버드 바텐더 학교에서 네 시간짜리 수업을 듣고 칵테일 기술 자격증을 딴 다음 바텐더를 하기도 했다. 또한 다양한 컴퓨터 프로그래밍 일을 하기도 했다. 예를 들면 하버드 학생회 기관들이나 스핀네이커 소프트웨어(Spinnaker Software)에서도 일했고, 마이크로소프트에서는 여름 인턴을 하기도 했다.

내가 일했던 회사 중에 BBN이라는 기업이 있었는데, 이들이 개발한 기술 중에는 인터넷의 근간이 된 것도 있었다. BBN의 고객 중에는 정부기관들이 다수 있었고 따라서 '비밀' 등급을 획득하기 위해 신원조회를 해야 했다. '비밀' 등급은 '극비' 등급보다 하나 아래 등급이었는데, 정부 비밀의 정도가 너무 높아 등급명조차도 '비밀'이어야 하는 모양이었다.

BBN에서 작업을 할 때면 보통 다른 사무실과 떨어져 있는 커다란 사무실에 가야 했다. 전자배지도 필요했고 문을 통과하려면 접근 암호를 사용해야 하는 등 여러 단계의 보안장치가 설치되어 있는 사무실이었다. 사무실에 드나들 때는 아무것도 가지고 있을 수 없었다. 전자기구나 전자매체, 보관장치는 더욱 엄금이었다.

어느 해 여름, 나는 케임브리지(하버드 대학이 위치한 지역—옮긴이)에서 강을 건너 도시를 탐험하러 보스턴으로 간 적이 있다. 도심을 거닐던 중 범죄 예방과 범죄와의 전쟁을 목표로 삼고 있는 지역 자경 조직인 '가디언 엔젤스(Guardian Angels, 수호천사라는 뜻—옮긴이)'의 보스턴 지부 건물을 지나치게 되었고, 결국은 몇 달 동안 조직의 회원이 되어 보스턴의 지하철과 뒷골목을 순찰하는 것을 도왔다.

나의 조직 내 이름은 '비밀'이었다. 내가 정부의 '비밀' 등급을 보유하고 있다고 언급한 것 때문에 그런 별명을 지어준 줄 알았는데 착각이었다. 후에 나는 조직원 한 명이 나를 원래는 '고대 중국의 비밀'이라는 이름으로 부르길 원했다는 이야기를 들었다.

사업을 꾸리던 시절이 그리워 3학년과 4학년 2년 동안 퀸시 하우스 기숙사의 1층에 자리 잡고 있던 '퀸시 하우스 그릴'의 운영을 맡았다. 약 300명의 학생이 거주하던 우리 기숙사에서 퀸시 하우스 그릴은 학생들이 밤늦게 모여 푸즈볼(테이블 축구라고도 불리는 게임으로, 탁구대와 비슷한 테이블 위에서 공을 쳐내는 게임—옮긴이)이나 핀볼 등의 게임을 하고 야참을 먹는 공간이었다.

룸메이트 산제이가 나와 함께 그릴을 운영했다. 우리는 메뉴와 가격을 정하고, 재료를 주문하고, 종업원을 고용하고, 이따금 직접 요리까지 하는 책임을 맡았다.

당시 지역법에 의해서 캠퍼스 근처에서는 패스트푸드 식당을 운영할 수 없었기 때문에 나는 지하철을 타고 다음역에 위치한 맥도날드에 갔다. 맥도날드 매장의 매니저는 내게 100여 개의 햄버거용 냉동 패티와 빵을 팔았고 나는 택시에 식재료를 싣고서 기숙사로 돌아왔다. 몇 달 동안은 이런 식으로 재료를 조달하는 것이 나의 일과였다. 캠퍼스 근처에는 맥도날드 햄버거가 없었기 때문에 나는 1달러를 주고 산 햄버거를 3달러에 팔 수 있었다.

하지만 얼마 지나지 않아 맥도날드에 매일 가는 게 지겨워진 나는 퀸시 하우스 그릴을 피자집으로 만들 궁리를 했다. 피자 판매는 마진이 높은 사업이었다. 라지 사이즈 피자는 원가가 2달러에 못 미쳤지만 10달러(토핑을 더하면 그 이상의 가격)에 팔 수 있었다. 한 판이 아닌 슬라이스로 피자를 팔면 돈을 더 벌 수 있었다. 피자 판매업에 대해 조사를 하고 나니 오븐을 사려면 2천 달러 정도의 투자가 필요하다는 점을 알게 되었다. 모험을 할 만한 사안이라는 생각이 들어 나는 숨을 깊게 들이쉬고 2천 달러짜리 수표를 끊었다.

사람들이 모여 노는 분위기를 원했던 나는 그릴에서 틀기 위하여 밤마다 MTV 뮤직 비디오를 녹화했다. 티보(Tivo, 2000년대 초중반부터 미국에서 인기를 끌었던 디지털 녹화 시스템으로, 녹화 테이프가 필요 없고 재생시 앞뒤로 빨리 감기 기능이 있어 광고를 볼 필요가 없다—옮긴이)가 존재하지 않던 시대였기 때문에 막간 광고가 시작될 때마다 녹화를 멈춰야 했다. 그릴 벽에서 재생되는 뮤직 비디오와 새로운 피자 메뉴 덕분에 퀸시 하우스 그릴은 이전 해와 비교해서 세 배의 매상고를 기록했다. 2천 달러의 투자는 두어 달 후 다 회수되었다.

이 피자 사업을 통해 나는 알프레드를 처음 만났다. 알프레드는 훗날 재포스의 재무이사 겸 총무이사로 나와 일하게 되지만 당시에는 내 최고의 고객이었다. 그는 매일 밤 그릴에 들러 라지 사이즈 페퍼로니 피자를 샀다.

대학 시절 알프레드에게는 '인간 쓰레기 압착기'와 '괴물'이라는 두 가지 별명이 있었다. 친구들과 함께 식당에 갈 때마다 (보통 열 명의 친구들이 모여 '더 콩'이라는 중국집에 밤늦게 가 기름진 음식을 먹었다) 알프레드는 친구들 접시에 남은 음식들을 말 그대로 '끝내주었다'. 알프레드와 기숙사 화장실을 같이 쓰지 않았던 것이 정말 다행이었다.

나로서는 알프레드가 매일 밤 나를 찾아와 페퍼로니 피자 한 판을 시키는 게 그리 기이한 일은 아니었다. 하지만 때때로 그는 피자를 사가고 나서 몇 시간 후 다시 와서 또 라지 사이즈 페퍼로니 피자를 시키곤 했다. '야, 이 자식, 먹을 줄 아네'라고 감탄하던 기억이 난다.

몇 년 후 나는 알프레드가 피자를 위층의 룸메이트들에게 가져가 슬라이스로 팔았다는 사실을 알게 되었다. 재포스에서 그를 재무이사 겸 총무이사로 고용한 데는 다 이유가 있었다.

2년 전, 알프레드와 내가 같이 계산기를 두드려보았을 때, 놀라운 결과가 나왔다. 피자 사업을 통해서 내가 알프레드보다 총액으로는 수입이 더 많았지만 피자 중간상으로서 차익거래를 하면서 그가 번 시간당 수입은 나의 열 배가 넘었던 것이다. 게다가 그는 사업적 리스크도 나보다 적었다. 내 경우 그릴에 도둑이 들어 2천 달러를 도난당한 적도 있었다. 그해 나는 실질적으로 시간당 2달러를 벌었을 따름이었다.

당시에는 몰랐지만 피자로 얽힌 우리의 관계는 시간이 흐르며 수백만 달러의 사업 기회를 꽃피우게 되는 씨앗이 되었다.

4학년이 끝나갈 무렵 산제이는 나에게 월드와이드웹이라는 것을 소개했다. 상당히 재미있고 흥미로워 보였지만 당시 나는 큰 관심을 가지지는 않았다.

나를 포함한 졸업반 학생들은 졸업 전에 직장을 잡는 데 초점을 맞추고 있었다. 다양한 산업에 종사하는 전국의 기업들이 하버드 캠퍼스에 채용담당자들을 파견했다. 그래서 우리는 입사 면접을 보려고 다른 도시로 떠날 필요가 없었다.

룸메이트들 다수가 당시 최고 인기직종으로 꼽히는 은행이나 경영 컨설팅 직종에 지원했다. 하지만 내게 그 일들은 무지막지하게 지루해 보였고 하루 근무시간이 16시간이라는 사실 또한 매력적이지 않았다.

그래서 산제이와 나는 주로 IT기업들과 인터뷰를 하기로 결정했다. 나의 목표는 봉급이 높은 직장을 찾는 것이었다. 구체적으로 무슨 일을 하게 될 것인지, 어떤 회사를 위해 일하게 될 것인지, 기업 문화가 어떠할 것인지, 내가 어떤 곳에서 살게 될 것인지 등등에는 별 관심이 없었다.

내가 원하는 것은 연봉이 높고 일이 그다지 어려워 보이지 않는 직장이었다.

2장

드는 것도 있고 나는 것도 있고

진짜 세상에 나가다

산제이와 나는 오라클(Oracle)에 합격했다.

다른 곳에서도 오라는 제안을 받았지만 오라클만 한 회사는 없었다. 제시하는 봉급도 가장 높았을뿐더러(1995년에 4만 달러의 연봉은 학부를 갓 졸업한 신입사원의 봉급으로는 상당히 높은 편이었다), 대학 시절 늘어난 짐을 캘리포니아로 옮기는 데 드는 비용 또한 지불해준다고 했다. 그뿐만 아니라 신입사원 연수가 진행되는 몇 주 동안 산제이와 나는 회사의 출장용 아파트에 무료로 묵을 수 있었다.

성공한 것 같았다. 대학의 최종목표라는 '고임금 직장 찾기' 게임에서 승자가 된 것이다. 다른 룸메이트들에 비하면 산제이와 나는 매우 높은 수입을 올리게 되었다.

두어 달 후 산제이와 나는 오라클에서 함께 신입사원 연수를 받았다. 3주 과정의 프로그램에는 우리 외에도 대학을 갓 졸업한 사원들이 스무 명 더 출석했다. 3주 기간은 훌쩍 지나갔다. 말이 사원 연수지 사실은 데이터베이스에 대한 속성강좌였다. 우리는 여러 가지 난제가 도사린 흥미로운 프로젝트를 맡았다. 많은 것을 배우며 새 친구들을 사귀고, 무엇보다 많은 봉급을 받고 있다는 사실이 절실히 느껴졌다. 연수 말미에는 새 상사를 만나 시작할 직장생활을 학수고대하게 되었다.

내가 무슨 일을 맡게 될지, 또는 어떤 환경이 나를 기다릴지는 전혀 알지 못했다. 오라클에 대해서 알아보지 않았던 것이다. 내가 아는 것이라곤 회사가 사람을 보내 대학에 재학 중인 나를 인터뷰했으며 내 성적표에 감탄했다는 정도였다. 회사는 내가 어떤 사람인지 정확히 몰랐고 나도 오라클이 어떤 회사인지 정확히 알지 못했다. 내가 '소프트웨어 엔지니어'로서 일하게 될 것이며 4만 달러를 연봉으로 받을 것이라는 사실만 알았다.

오라클에서 사원으로서 업무를 시작한 첫날, 나는 책상을 지정받고 내가 맡게 된 업무의 내용과 책임에 대한 설명을 들었다. 기본적인 업무는 기술품질보증시험과 회귀분석이었다. 그게 무엇인지는 전혀 알지 못했지만 상관없었다. 나는 돈을 잘 벌고 있었다. 그리고 일주일이 채 지나지 않아 나는 돈 벌기가 정말 식은 죽 먹기임을 알게 되었다.

매일 테스트 몇 개 돌리는 것이 내 업무의 전부였다. 테스트를 초기 설정하는 데 약 5분의 시간이 소요되었고, 설정된 테스트는 자동화되어 약 세 시간 동안 스스로 알아서 돌아갔다. 내가 하는 일이란 그저 앉아서 테스트가 끝나기만을 기다리는 것이었다. 따라서 하루에 내가 돌릴 수 있는 테스트는 기껏해야 두세 개 정도였다. 나는 또한 내 출근시간을 아무도 체크하지 않는다는 사실을 깨달았다. 실로, 내가 누구인지 아는 사람 또한 아무도 없지 않았나 하는 생각이다.

첫 출근 후 한 달 동안은 정말 내 행운을 믿을 수가 없었다. 별 수고도 하지 않고 높은 봉급을 받는다니! 산제이와 나는 사무실에서 7분 거리에 위치한 아파트를 구해 또다시 룸메이트가 되었다.

일주일이 지나지 않아 나는 다음과 같은 하루 일과를 갖게 되었다.

오전	10:00	출근
	10:05	테스트 하나 시작
	10:10	이메일 읽기, 연수 시절 사귄 친구들에게 이메일 보내기
	11:30	집에 가서 점심 먹기
오후	12:30	낮잠
	1:45	사무실로 돌아가기
	2:00	또 다른 테스트 시작
	2:05	이메일 읽기, 연수 시절 사귄 친구들에게 온 이메일 답장하기
	4:00	퇴근

산제이가 오후 일곱 시까지 회사에 머무르는 반면 내 일정은 이

렇듯 한가했으니 행운이라 여기지 않을 수 없었다. 가끔 산제이에게 업무내용을 물으면 그는 어깨를 으쓱하고는 "할 만해. 신나는 일은 아니지만"이라고 대답하곤 했다.

나는 내 일 또한 별로 신나지는 않으니 저녁이나 주말에 같이 일이나 하며 지루함을 쫓으면 어떻겠냐고 제안했다. 그즈음 월드와이드웹이라는 것이 점차 인기를 끌고 있었다. 산제이가 그래픽 디자인에 탁월했으니 우리는 다른 기업들에 웹사이트를 만들어주는 등의 곁가지 일을 시작할 수도 있었다.

우리들만의 사업을 시작하는 것은 상당히 재미있을 것 같았다. 회사 이름은 '인터넷 마케팅 솔루션(Internet Marketing Solution)', 줄여서 IMS라고 부르기로 했다. 일단 IMS의 웹사이트를 띄우고, 아파트에 전화선을 하나 더 개통한 다음 킨코스(Kinko's)에 가서 명함을 인쇄했다. 그렇게 고객을 유치할 준비가 끝났다.

고객 유치 계획은 다음과 같았다. 일단 지역 상공회의소와 접촉하여 그들의 웹사이트를 무료로 구축해주겠다고 제안한다. 일이 성사되면 상공회의소가 우리 고객이라고 지역 기업들에 말할 수 있을 것이고(무료 고객이라는 말은 살짝 빼고), 많은 지역 기업들을 유치할 수 있게 될 것이다. 그러면 곧 돈이 굴러들어오지 않겠는가.

따라서 일단 첫째 단계로 지역 상공회의소가 우리에게 웹사이트 일을 맡기도록 해야 했다. 대가를 받지 않는다는 비장의 무기가 있었지만 그들을 접촉하는 것은 내겐 처음 하는 콜드콜(cold call, 잠재적 고객들에게 무작정 하는 영업 전화—옮긴이)이었기 때문에 상당히 긴장했다. 상공회의소와의 첫 전화는 내 첫번째 영업 전화가 되었고 나는 오후 12시 30분에 상공회의소와 만날 약속을 잡았다. 오라클 하루 일과에 완벽하게 맞는 일정이었다.

상공회의소와 약속이 있는 날 나는 불안했다. 성공적인 영업 방문을 해본 경험이 없는 내가 그들에게 웹사이트의 필요성뿐 아니라 우리가 그들에게 맞는 업체라는 것을 납득시켜야 했다. 첫 만남에서 외모는 상당히 중요하다. 11시 30분에 점심을 먹으러 오라클의 사무실을 떠난 나는 집에 먼저 가서 몇 달 전 졸업식에서 입었던 양복을 꺼내 입었다. 명함을 충분히 챙긴 후 산제이가 만들고 며칠 전에 출력해놓은 우리 회사 브로슈어를 몇 장 챙겼다.

불안했던 마음과는 상관없이 회의 결과는 좋았다. 상공회의소 측은 우리가 모든 것을 무료 제공한다는 조건에 반색했다. 이후 몇 주 동안 내 점심시간은 갈수록 길어졌고, 내 대부분의 시간이 상공회의소 측을 만나 그들을 행복하게 하는 데 할애되었다. 산제이가 밤에 깨어 있는 시간 또한 점점 길어졌는데, 상공회의소 웹사이트를 실제로 만드는 역할이라 밤새 일을 했기 때문이다. 나는 영업 및 고객 지원이었고 산제이는 제품 및 디자인 지원이었다. 우리는 좋은 팀이었다.

한 달이 지나기 전 우리는 상공회의소 웹사이트를 완성하여 웹에 올렸고, 유료 고객을 유치할 준비가 되어 있었다. 첫번째 공략대상은 우리 집 앞의 길 아래쪽에 위치한 힐즈데일(Hillsdale) 백화점이었다. 백화점은 좋은 선택이었다. 백화점 내에 입점한 상가에 가서 백화점 웹사이트를 우리가 맡게 되었으니 당신들도 우리를 이용하는 것이 좋을 것이라고 영업할 수 있었기 때문이다.

이후 두어 달 동안 힐즈데일 백화점 및 다른 소형 업체들과 만나느라 내가 오라클 사무실에서 보내는 시간이 점점 줄어들었다. 결국 백화점은 우리의 설득에 넘어가 웹사이트 전체 설계와 관리, 호스팅에 2천 달러를 내고 우리에게 일을 맡기기로 했다.

마침내 해낸 것이다! 첫번째 유료 고객! 지루하고 성취감 없는 직장인 오라클을 그만두고 우리 사업을 본격적으로 운영할 수 있게 된 것이다.

그렇게 해서 우리가 하기로 했던 일을 시작하기로 결심했다.

상사에게 퇴사를 알리기로 한 날 아침 나는 초조함과 두려움으로 제정신이 아니었다. 반시간을 꾸물거린 후 마침내 용기를 쥐어짜내 사무실에서 복도를 사이에 두고 약간 떨어진 상사의 사무실에 가기로 했다. 말할 준비가 되어 있었다. 상사는 사무실 창문을 통해 내가 오는 것을 보고는 고개를 들었다. 우리 둘의 시선이 마주쳤다. 심장 박동이 점점 빨라졌다. 그가 먼저 시선을 돌렸다. 사무실 안을 훑어보니 다른 사람이 상사와 이야기 중이었고 따라서 그 순간에는 말할 수가 없었다. 엄청난 안도감이 밀려왔다. 나는 복도 끝에 위치한 화장실에 가는 척하며 상사의 사무실을 지나쳤다.

화장실에서 손을 씻은 후 원래부터 화장실에 오려고 한 것처럼 보이기 위해 화장실 안에서 몇 분을 서성댔다. 그러고는 상사의 사무실을 다시 지나쳐 내 자리로 돌아와서 친구들에게 이메일을 하며

30분을 보냈다. 30분이면 상사를 방문했던 사람이 볼일을 마칠 것이라 생각했다. 그러나 혹시 모른다 싶어 15분을 더 미적거린 후 상사의 사무실을 향하여 발걸음을 떼었다.

무슨 이유에서인지 이번에는 더한 초조와 불안에 시달렸다. 상사의 방문객이 아직도 있을지도 모른다고 생각해서였던 것 같다. 만약 그 사람이 여전히 있다면 나는 또다시 화장실에 가는 척해야 할 것이고, 그런 나를 보며 상사는 내가 방광이나 대장에 심각한 문제를 겪고 있다고 생각할지도 모르는 일이었다. 하긴, 내가 내 자리 근처의 화장실에 가지 않고 상사의 사무실 근처에 있는 화장실에 가는 것이 이상하다고 이미 생각했을지도 몰랐다. 하지만 내 자리 근처 화장실이 고장났나보다 했을 수도 있다. 이러한 온갖 생각이 상사의 머릿속에 떠오르고 있을 것이라고 생각하니 더 초조해져서 '그런 건 중요하지 않아, 어차피 오늘이 여기서의 내 마지막날이니까'라고 되뇌며 마음을 가라앉히려고 애썼다. 그러나 10년이 흐른 후 상사는 나를 먼 쪽에 위치한 화장실을 짧은 시간 내 여러 번 이용한 사람으로만 기억할 것이라는 안타까움이 자꾸 머릿속에서 맴돌았다. 이 정도면 상당히 비극적 이별이 아닌가.

상사가 나를 '화장실에 자주 가야 했던 이상한 남자'로 기억하게 할 수는 없다고 나는 굳게 다짐했다. 좋은 계획이 떠올랐다. 당장 상사의 사무실에 바로 가서 일을 마치는 것이었다. 이제는 돌이킬 수 없다고 마음을 다잡으며 계획대로 그의 사무실로 성큼성큼 진군했다. 괜히 어색하게 눈이라도 마주칠까봐 그가 멀리서 나를 볼 수 없도록 벽에 딱 붙어 걸었다. 심장이 쿵쿵 뛰었다. 상사의 사무실 문이 열려 있었고 나는 사직한다는 말을 할 각오를 단단히 다지며 사무실 안을 들여다보았다.

아무도 없었다.

역사상 이만큼이나 어렵게 회사를 그만둔 사람이 또 있을 것인가. 다른 회의에 갔거나 점심을 먹으러 간 모양이어서 나도 밥이나 먹자고 결정했다. '제3차 사직 시도'는 밥 먹고 오후에 하자.

나는 숨을 내쉬고 몸을 돌렸다. 순간 내 뒤에 서 있던 상사와 딱 마주쳤다.

"토니? 나한테 볼일 있나?" 그가 물었다.

아찔했다. 타코벨에서 몇 번 세트메뉴를 먹을 것인가 생각하던 참이라 정신적 준비가 되어 있지 않았다. 놀라고 당황한 나는 서둘러 "아니요, 죄송합니다"라고 중얼거리고 상사의 의심을 더 이상 불러일으키지 않기 위해 가능한 한 재빨리 걸어 자리를 떴다.

타코벨에서 나는 매우 중요한 결정을 두 가지 내렸다. 첫번째 결정은 점심으로 '더블데커 타코' 세트메뉴를 먹겠다는 것. 더블데커 타코는 내 위장을 놀라울 정도로 따뜻하게 어루만져주었다. 두번째 결정은 내일 사직하겠다는 것이었다. 오늘 아침 내가 벌인 쇼는 오늘은 날이 아니라고 하늘에서 보낸 신호였다.

하루 동안은 사임에 대해 더 이상 걱정해야 할 필요가 없다고 생각하니 느긋해져서 식사 후 사무실에 돌아왔을 때는 마음이 평온한 상태였다. 내 자리 근처의 화장실에 가자 청소 중이니 다른 편 화장실을 이용하라는 안내문이 세워져 있었다. 상사 사무실 옆에 있는 화장실 말이다.

나는 이미 다른 편 화장실이 어디 있는지는 눈 감고도 찾을 수 있는 터라 주저 없이 그쪽으로 향했다. 화장실에 가까워졌을 때 열린 사무실 문을 통해 상사가 혼자 앉아 있는 모습이 눈에 들어왔다. 빨리 일을 해결해버리고 싶다는 생각이 불쑥 고개를 쳐들었다. 맘이 바뀔까 두려워 나는 서둘러 그의 사무실로 들어갔다.

"잠시 시간 되십니까?" 내가 묻고는 문을 닫고 그의 맞은편에 앉았다. 이제 돌이킬 수 없는 상황이다.

"저…… 회사 그만두려고 합니다." 내가 거북스럽게 말했다. 오라클에 근무한 기간은 고작 다섯 달. 그동안 내가 이루어놓은 건 아무것도 없었다. 상사가 어떻게 반응할 것인지 감이 오지 않았다. 얼마 근무하지도 않은 주제에 벌써 그만둔다고 화를 내면 어떻게 하지? 요 녀석, 매일 점심을 무진장 오랫동안 먹더니 잘 그만둔다 하며 반기는 게 아닐까? 아니야. 토니? 존재감도 없던 애는 누구야? 하고 상관도 안 할지 몰라…… 상사가 입을 열기 전 3초의 시간이 마치 3분처럼 느껴졌다.

"이야! 자네 어디 좋은 신생 IT회사에 가는 모양이군! 좋은 기회야!" 상사는 진심으로 흥분하고 나를 위해 기뻐해주는 것처럼 보였다. 내가 벤처캐피털 회사에서 몇 백만 달러 투자를 한 신생 IT회사에 합류하는 것으로 생각하는 모양이었다.

오라클에서의 근무가 너무 지루해서 산제이와 내가 집 거실에서 시작한 웹디자인 사업의 영업을 뛰기 위해 회사를 떠난다는 말은 차마 할 수 없었다. 우리가 받고 있는 요금체계라면 오라클에서 받는 봉급보다 훨씬 적은 돈을 벌게 될 터였다.

하지만 산제이와 나는 우리만의 사업을 운영하고 각자의 운명에 책임을 지고 싶었다. 돈이 좋기는 하지만 지루한 것은 정말 싫었다. 산제이와 나는 공식적으로 오라클에서 사직했다. 인생의 다음 장을 열 준비가 되어 있었다. 인생이 우리를 어떤 곳으로 인도할 것인지 감도 잡을 수 없었지만 어디로 가더라도 지겹고 성취감을 느끼지 못하는 것보다는 나을 것이다.

모험을 시작할 준비가 되어 있었다.

신생기업

모험이 저절로 일어나지는 않았다. 가끔 가다 웹디자인 일을 조금 하고 고객을 유치하기 위해 때때로 외부에 나가는 것 외엔 집에서 뒹굴뒹굴하는 신세가 되고 말았다.

첫째주가 끝났을 때 웹디자인 업무에 열정을 느끼지 못한다는 사실을 깨달은 산제이와 나는 마음이 무거웠다. 사업을 소유하고 경영한다는 사실은 좋았지만 현실은 환상만큼 재미가 없었다.

제대로 된 계획 하나 없이 오라클을 그만둔 것에 대해 부모님도 별로 기뻐하지 않았다. 산제이와 함께 웹디자인 사업을 운영할 계획이라고 아빠에게 말했을 때 아빠는 우리 사업이 의미 있는 규모로 성장할 것 같지 않다고 했다. 일주일 후에는 산제이와 나마저 오라클을 떠난 것이 올바른 결정이었는지 의심하기 시작했다.

이후 이어진 몇 주 동안은 상당히 힘들었고 우울하기까지 했다. 지루함과 싸우며 시간을 때우기 위해 종일 웹 서핑을 하는 나날이 시작되었다. 대낮에 산제이가 코트를 걸어두는 옷방에 들어가 자는 걸 보는 것도 더 이상 재미없었다. 집에만 갇혀 있는 게 견딜 수 없어졌다.

다행히 대학시절 아르바이트에서 번 돈이 충분히 남아 있어 한 해 동안 월세 걱정은 없었다. 우리가 원하는 것이 무언지는 몰랐지만 우리가 '원하지 않는 것'이 무언지는 확실히 알게 되었다. 오라클 근무도, 웹디자인 일도 싫었다. 영업 전화도 더 이상 걸고 싶지 않았다. 지루한 것은 정말 정말 싫었다.

대단한 인터넷 사업 발상을 떠올리려고 밤낮 없이 고민했지만 그럴듯해 보이는 생각이 떠오르지 않았다. 그러던 어느 주말, 단지 지루함에서 벗어나기 위해 우리는 인터넷 링크 익스체인지(Internet Link Exchange)라는 아이디어를 테스트해보기로 하고 컴퓨터 프로그램을 짰다. 인터넷 링크 익스체인지는 훗날 링크익스체인지라는 새 이름을 가지게 된다.

링크익스체인지의 발상은 상당히 간단했다. 웹사이트를 운영하는 사람은 우리가 제공하는 무료 링크 교환 서비스를 신청할 수 있었다. 신청과 동시에 우리가 제공하는 코드를 자신의 웹페이지에 입력하면 배너광고가 자동적으로 웹사이트에 떴다.

웹사이트 방문객이 떠 있는 배너광고를 보면 웹사이트 소유자는 0.5포인트를 적립했다. 1천 명의 방문객이 웹사이트를 매일 방문하는 경우 일당 500포인트를 적립하게 되는 셈이었다. 500포인트로는 링크익스체인지 네트워크에 참여하고 있는 다른 웹사이트를 통해 무료로 500번의 광고를 낼 수 있었다. 광고예산이 없는 웹사이트들이 무료로 존재를 알릴 수 있는 매우 좋은 방법이었다. 나머지 500번의 광고는 우리에게 남았다. 시간을 들여 링크익스체인지 네트워크를 구축하여 큰 규모의 기업들에 팔 수 있는 광고 재고를 충분히 비축하자는 것이 우리의 생각이었다.

산제이와 나는 주말 동안 컴퓨터 프로그램을 다 짜고 웹서핑에서 찾아낸 웹사이트들 중 마음에 들었던 소규모 사이트 50개에 우리가 제공하는 새로운 서비스를 테스트하는 데 참여할 수 있는지를 묻는 이메일을 날렸다.

놀랍게도 24시간 내에 우리가 이메일을 보낸 웹사이트의 반 이상이 우리 서비스의 테스트에 참여하고 싶다고 답변을 했다. 사람들이 웹사이트에서 배너광고를 보자 링크익스체인지에 대한 입소문이 돌기 시작했다. 일주일이 지나기도 전에 우리는 지루함을 없애기 위해 시작한 프로젝트가 굉장한 것으로 발전할 잠재력을 가지고 있음을 깨달았다. 우리는 링크익스체인지를 성공적 사업으로 발전시키는 데 모든 힘을 쏟기로 결심했다.

이후 5개월 동안은 소용돌이에 휩싸인 것 같았다. 매일 우리 서비스를 신청하는 웹사이트들이 늘어났다. 우리는 소득을 올리는 것에는 아직 그리 신경 쓰지 않았다. 중요한 것은 링크익스체인지 네트워크의 규모를 키우는 것이었다. 고속으로 성장할 뿐 아니라 사람들에게 정말로 유용한 것을 만들어내고 있다는 사실에 우리는 신이 났다.

업무시간의 반은 컴퓨터 프로그램을 짜고, 나머지 반은 고객문의 이메일을 처리하며 산제이와 나는 밤낮 없이 일했다. 모든 이메일에 가능한 한 빨리 답한다는 원칙을 우리는 철저하게 지켰다. 우리는 보통 이메일을 받은 지 10분 내에 답변을 할 수 있었고 사람들은 우리의 즉각적 반응에 경의를 표했다.

그러나 우리 둘만으로는 모든 이메일을 처리할 수 없는 때가 왔다. 마침 다른 지역에서 찾아온 친구가 우리를 도와주기로 했는데, 결국엔 그 친구도 우리 회사에 뿌리를 내리게 되었다. 신나고 재미있고 신기해서 꿈만 같은 나날이었다. 우리가 하고 있는 일이 크게 터질 것이라는 것은 알았지만 그게 어떤 식으로 드러날지는 전혀 감이 오지 않았다. 시간 감각도 흐릿해지더니 말 그대로 날짜 가는 것도 모르고 살았다.

그렇게 정신없던 1996년 8월의 어느 날, 레니라는 남자가 전화를 했다. 뉴욕에 있다는 그는 링크익스체인지에 광고를 하고 싶어했고 우리가 회사를 매각할 의향이 있는지를 물었다. 산제이와 나는 샌프란시스코에서 그와 저녁식사를 하기로 했다.

우리는 토니 로마스라는 갈비요리를 전문으로 하는 체인 레스토랑에서 그를 만났다. 레니는 자기를 '빅풋(Bigfoot, 원래는 북미 서부에 살고 있는 것으로 여겨지는 온몸이 털로 덮인 원숭이이다—옮긴이)'이라 소개했는데, 빅풋은 그의 별명이기도 하면서 회사의 이름인 모양이었다. 그가 깔루아를 섞은 음료를 주문하기에 나도 같은 것을 시켰다. 산제이는 깔루아를 꺼렸다. 대학 시절 룸메이트들이 전설적인 '깔루아 나이트'라고 명명한 운명의 밤 이후, 산제이는 더 이상 깔루아와 친구가 아니었다. 산제이는 그날 밤 깔루아 음료를 너무 많이 마시고는 룸메이트들이 모두 같이 쓰는 변기에 토했던 전과가 있었다.

우리에게 제안을 하겠다고 레니는 말했다. 1백만 달러 가치의 현금과 주식을 받고 링크익스체인지를 빅풋에 매각하라는 것이었다. 단, 계약의 일부로 레니는 우리가 뉴욕으로 이주하여 빅풋에서 일하기를 원했다. 산제이와 나는 깜짝 놀라 서로의 얼굴을 쳐다보았다. 링크익스체인지는 고작 5개월밖에 안 된 아기인데 1백만 달러라니! 우리의 삶을 영원히 바꿀 만한 기회였다. 레니에게 생각할 시간을 며칠 달라고 했지만, 내 머릿속에 떠오르는 말은 단 한 마디뿐이었다. "와우."

산제이와 나는 레니의 제안에 대해 이야기하며 24시간을 보냈다. 링크익스체인지가 훨씬 더 크게 성장할 잠재력이 있다는 것을 믿어 의심치 않았지만 1백만 달러라는 거액의 돈을 거절하는 것 또한 매우 힘들었다. 우리는 2백만 달러의 현금이면 회사를 팔겠다고 레니에게 말하기로 결정했다. 2백만 달러의 현금을 받는다면 다섯 달 일한 대가로 산제이와 나는 각각 1백만 달러씩 챙길 수 있었다. 결과에 연연하지 않고 일의 성사를 포기하는 것을 두려워하지 않는 사람이 협상의 우위를 차지한다고 읽은 적이 있었다. 2백만 달러라면 협상이 성사되든 말든 나는 행복할 것이었다.

레니는 우리 회사에 2백만 달러의 가치가 있다고는 생각하지 않았다(사실은 2백만 달러가 없었던 것 같다). 그래서 우리는 각자의 길을 가며 계속 연락을 취하기로 했다.

레니가 말했다. "링크익스체인지는 인생에 한 번 올까 말까 한 기회예요. 나도 살면서 돈을 상당히 많이 벌었지요. 하지만 협상을 받아들여 돈을 챙기고 떠야 할 때 죽기 살기로 해보자고 잘못 결정하면서 돈을 잃은 적도 많아요. 아무튼 행운을 빌어요."

산제이와 나는 링크익스체인지를 반드시 성공시키겠다는 결심을 더욱 굳게 다졌다. 레니가 옳지 않다는 것을 증명해야 했다.

서비스를 신청하는 사람들이 점점 늘어나면서 산제이와 나는 고객지원 분야와 컴퓨터 프로그래밍 분야에 훨씬 더 많은 도움이 필요함을 깨달았다. 다른 지역에서 우리를 만나러 온 친구들에게 집에 가지 말고 이메일 처리를 도와달라고 설득하는 한편, 컴퓨터 프로그래머를 물색하기 시작했다.

나는 대학 시절 국제 컴퓨터 프로그래밍 경진대회에 참여했던 적이 있다. 각 대학에서 교내 최고의 프로그래머 세 명을 대회에 파견하여 경쟁하는 것이었다. 내가 속한 팀이 일등상을 탔다. 나와 같은 팀 멤버였던 하디에게 연락하여 링크익스체인지에 합류할 의사가 있는지 알아봐야겠다는 생각이 들었다.

경연 당시 나는 하디가 마술에 관심을 가진 것을 알고 돈을 버는 방법의 일환으로 대학 광장에서 마술쇼를 공연하면 어떨까 하는 이야기를 짧게 나눈 바 있었다. 하디와 나라면 차세대 데이비드 코퍼필드(미국의 유명한 마술사—옮긴이) 듀오가 될 수 있을 것이라 생각했지만 결국에는 아무것도 하지 않았다. 우리 모두 너무 바빴기 때문이다.

하디에게 연락을 한 나는 링크익스체인지에 합류할 의향이 있는지를 물어보면서, 우리가 매우 빠른 속도로 성장 중이며 1백만 달러 인수 제안을 방금 거절했고 모든 일이 너무나 신난다는 등의 배경 설명을 했다. 하디는 합류할 수 없다고 했다. 정말 흥미로운 이야기지만 시애틀에 위치한 마이크로소프트에서 넷스케이프(Netscape) 브라우저에 대적할 인터넷 익스플로러(Internet Explorer)란 이름의 웹브라우저를 론칭하는 팀을 이끄느라 너무 바쁘다는 것이었다.

그러면서도 자기와 얼굴도 똑같고 하는 짓도 똑같다는 쌍둥이 이야기를 했다. 그에 따르면 둘은 너무나 비슷해서 대학 시절 누구 한 명이 바쁘면 다른 한 명이 서로의 인터뷰에 대신 갈 정도였다는 것이었다. 설마 소개팅도 바꿔 나간 건 아닐까 궁금해졌다.

"그래서…… 우리 보고 네 스턴트 대역을 고용하라는 거야?" 내가 물었다.

"응."

"서로 다른 쪽 인터뷰에 갔다는 얘기 진짜야?"

"응."

"오케이, 괜찮겠네. 스턴트 대역 이름은?"

"알리."

아파트에서 알리를 만난 산제이와 나는 링크익스체인지의 세번째 파트너로 그를 받아들이기로 결정하고 샌프란시스코에 거실이 아닌 진짜 사무실다운 사무실을 얻었다. 우리는 각각 자신의 친구들을 링크익스체인지로 꼬드겼고, 시간이 지나면서 합류하는 친구들이 한 명 한 명 늘어났다.

1996년 12월, 링크익스체인지는 25명의 직원을 거느린 회사로 성장해 있었다. 직원 대부분은 우리 친구들이었다. 야후(Yahoo!)의 공동 설립자 제리 양이 우리를 만나고 싶다고 한 것이 바로 그때였다. 야후는 그해 초반 매우 유명하고 성공적인 주식 상장을 달성한 바 있는 10억 달러 이상의 가치를 지닌 회사였다. 제리는 닷컴 광풍의 주역이나 다름없는 인물이어서 인터넷 명사를 만난다는 생각에 우리는 모두 꽤 흥분했다. 야후의 광고를 수주하면 우리 성장이 더욱 가속화되리라 생각하며 우리는 모두 희망에 부풀어 있었다.

그런데 제리는 광고에는 관심이 없었다. 충격적으로 제리의 관심은 우리 회사를 인수하는 데 있었다. 야후의 기업개발팀 일원들이 모두 휴가 중이어서 인수 이야기를 심도 있게 진행할 수는 없었다. 연말 연휴가 끝나는 1월에 다시 논의하기로 합의했다.

1월 1일이 지난 후 제리는 우리가 사는 낡은 아파트를 방문하여 산제이와 알리, 나에게 야후가 지불할 의향이 있는 대략의 금액을 말해주었다.

"2천만 달러는 어떻습니까?"

움찔한 티를 내지 않고 가능한 한 침착하게 보이기 위해 나는 젖 먹던 힘까지 쥐어짜야 했다. 내 머릿속에 처음 떠오른 말은 '와우'였다. 그러고 나서 두번째로 머릿속에 떠오른 생각은 '5개월 전에 레니에게 회사를 팔지 않아서 정말 다행이야!'였다.

생각할 시간이 필요하다고 제리에게 말했다. 예전에 겪었던 일을 다시 겪는 듯한 느낌이 들었다. 이번에는 금액이 더 크다는 것이 다를 뿐이었다. 그런데 조금 더 큰 게 아니라 훨씬, 훨씬 더 컸다.

다음 며칠은 고뇌의 나날이었다. 직원들에게 상황을 설명하고 산제이와 알리, 내가 마지막 결정을 내릴 것이라고 말했다. 2천만 달러를 받고 회사를 판다면 나는 다시는 노동을 할 필요가 없을 터였다.

나는 돈이 있다면 무슨 일을 할 것인지 목록을 짜보았다.

-샌프란시스코에 아파트나 로프트(loft, 공장 등을 개조하여 만든 주거 형태로 천장이 매우 높으며 종종 2층의 형식을 띠고 있는 아파트. 2000년대 들어서 구미 대도시에서 인기를 끌었다—옮긴이)를 산다. 공간을 빌려 룸메이트와 사는 대신 내 집이라고 부를 수 있는 공간을 가진다.

-대형 스크린 TV를 사서 홈시어터 시스템을 구축한다.

-원할 때마다 주말을 이용하여 라스베이거스나 뉴욕, 마이애미, LA 등지에서 미니 휴가를 즐긴다.

-새 컴퓨터를 산다.

–새 회사를 차린다. 무언가를 창조하여 성장시키는 것이 정말로 즐겁기 때문이다.

놀라울 정도로 목록이 짧았지만 추가할 만한 것도 없었다. 목록에 있는 일을 하기 위해 새로 돈이 필요한 것도 아니었다. 이전 직업에서 번 돈으로 TV와 컴퓨터를 살 수 있었지만 행동에 옮기지 않고 있었을 따름이다.

나는 이미 신나게 회사 운영을 돕고 있었다. 신나게 운영할 새 회사를 차리기 위해서 지금 신나게 운영하고 있는 회사를 파는 것은 바보스러운 짓 같았다. 셋집이 아닌 내 소유의 집을 가지는 것 외엔 나는 이미 사고 싶은 것이라면 다 살 수 있는 능력이 있었다.

레니의 말이 내 머릿속에서 거듭 울렸다. "링크익스체인지는 인생에 한 번 올까 말까 한 기회예요." 설사 실패하더라도 기회를 좇아야 한다는 것을 나는 마음속 깊숙이 알고 있었다. 스물세 살에 아파트나 로프트를 소유하는 것이 뭐 그리 중요하겠는가. 집은 나중에 사도 상관없었다.

내 결론을 산제이와 알리에게 말했을 때 그들 또한 자기 나름대로 생각하여 나와 동일한 결론을 도출한 상태라고 했다. 우리는 아직 젊었다. 대담한 행동을 할 수 있는 자유가 있었다.

다음날 우리는 직원회의에서 우리의 결정을 발표했다.

"다들 알고 있겠지만 우리 회사는 야후로부터 회사를 인수하고 싶다는 제안서를 받았고 지난 며칠 동안 어떻게 해야 할지 고민을 했습니다." 내가 입을 열었다. 회의실 안에 팽팽한 긴장이 감돌았다.

"야후의 제안을 거절하기로 결정했어요."

직원들의 안도한 듯한 표정에 나는 놀랐다. "우리는 매우 소중한 시대에 살고 있습니다. 인터넷 산업은 폭발하고 있습니다. 넷스케이프와 이베이(eBay), 아마존, 그리고 야후 같은 기업들이 인간 역사의 궤도를 바꾸고 있습니다. 짧은 기간 동안 이렇게 많은 기업들이 성공을 거둔 예가 없습니다. 우리 인생 최고의 순간을 살면서 그러한 회사가 될 기회가 우리에게 있습니다."

무슨 이유에선지 점점 더 감정에 북받치기 시작했다. 목소리가 떨리기 시작했다. 빨리 할 말을 끝내고 회의를 마치지 않으면 울음을 터뜨릴 것 같았다.

"1997년은 다시 오지 않을 것입니다."

세계여, 오라. 우리와 세계의 대결에서 우리는 반드시 승리할 것이었다.

다음 몇 달 동안은 시간이 너무 빨리 지나가 귀가 멍멍할 정도였다. 마치 하늘이 우리를 보살펴주는 양 모든 것이 착착 맞아떨어졌다. 야후에 투자금을 댄 세쿼이어 캐피털(Sequoia Capital)이라는 벤처캐피털 회사에 근무하는 마이클 모리츠가 사외이사로 참여했고 3백만 달러를 투자하여 회사 지분의 20퍼센트를 가져갔다. 점점 더 많은 웹사이트들이 우리 서비스를 신청함에 따라 우리는 회사에 수익을 가져다줄 대기업들을 고객으로 유치하기 시작했다. 우리는 총명하고 정열적인 직원들(신입사원 대다수가 현 직원들의 친구였다)을 여러 명 고용했고 다 함께 정말 재미있게 일하고 있었다. 우리는 이미 정상에 올라 있었다.

링크익스체인지에는 어떻게 시작이 되었는지는 아무도 모르는 재미있는 전통이 있었다. 한 달에 한 번 있는 중요한 회의에 주요 투자자들과 사외이사들이 참석하니 모든 직원들은 양복을 입고 넥타이를 매라는 이메일을 내가 회사 전체에 보내는 것이다.

가장 최근에 입사한 신입사원을 빼고는 회사 사람들 모두가 회의란 없으며 양복을 입거나 넥타이를 매지 않아도 된다는 사실을 알고 있었다. 회의의 진짜 목적은 환영식을 겸하여 이전 달에 링크익스체인지에 합류한 신입사원들을 골리는 것이었다.

이리하여 한 달에 한 번은 신입사원 모두가 양복과 넥타이를 착용하고 출근했고 회사의 심술궂은 장난에 걸려들었다는 것을 출근 후에야 알게 되었다. 오후 회의에 참석한 신입사원들은 회의실 앞으로 불려 나와 뭔가 창피한 짓을 할 것을 요구받았다.

세쿼이어 캐피털의 투자를 받고 나서 우리는 환영식에 마이클 모리츠를 초대하여 이전 달에 고용된 신입사원 여섯 명과 함께 회의실 앞으로 끌어냈다. 일곱 명이 자기소개를 마쳤을 때 우리는 모리츠의 존재를 기념하기 위해서라며 곧 음악을 틀 테니 일곱 명 모두가 음악에 맞춰 똑같이 춤을 춰야 한다고 요구했다.

언론에 소개된 모리츠는 지적이고 내성적이며, 전직 기자 출신 벤처 캐피털리스트로서 예의바른 영국인이었다. 그래서 예상을 깨고 회의실 앞에 다른 직원들과 같이 서 있겠다고 한 그의 모습을 보고 직원들이 열광했다. 직원 한 명이 카세트테이프 플레이어를 가지고 와서 스위치를 누르자 모든 사람들이 손뼉을 치고 환호했다.

음악이 흘러나왔다. '마카레나'였다.

모리츠가 억지로 마카레나를 추는 모습을 어찌 말로 표현할 수 있을까. 그의 희생이 실로 성스러워 경배를 해야 할 것 같았다. 회의실에 모인 사람들 모두가 소리를 지르며 웃어댔고 음악이 끝날 무렵 내 얼굴에는 눈물이 줄줄 흐르고 있었다.

회의실 안의 행복한 얼굴들을 보며 '이게 꿈이 아닐까' 하고 생각하던 기억이 난다. 비현실적인 것은 마카레나를 추는 모리츠만이 아니었다. 이전 해에 일어났던 모든 일이 모두 그랬다. 현실처럼 느껴지지 않았다.

영화 〈귀여운 여인〉의 대사에 의하면, "나는 동화 같은 삶을 살고 있었다."

고속 성장

세쿼이어의 투자를 유치하고 나서 나는 곧바로 대학 시절 피자 고객이었던 알프레드에게 연락을 취해 우리 회사에 정직원으로 합류할 의사가 있는지 물었다. 알프레드는 스탠퍼드에서 통계학 박사과정을 밟느라 바빴다. 이해할 수 없는 일이었다. 통계학 박사과정이란 내게는 세상에서 두번째로 지루한 일이었다(가장 지루한 일은 밤에 페인트가 마르는 것을 지켜보는 일이다. 어두워서 페인트 색이 안 보이니까).

한때 2년 넘게 나는 알프레드와 함께할 사업거리를 모색한 적이 있었다. 스탠퍼드 교정에서 서브웨이 샌드위치 매장을 여는 것도 고려했었다. 서브웨이는 당시 미국에서 가장 빨리 성장하고 있는 프랜차이즈 중 하나로 로열티와 초기투자비가 아주 적게 들었다. 알프레드도 관심을 보였지만 당시 스탠퍼드는 교정에서 상업적 활동을 허락하지 않는다는 사실을 알고 생각을 접었다.

산제이와 내가 링크익스체인지를 시작했을 때 나는 알프레드에게 합류할 의사가 있는지 물어보았다. 그는 회사 초기라 위험이 너무 크고 대학원을 그만두면 부모가 화를 낼까봐 걱정된다며 고사했고, 앞으로 연락을 계속 취하면서 가끔 컨설턴트로 일하기로 합의했다.

그런데 이번에는 알프레드의 반응이 훨씬 더 긍정적이었다. 세쿼이어가 투자한 3백만 달러가 은행에 있는 데다 박사 취득이 자신의 적성이 아님을 깨달았기 때문이리라. 1997년 알프레드는 재무차장 자격으로 링크익스체인지에 정식 합류했다.

이후 열일곱 달 동안 우리는 잠을 거의 자지 못했다. 회사의 성장속도가 너무나 빨라서 우리는 되도록 빨리 직원들을 고용했다. 친구들은 이미 다 불러들였기 때문에 우리를 위해 일할 의향이 있고, 감옥에서 6개월 이상 썩은 일이 없고, 더운 피 흐르는 몸뚱이라면 무조건 채용하기 시작했다.

사무실로 빌린 공간이 좁아졌기 때문에 건물의 한 층을 더 빌려 사무실을 확장했다. 심지어 뉴욕과 시카고에 영업 사무실까지 열었다. 사무실을 걸으면 내가 모르는 얼굴과 마주치기 일쑤였다. 기이한 느낌이었다. 한 주도 거르지 않고 새로운 얼굴이 나타나는 듯했다. 직원들의 이름이나 업무를 잘 모를 뿐 아니라 얼굴도 낯설었다. 건물 계단을 오르락내리락하며 마주치는 사람들이 링크익스체인지의 직원인지 건물 내에 있는 다른 업체의 직원인지 알 수 없었다.

당시엔 그런 현상이 문제라고 생각하지 않았다. 오히려 회사의 급속 성장 덕에 직원조차 알아보지 못한다는 사실이 자극적이었고, 우리 모두가 24시간 내내 쏟아내던 아드레날린은 멈출 줄을 몰랐다. 하지만 지금 생각하면 그 현상은 이후 다가올 상황을 예견하는 심각한 경고나 마찬가지였다.

한마디로 말하자면, 당시 우리는 기업문화라는 것에 신경을 써야 한다는 점을 몰랐다. 첫해에 우리는 친구들뿐만 아니라 재미있고 신나게 무언가를 구축하고 싶어하는 사람들을 고용했다. 의도적인 것은 아니었지만 그 결과 즐길 수 있는 기업문화를 함께 창조했다.

하지만 직원 수가 곧 25명을 넘어섰고 우리는 초창기 멤버들과는 다른 이유로 우리를 찾아오는 사람들을 채용하는 실수를 저질렀다. 똑똑하고 의욕적이라는 점은 좋았다. 하지만 그들 중 다수가 돈을 많이 벌려고 하거나 이력서를 메우려는 데 혈안이 되어 있다는 점은 좋지 않았다. 이런 사람들은 링크익스체인지에서 몇 년간 열심히 일한 후 이력서 내용을 불리기 위해 다른 회사로 옮기길 원했다. 또는 일이 잘 풀리면 돈을 많이 벌어 회사를 그만두기를 바랐다. 우리는 계속 성장하며 점점 더 많은 직원들을 고용했고 1998년에 이르자 직원 수가 100명을 넘어섰다.

어느 날, 나는 자명종을 여섯 번이나 끈 다음에야 자리에서 일어났다. 일곱번째로 자명종을 누르려던 순간 갑자기 한 가지 깨달음이 나를 후려쳤다. 자리에서 일어나기 싫어 자명종을 이렇게 여러 번 껐던 게 마지막으로 언제였더라? 오라클에서 일하며 출근을 두려워했던 그 시절에 그랬다. 같은 일이 다시 일어나고 있었다. 다른 점이 있다면, 이번에는 회사가 오라클이 아닌 링크익스체인지라는 점이었다.

희한한 일이었다. 링크익스체인지의 공동설립자인 내가 더 이상 회사에 있고 싶지 않았다. 예전엔 이렇지 않았다. "1997년은 다시 오지 않을 것입니다"라고 직원들에게 선언한 것이 고작 1년 반 전이었다. 상황이 왜 그리 빨리 변했을까? 무슨 일이 일어난 것일까? 어째서 "모두는 하나를 위해, 하나는 모두를 위해"를 모토로 삼은 팀 환경이 사내 정치와 자리싸움, 소문이 난무하는 환경으로 변한 것일까?

지나간 시간에 대해 곰곰 생각해봐도 회사가 하향세를 타고 일의 재미가 덜해진 시점을 딱 꼬집어 말할 수가 없었다. 회사의 분위기가 침체되는 데 유독 책임이 있는 직원이 있는 것도 아니었다.

등 위에 떨어진 마지막 종잇장 한 장에 낙타가 쓰러지는 것과 같다고 할까, 또는 서서히 사람을 죽이는 중국식 물고문과 비슷하다고 할까. 매일매일 떨어지는 한 방울이나 잘못 뽑은 직원 한 명은 참을 만했고 큰 문제가 아니었다. 하지만 그런 일이 쌓이고 쌓이면 고문이 되는 것이다.

어떻게 대처해야 할지 감이 오지 않았다. 일단은 좀더 즉각적 대응을 필요로 하는 긴급한 문제들이 있었기 때문에 회사의 분위기 문제는 머릿속에서 밀어내버렸다. 문제는 경제였다(러시아 통화 문제들 그리고 롱텀 캐피털Long Term Capital 사태와 관련이 있다는 뭐라든가, 아무튼 내가 잘 모르는 문제였다). 수익이 갑자기 말라버릴 경우 회사를 지탱해줄 현금 여력이 별로 없었다. 현금 자본을 유치하기 위하여 준비했던 주식 상장 또한 러시아 통화 사태 때문에 근간 이루어질 가능성이 전혀 없었다. 경제가 더 악화될 가능성에 대비하기 위하여 주식과 채권의 혼합된 형태를 이용하는 메자닌 투자의 유치가 필요했다. 실패하면 링크익스체인지는 연말이 되기 전에 파산할지도 몰랐다.

지난 2년 동안 우리는 야후와 넷스케이프, 그리고 마이크로소프트의 사람들과 상당히 좋은 관계를 형성해왔다. 이들 회사는 모두 우리가 하는 일에 큰 관심이 있었고 전략적 제휴관계를 맺는 것에 흥미를 보였다(솔직히 말하면 난 '그냥 제휴'와 '전략적 제휴'의 차이를 아직도 모르겠다. 하지만 '전략적 제휴'라고 말하면 더 지적으로 들리기에 우리는 그 표현을 더 선호했다).

놀랍게도 세 회사 모두 메자닌 투자를 제공하는 데 관심이 있다고 알려왔다. 좀더 놀라운 사실은 넷스케이프와 마이크로소프트가 모두 회사 전체를 단번에 사버리는 데 더 관심이 있다고 알려왔다는 것이었다.

우리는 2억5천만 달러보다 낮은 가격으로 팔지는 않겠다고 말했다. 가격 산정에 이용한 뚜렷한 공식은 없지만 나름 그럴듯해 보이는 금액이었고, 넷스케이프와 마이크로소프트 모두 가격 협상을 계속하기를 원한다는 것이 좋은 신호라고 생각했다.

두 회사는 가격 경쟁에 돌입했다.

마지막 승자는 마이크로소프트였다. 2억6천5백만 달러. 하지만 조건이 있었다. 산제이와 알리, 그리고 내가 적어도 열두 달 동안은 링크익스체인지에 남아 있어야 한다는 것이었다. 열두 달만 버틴다면 나는 4천만 달러에 가까운 금액을 가지고 회사를 떠날 수 있었다. 버티지 못한다면 그 금액의 20퍼센트 정도는 포기해야 할 터였다.

링크익스체인지가 더 이상 재미있는 곳이 아니긴 했지만 그 정도 금액이라면 1년 정도는 남아 있을 수 있다고 생각했다. 해고당하지 않을 정도로만 일을 하면 될 것이었다.

회사에 붙어 있으면서 실제로는 아무것도 하지 않는 것은 실리콘밸리의 인수합병에서는 흔히 볼 수 있는 현상이었다. "쉬엄쉬엄 번다(Vest in Peace, 망자에게 고이 쉬라는 뜻의 'Rest in Peace'를 비꼬아 만든 표현— 옮긴이)"라고 하여 이런 행위를 가리키는 용어까지 따로 있을 정도였다.

마이크로소프트와 협상을 시작한 몇 주 후 우리는 계약을 체결했다. 마이크로소프트가 인수했던 다른 회사들에 비하면 링크익스체인지의 경우는 기록적으로 빠른 속도로 진행되었다. 무대 뒤에서는 드라마 같은 일이 벌어지고 있었지만 말이다.

문제 인물들을 보호하기 위해서 자세한 내용은 밝히지 않겠지만, 회사의 매각과정은 인간 행동과 성격에 관한 교육장과 같았다. 거액의 돈에는 사람들의 본색을 드러나게 하는 묘한 힘이 있었다. 매각 직전 링크익스체인지에 들어온 사람들이 다른 동료직원들을 희생하고 이용해서 이면계약을 협상하려고 하는 탐욕스런 모습이 내 눈앞에 드러났다. 직원들이 서로 싸우면서 자기만의 금전적 수익을 극대화하려고 애쓰는 진풍경이 수도 없이 펼쳐졌다.

나는 이 드라마에서 멀찍이 떨어져 있기로 결심했다. 눈앞에서 벌어지는 일을 보며 나는 회사 매각이 올바른 결정이었음을 재차 확인했다. 추한 본색을 드러낸 많은 사람들과 다시 일하고픈 마음이 추호도 없었다. 1년. 그저 열두 달만 버티면 되는 것이었다.

1998년 11월 초엽의 어느 날, 산제이와 나는 사무실에서 몇 정거장 떨어진 곳에 있는 레스토랑에 점심식사를 하러 갔다. 이미 몇 주 전 언론이 회사 인수를 다룬 바 있지만 매각 자체가 공식적으로 결정된 상태는 아니었다. 식사가 끝나갈 무렵 알프레드가 내 휴대전화로 전화를 했다. 이제는 끝이라고 했다. 인수가 공식적으로 결정된 것이었다.

나는 산제이에게 소식을 전했다. "흠, 인수가 결정됐나봐." 우리 둘이 느낀 감정은 동일했다. 신이 나지 않았다. 축배를 들고 싶지도 않았다. 바깥세상의 사람들은 우리가 좋아서 펄쩍펄쩍 뛰고 재주를 넘고 있을 거라고 짐작했겠지만 실제로 우리의 기분은 무관심과 안도감의 기묘한 조합에 더 가까웠다. 링크익스체인지가 선사했던 흥분은 오래전에 사라졌다. 이제 우리에게 남은 일은 아무 영감도 느끼지 못한 채로, 의욕이 없는 채로 열두 달을 버티는 것뿐이었다.

"사무실로 돌아가야겠지?" 내가 말했다.

"그래."

그렇게 우리는 걸음을 옮겼다. 아무 말 없이.

크루즈 컨트롤

내기는 내기다. 내기에 지면 나는 언제나 판돈을 지불한다.

대학교 졸업식 날, 친구들이 내기를 걸었다. 내가 10년 안에 백만장자가 된다는 것이었다. 자기들이 이기면 우리 모두 크루즈 여행을 갈 것이며 그 비용은 내가 모두 대야 한다고 했다. 그러나 자기들이 지면 친구들이 돈을 모아 내 여행비용을 대겠다고 했다. 내게는 이래저래 좋은 내기였다. 백만장자가 되든지 공짜로 크루즈 여행을 가든지. 둘 중의 어느 것이 실현되더라도 나는 행복하지 않겠는가. 당연히 내기에 동의했다.

그리고 1999년 초, 우리는 모두 플로리다로 비행기를 타고 가서 바하마 행 3일 크루즈 여행을 했다. 내기에 참여하지 않았던 다른 친구들도 몇 명 초대하여 총 15명의 여행단이 구성되었다. 크루즈 경험이 없던 나는 배의 어마어마한 크기에 놀랐다. 배 안에는 나이트클럽 하나, 술집 열 곳, 수영장, 뷔페 레스토랑 다섯 곳이 있었다. 술을 마시고 밥을 먹고 파티를 하고…… 또 술을 마시고 밥을 먹고 파티를 하며 굉장히 즐거운 시간을 보냈다. 동창회에서 지루한 부분만 쏙 제거한 미니 대학 동창회 같았다.

크루즈 마지막 날, 우리 모두는 나이트클럽에 가서 먹고 춤추며 밤을 새기로 했다. 크루즈에 온 친구 모두에게 나는 성공과 행복의 정의 그 자체였다. 친구들은 내가 예전보다 더 자신만만해 보인다며 회사 매각을 축하해주었다.

이윽고 새벽 한 시. 지금 틀 곡이 마지막 곡이며 바와 클럽이 곧 문을 닫는다고 디제이가 선언했다. 밤이 끝나기 전에 마지막 술 한 잔을 마시기 위해 모든 이들이 카운터로 몰려갈 때 나는 잠시 혼잡을 피해 혼자 서서 그 순간을 만끽했다. 4년 전에 누가 나더러 당신은 4년 후 백만장자가 되어 크루즈 여행을 하며 축배를 들 것이오, 하고 말했다면 나는 믿지 않았을 것이다.

그러나 술이 넘실대고 음악의 비트가 펄떡펄떡 울리고 친구들이 환호하며 건배할 때 내 마음 한 귀퉁이에는 목소리 하나가 집요하게 같은 질문들을 계속하며 나를 괴롭히고 있었다. 마이크로소프트와의 계약이 공식화된 날 산제이와 침묵 속에서 사무실로 복귀하고 나서부터 계속 나를 따라 다닌 질문이었다. '이제 나는 무엇을 해야 하는가? 무엇이 나를 기다리고 있는가?'

또 다른 질문들이 잇따랐다. '성공이란 과연 무엇인가? 행복이란 무엇인가? 나는 무엇을 향해 나아가고 있는 것일까?'

답은 몰랐다. 나는 카운터에 가서 보드카 한 잔을 시켜 산제이와 건배를 했다. 답을 찾는 것은 나중에 해도 될 터였다.

크루즈 후의 나날은 마치 자동운전 모드인 크루즈 컨트롤을 켜놓은 것처럼 느껴졌다. 느지막이 기상하여 몇 시간 동안 사무실에 모습을 비추고, 이메일을 확인하고는 집에 일찍 갔다. 출근조차 하지 않는 날도 가끔 있었다.

주체할 수 없는 자유시간이 버거웠다.

생각할 시간도 자연히 넘쳐났다. 이미 나는 내가 원하는 것을 모두 구입한 상태였다. 거주할 곳과 대형 스크린 TV, 컴퓨터, 그리고 홈시어터 시스템. 나는 또한 포커를 치기 위해 2주에 한 번씩 라스베이거스에 가기 시작했다. 돈을 따려는 건 아니었다. 게임을 정복하는 방법을 찾는 것이 목적이었다. 포커는 게임 상대가 도박장이 아니라 다른 도박사들인 유일한 카지노 게임으로, 내 실력이 같은 테이블의 도박사들의 평균 이상이면 결국에는 이길 수 있다.

자유시간의 대부분은 그저 내면을 바라보며 생각하는 데 썼다. 더 이상의 돈은 필요없었다. 나머지 돈으로 무엇을 해야 할 것인가? 나는 회사 매각 전에도 돈을 쓰지 않았다. 그런데 왜 나는 쓰지도 않을 돈을 더 '쉬엄쉬엄' 벌려고 마이크로소프트에 계속 머무르는 것일까?

이제까지 가장 행복했던 시절을 정리해보니 어느 경우도 돈 덕분이었던 적이 없었다. 나는 무언가를 구축하고 창조적으로 활동하며 무언가를 고안해낼 때 행복을 느꼈다. 친구와 마음을 트고 해가 뜰 때까지 밤새 이야기하며 행복을 느꼈다. 중학생 시절 친한 벗들과 할로윈을 즐기면서 행복했다. 수영 후 먹는 구운 감자 때문에 행복했다. 피클 때문에 행복했다(사실 나도 이유를 모르겠다. 피클이 확실히 맛있기도 하고, 내가 '피클'이라는 단어를 좋아하기 때문인 것 같기도 하다).

우리 인간들은 사회와 문화에 길들여져 아무 생각 없이, 정말 너무나 쉽게, 더 많은 돈이 성공과 행복을 가져올 것이라고 자동적으로 믿어버린다. 사실 궁극적인 행복은 그저 인생을 즐길 때 느낄 뿐인데 말이다.

무언가를 창조하고 구축하며 열정을 느끼는 일에 파묻히는 것이 얼마나 즐거웠던가. 인터넷은 여전히 폭발적 속도로 팽창하고 있었고, 세상에는 모두 좇아가기에는 시간이 모자랄 정도로 많은 아이디어가 널려 있었다. 이 세상에는 창조와 구축의 기회가 너무나 많이 널려 있었다. 그럼에도 나는 내 시간과 인생을 낭비하고 있었다. 여생을 살기에 모자람이 없을 만큼 돈이 있는데도 돈을 더 벌기 위해서 1년의 시간을 썩히고 있었다. 세계는 크게 변화할 것이다. 우리는 새로운 백 년이 아니라 새로운 천 년을 앞두고 있는 게 아닌가. 세상이 극적으로 변하려는 순간에 나는 주체하지 못할 만큼의 돈이 있으면서도 돈을 더 원하다가 세상의 변화에서 얻을 수 있는 모든 재미를 놓치게 될 것이다.

나는 생각을 멈추고 혼잣말을 하기 시작했다.

"1999년은 한 번밖에 없어. 너는 대체 뭘 할 거야?"

나는 이미 정답을 알고 있었다. 그 순간, 나는 나 자신에게 진실하기로, 그리고 마이크로소프트에 나를 묶어놓고 있는 돈을 모두 포기하기로 선택했다.

며칠 후 출근한 나는 사직한다는 이메일을 남기고 사무실을 나섰다. 무엇을 할 것인지는 잘 알고 있지 못했지만 무엇을 하지 않아야 할 것인지는 잘 알고 있었다. 현실에 안주하며 내 인생과 세계가 나를 버리고 떠나도록 내버려두지는 않을 것이다. 그 많은 돈을 포기하다니 미쳤다고 사람들은 말했다. 그들도 옳았다. 그 결정을 내리는 것은 정말 두려운 일이었다. 하지만 긍정적인 두려움이었다.

당시에는 깨닫지 못했지만 돈을 포기하고 마이크로소프트를 떠나기로 한 결정은 내 인생에서 전환점을 이루게 된다. 나는 돈을 좇기를 멈추고 열정을 뒤따르기로 인생의 방향을 잡았던 것이다.

삶의 다음 장을 열 준비가 되어 있었다.

3장
다각화

새로운 사업

"이제 무엇을 하면 좋지?"

링크익스체인지를 떠난 많은 이들이 이 질문의 답을 찾으려고 애쓰고 있었다. 마이크로소프트에 회사를 매각하여 큰돈을 손에 넣은 우리가 푹 쉬며 노동의 열매를 만끽하고 있어야 할 때였다.

좋은 대답이 떠오르지 않았다.

어릴 적 꿈을 떠올려보았다. 제임스 본드 같은 사람이 되어 CIA에서 일하고 싶었고, 로봇 발명가도 되고 싶었으며 영화관과 타코벨이 아래층에 있는 그런 곳에서 살고도 싶었다.

스파이나 로봇 발명가는 더 이상 되고 싶지 않았지만 영화관 위층에 산다는 생각은 여전히 매력적이었다. 그런데 나는 역시 행운의 사나이인가보다. 운전을 하던 어느 날 나는 샌프란시스코 중심지인 밴네스 거리 1000번지에 AMC가 커다란 새 극장 건물을 개장하는 것을 보았다. 14개의 상영관이 있고 극장 로비 바로 위에 53개의 신축 로프트 아파트가 분양될 계획이었다. 건물에서 두 정거장 거리 안에 타코벨도 있다는 사실을 알았을 때 나는 이것이 하늘의 계시임을 알았다. 여기가 미래의 내 집이었다.

부동산 개발업자들이 도심을 뭉텅이로 구입하고 두 건물을 하나로 합쳐 현재의 건물을 지었다고 했다. 로프트 아파트와 영화관 외에도 헬스클럽, 앞으로 문을 열 레스토랑을 위한 공간, 그리고 아직 임대되지 않은 상가 공간이 좀 있었다.

링크익스체인지 시절의 동료들에게 건물 이야기를 했다. 모임의 핵심 일원들이 항상 함께 어울렸던 대학 시절이 떠올랐다. 이 건물을 잘 이용하면 성인 버전의 기숙사를 세우고 우리 식의 커뮤니티를 이룰 수 있을 것 같았다. 우리만의 세계를 창조할 기회였다. 완벽했다.

친구들이 한 명 한 명 로프트로 이사 오기 시작했다. 알프레드는 우리 집 다음다음 로프트에 살게 되었다. 친구들 모두가 건물로 들어왔을 때 우리들은 건물 내의 로프트 아파트 중 20퍼센트를 소유한 셈이 되었고, 반상회 임원 자리의 40퍼센트를 차지하게 되었다. 마치 현실 버전의 모노폴리 게임(땅을 사 건물을 짓는 내용의 보드게임—옮긴이)을 하는 것 같았다. 하지만 마음이 내키면 파자마 바람으로 친구 집이나 극장에 가는 것이 단연 최고의 즐거움이었다.

알프레드와 나는 투자 펀드를 시작하기로 결정했다. 대학 시절에 애완용 개구리를 가지고 있던 친구가 소식을 듣고는 투자 펀드와 벤처 인큐베이터의 이름을 '벤처 프로그(Venture Frogs, 개구리 벤처)'라고는 못 짓겠지? 하고 도전장을 냈다.

그렇게 우리의 펀드 이름은 벤처 프로그가 되어버렸다.

우리는 링크익스체인지의 예전 동료들에게서 2천7백만 달러를 모아 여러 회사들과 만나기 시작했다. 침실 하나짜리 로프트에 사무실을 차리기로 하고 컴퓨터 두 대를 들여놓고 전화 몇 대를 설치했다.

어느 날, 내 전화기에 음성 메시지가 하나 남겨져 있었다. 슈사이트닷컴(shoesite.com)이라는 웹사이트를 막 개설한 닉 스윈먼이라는 남자가 남긴 메시지였다. 신발업계의 아마존과 같은 사이트를 구축하고 세계에서 가장 큰 온라인 제화점을 창조하는 것이 목표라고 했다.

어설픈 인터넷 아이디어의 전형처럼 들렸다. 애완동물 사료나 가구를 파는 등의 온라인 소매업체들은 손해를 크게 보고 있었다. 신어보지도 않고 온라인으로 신발을 살 사람들이 이 세상에 있을까?

음성 메시지를 지우려고 전화로 손을 뻗었을 때 닉이 통계수치 몇 개를 쏟아냈다. 신발산업은 미국에서는 400억 달러 규모의 시장이며 그중 5퍼센트를 이미 통신판매가 장악했다고 했다. 통신판매가 신발업계에서 가장 빠르게 성장하고 있는 부문이라는 말 또한 빠뜨리지 않았다.

머릿속에서 재빨리 주판알을 튀겨보았다. 5퍼센트의 매출이라면 20억 달러! 20억 달러라는 시장 앞에서 내가 신발을 신어보지 않고는 사지 않는 사람이라는 사실이 대수이겠는가. 중요한 것은 신어보지 않고 신발을 구매하는 소비자들이 이미 존재한다는 점, 그리고 인터넷 판매가 적어도 통신판매만큼은 성장하리라는 가정이 꽤 설득력이 있다는 사실이었다. 닉을 만나야겠다 싶었다.

사무실로 쓰는 로프트에서 닉을 만났다. 편안한 분위기였다. 서퍼 스타일의 반바지와 티셔츠의 캐주얼한 차림을 하고 있던 닉은 점심시간에 수다 떨러 집에 들른 대학생처럼 보였다.

우리는 진짜 사무실을 가진 것처럼 뻣뻣하게 굴지 않았고 닉 또한 자신이 아이디어 이상의 것을 제공할 수 있는 것처럼 으스대지 않았다. 그러나 그가 기회를 잡고자 열정적으로 달려들고 있다는 것만은 확실했다. 닉은 대학을 졸업한 지 몇 년 되지 않았다고 했다.

그는 세 문장으로 자신의 주장을 요약했다. "미국 신발업계는 400억 달러 규모의 산업이고 통신판매가 그중 20억 달러를 차지하고 있어요. 전자상거래(e-commerce)는 계속해서 성장할 가능성이 크고요. 그리고 미래에도 사람들이 계속 신발을 신을 가능성 또한 크겠지요."

"신발산업 경력이 있습니까?" 알프레드가 물었다.

"아니요, 하지만 두어 달 전 라스베이거스에서 열린 제화박람회에 갔었는데, 내 생각이 흥미롭다고 말한 사람들이 있었습니다."

"이쪽 경력이 있는 사람을 찾아야 할 것 같네요." 내가 말했다.

"그렇겠죠. 좋은 생각입니다." 닉이 대답했다.

연락을 계속 취하며 닉이 신발업계 경력이 있는 사람을 회사에 합류시키면 다시 모임을 잡기로 했다. 나는 닉에게 다른 웹사이트 이름을 찾아보라고 했다. '슈사이트'라는 이름은 상표나 상호처럼 들리지 않는 데다가 훗날 신발에서 다른 제품으로 사업을 확장할 기회를 제한할 테니까.

재포스 사람들 이야기

내가 어떻게 애초의 발상을 하게 되었는가

닉

신발 한 켤레 사는 게 뭐 그리 힘들겠어 하고 생각했다. 여러 가게를 거치고 백화점 곳곳을 뒤져도 마음에 드는 신발 한 켤레를 건질 수 없었다. 그렇다고 내가 미국의 작은 동네에 사는 것도 아니었다. 샌프란시스코 지역에서 사고 싶은 신발이 없다면 다른 곳에 사는 사람들은 말할 것도 없으리라.

당시의 온라인 신발가게는 모두 소규모 자영업 수준으로 신발 쇼핑이 쉽지 않았다. 어느 누구라도 자기가 원하는 신발을 딱 맞는 사이즈로 찾아서 며칠 후 집으로 배달시킬 수 있는 온라인 상점을 만드는 건 어떨까 생각했다. 참으로 간단한 아이디어인데 왜 아무도 하지 않는 것일까?

기가 막힌 발상이라며 좋아했지만 나는 곧 그 아이디어가 현실화되지 못한 이유를 발견했다. 온라인 신발가게를 열기란 쉽지 않았다. 신발산업은 극도로 파편화되어 있었고 IT기술과는 거리가 멀었다. 하지만 분산되어 있는 신발가게들을 연결하여 단일 네트워크를 구축할 수 있는 방법을 찾아낸다면 온라인 신발가게가 가능할 것이었다.

일단 나는 '슈사이트'라는 도메인 이름을 구입했다. 웹사이트는 준비되었고 필요한 것은 딱 하나였다. 신발.

나는 동네 신발가게로 가 판매 상품들의 사진을 찍어서 웹사이트에 올렸다. 웹사이트에 소개된 신발이 팔릴 때마다 나는 가게에 가서 그 신발을 산 후 고객에게 배송했다.

인터넷 신기술을 신봉하는 사람이 택한 방식치고는 참으로 원시적이라 할 것이다.

하지만 내 방식은 통했다. 사람들이 신발을 사기 시작한 것이다. 신발산업이 어떻게 돌아가는지에 대해서는 눈곱만큼도 아는 게 없었지만 내가 바른 길로 들어선 것만큼은 확실했다. 나는 한 번도 통신판매로 신발을 산 경험이 없었지만 통계상으로 보면 통신판매를 통해 신발을 구매하는 사람들은 엄청나게 많았다. '좋은 아이디어 같기는 한데……'라는 어정쩡한 자세를 버리고 내 발상이 좋은 아이디어임을 굳게 믿기 시작했다. 어떻게든 굴러가게 하기만 하면 되겠지.

두어 주가 지난 후 닉이 점심 회의를 하고 싶다며 연락을 했다. 노드스트롬(Nordstrom) 백화점의 남성화 부서에서 근무하는 프레드라는 남자를 알게 되었다고 했다. 문제는 프레드가 회사에 관심은 있지만 회사가 상당한 자금을 확보한 후에야 합류하겠다고 했다는 점이었다. 닉이 이미 일전에 친척들을 대상으로 해봤던 소규모 투자 모집으로는 안 된다고 했단다. 닉은 또한 회사 이름으로 '재포스(Zapos)'가 어떠냐고 했다. 스페인어로 '신발'을 뜻하는 단어 '사파토스(zapatos)'에서 생각해낸 이름이란다. 닉에게 p를 하나 더 붙이라고 했다. 'Zapos'라고 하면 사람들이 '제이포스'라고 잘못 발음할 가능성이 있었다.

이리하여 '재포스(Zappos)'라는 이름이 탄생했다.

며칠 후, 알프레드와 나는 우리가 사는 곳에서 한 정거장 떨어진 곳에 있는 1950년대 풍 식당인 '멜 식당'에서 닉과 프레드를 만났다. 니콜라스 케이지의 쌍둥이처럼 생긴 프레드의 모습이 너무 신기해서 재포스의 잠재력에 관한 사업적 대화에 집중하기가 정말 힘들었다. 서른세 살인 프레드는 정말로 니콜라스 케이지의 스턴트 대역을 해도 될 정도로 똑같이 생겼다.

나는 터키멜트 샌드위치(칠면조와 치즈를 넣고 치즈가 녹을 때까지 구운 샌드위치—옮긴이)와, 샌드위치를 적셔 먹기 위해 치킨누들 수프를 같이 주문했다. 프레드는 칠면조 버거를 주문했다. 정확히 10년 후, 프레드와 나는 멜 식당에서 첫 만남의 10주년 기념일을 축하하며 같은 메뉴를 주문하게 된다.

닉은 지난 몇 주 동안 웹사이트가 많이 발전했다고 말했다. 닉의 사이트는 이미 주당 2천 달러어치의 주문을 받고 있었고 매출액은 증가 추세였다. 하지만 이익은 올리지 못하고 있었는데, 주문이 들어올 때마다 닉이 동네 신발가게에 가서 주문받은 상품을 구입하여 고객에게 배송하는 시스템이었기 때문이다. 닉은 당장의 수익에는 관심이 없었다. 그가 웹사이트를 운영하는 이유는 온라인으로 신발을 사는 사람들이 있음을 증명하기 위해서였다.

신발산업에는 말 그대로 수천 개의 브랜드가 난립했다. 재포스의 핵심은 궁극적으로는 수백 개의 브랜드와 제휴를 하고 각 브랜드로 하여금 자신들의 창고에 재포스를 위한 재고를 보유하게 하는 것이었다. 재포스가 인터넷을 통해 주문을 접수하여 각 브랜드의 제조업체에 주문을 발송하면 각 업체는 재포스의 고객들에게 직접 배송을 하는 시스템이었다.

이러한 시스템은 '생산자 직송'이라고 하여 이미 많은 산업에서 채택했지만 신발산업에서 행해진 적은 없었다. 제화박람회에 참여하는 업체를 대상으로 재포스와 함께 '생산자 직송' 방식을 적용해 보자고 설득할 수 있을 것이라 닉과 프레드는 확신하고 있었는데, 그 경우 재포스는 재고를 보유하거나 창고 운영을 걱정할 필요가 없게 된다.

8년 동안 노드스트롬에서 차근차근 승진을 거듭했던 프레드는 집을 산 지 얼마 되지 않았고 첫째 아이가 갓 태어난 초보 아빠였다. 이러한 그가 재포스에 합류하는 것은 커다란 모험이었지만 벤처 프로그가 회사를 위해 종잣돈 투자를 제공한다면, 무작정 믿고 사업에 뛰어들 준비가 되어 있다고 했다.

알프레드와 나는 서로를 쳐다보았다. 닉과 프레드가 우리가 투자하고자 하는 바로 그런 부류의 사람들이었다. 신발 판매 발상이 성공할지는 몰랐지만 그들이 정열적이고 모험을 두려워하지 않는 사람들이라는 점은 확실했다.

우리는 재포스에서 인원을 확충하고 연말까지 봉급을 지불할 수 있을 정도의 자금을 투자하기로 결정을 내렸다. 만약 회사가 연말까지 발전하면서 순조롭게 운영되면 재포스는 세쿼이어와 같은 벤처캐피털 기업의 거액 투자를 유치할 수 있을 것이라는 것이 우리의 예상이었다. 세쿼이어가 링크익스체인지에 300만 달러를 투자하여 몇 배의 수확을 거두며 5천만 달러를 번 만큼 알프레드와 내가 관여한 기업이라면 모험을 해볼 의사를 보일 것이라 우리는 굳게 믿었다.

우리가 종잣돈 투자를 하고 일주일 후 프레드는 노드스트롬을 떠났다. 그는 이제 공식적으로 재포스의 직원이었다. 바로 다음날, 그와 닉은 라스베이거스의 제화박람회로 향했다.

재포스 직원으로 참여한 첫번째 제화박람회

프레드

재포스 직원이 된 바로 다음날 WSA(World Shoe Association, 세계제화협회)가 주최하는 제화박람회에 참석하기 위하여 라스베이거스에 갔다. 아마도 제정신이 아니었던 것이, 파워포인트 제작물이나 마케팅 자료조차 제대로 준비한 게 없었다. 우리에게 있는 것은 종이 한 장과 아이디어 하나뿐이었다.

4일 동안 우리는 80군데의 브랜드 업체를 접촉했다. 세 브랜드만이 우리와 일을 하겠다고 했다. 솔직히 좋은 조짐은 아니었지만 그렇다고 예상치 못한 결과도 아니었다. 우리가 선도적으로 추구하는 생산자 직송 방식은 사실 새로운 개념이었다.

업체들과 이야기하며 우리는 오히려 많은 것을 배웠다. 그들은 "어떻게 배송할 건데요? 어떤 배송업체를 이용하죠? 반품은 어떻게 처리할 생각이죠?"라는 타당한 질문들을 해댔다.

우리가 몰랐던 여러 가지 측면에 대해 알게 된 것이 우리가 박람회에서 거둔 성과 중 하나였다. 점심시간에 우리는 호텔 방에 돌아가 이제 무엇을 해야 하는지 자문했다.

다음날, 우리는 무작정 전화를 걸기 시작했다. DHL과 UPS, 페덱스(FedEx) 등에 음성 메시지를 남겼다. 초조하게 손톱을 깨물며 브레인스토밍을 한참 하고 있는데 이메일 답변이 하나 도착했다. 결국 세 업체 중 우리에게 전화를 해준 것은 UPS뿐이었지만, 시간이 흐르며 UPS가 완벽한 해결책임이 증명되었다. 처음부터 우리의 가능성을 믿어준 UPS는 여전히 우리의 훌륭한 사업 파트너이다.

뒤돌아보면, 우리 회사의 성장은 대체로 그런 식으로 이뤄졌다. 벽을 향해 아이디어들을 무차별로 쏘아댄 후 벽에 달라붙는 아이디어를 찾아 즉흥적으로 대처하면서 어떻게든 성공하게끔 하는 것이었다.

알프레드와 나는 투자 후 몇 달 동안은 재포스에 깊이 관여하지 않았다. 우리는 종잣돈 투자를 찾고 있는 기업들을 만나느라 분주했다. 1년에 걸쳐 우리는 27개 회사에 투자를 했고, 2주에 한 번씩 재포스를 포함한 기업들의 실적을 점검하면서 그들이 제대로 순항하고 있는지 확인했다.

투자한 회사의 상세한 운영에 참여하지 않는 것은 내게는 약간은 기묘한 변화였다. 일단 투자가 이뤄진 후에는 회사가 원할 경우 가끔 조언을 하기는 했지만 그들은 대체로 자기들끼리 일을 하느라 바빴다.

투자사업이 지루해지자 나는 시간을 때울 다른 것을 찾기 시작했다. 재미있으면서도 뭔가 도전할 거리가 있는 그런 것을 원했다.

그때 발견한 것이 포커였다.

포커

대학 시절 포커를 조금 치기는 했다. 그러나 대부분의 사람들처럼 나 또한 포커가 재미있는 도박이라고 생각했을 뿐 실제로 시간을 들여 공부를 한 적은 없었다. 1999년에 포커는 대중에게 널리 퍼진 게임이 아니었다. 포커 월드시리즈를 접해본 사람이 거의 없었고 ESPN(미국의 스포츠 채널—옮긴이) 같은 TV 방송사도 포커 토너먼트를 중계하지 않았다.

불면증에 시달리던 어느 날 밤, 인터넷 서핑을 하던 나는 우연히 포커를 주기적으로 치는 사람들이 모이는 온라인 커뮤니티를 알게 되었다. 무료 열람이 가능한 게임 분석과 정보에 매료된 나는 포커 수학에 대한 여러 가지 글을 읽으며 밤을 꼬박 샜다.

다른 사람들과 마찬가지로 나는 포커의 기본이 운과 허풍을 칠 수 있는 능력, 그리고 사람을 읽을 줄 아는 기술에 있다고 생각했었다. 그러나 '리밋 홀뎀'(limit hold'em) 포커(당시 카지노에서 가장 인기 있던 종류의 포커)의 경우 그 세 가지 중 어떤 것도 장기적으로는 결과에 영향을 끼치지 못한다고 했다. 포커 판과 패에는 실제로 '판돈대비확률'이라 하여 판돈의 총액과 현재 베팅된 액수, 그리고 패가 뜰 통계적 확률을 계산한 비율을 반영하여 수학적으로 정확한 게임을 하는 방법이 있었다.

카지노에서 행해지는 전형적인 게임들은 거의 모두 도박사들에게 불리하며, 장기적으로는 항상 도박장이 우위에 서게 된다. 반면 포커는 도박사들이 카지노가 아닌 다른 도박사들과 겨루게 되는 흥미로운 게임이었다. 카지노는 패가 돌 때마다 서비스 요금만 벌 뿐이다(주로 각 패의 승자들이 요금을 낸다).

카지노에 있는 포커 테이블은 각각 최대 10명의 인원을 수용할 수 있다. 한 테이블에서 한 명 이상의 도박사가 수학적인 방법으로 게임을 하지 않는 한(수학적인 게임을 하지 않는 자는 보통 여러 명이다), 올바른 방법으로 게임을 하는 도박사들이 결국에는 이기게 된다.

리밋 홀덤 포커의 배경을 이루고 있는 기본수학을 배우는 것은 그리 어려운 일이 아니었다. 『홀덤 포커』라는 책을 사서 공부를 한 후 나는 책에서 배운 지식을 실전에서 활용해보기 위해 캘리포니아의 카드게임장을 일주일에 여러 번 드나들기 시작했다(캘리포니아에서는 대체적으로 도박이 허용되지 않지만 포커는 도박장을 상대로 하는 게임이 아니기 때문에 카드게임장은 허용된다). 두어 주가 채 지나지 않아 나는 홀덤 게임과 관련한 수학의 기본을 완전히 파악했다.

홀덤 포커의 수학을 이해하는 자가 그렇지 못한 사람들을 상대로 포커를 치는 것은 세 번 중 한 번은 앞면이 위로 떨어지고 나머지 두 번은 반드시 뒷면이 위로 떨어지는 동전을 던지며 언제나 뒷면에 거는 것과 같았다. 동전을 한 번 던진다면 내가 질 수도 있겠지만 1천 번을 던지며 뒷면에 건다면 장기적으로 나의 승률은 99.99퍼센트를 초과하게 되는 것이다.

룰렛이나 블랙잭처럼 도박장을 상대로 하는 게임의 경우 도박사들은 언제나 앞면에 걸도록 강요당하는 사람과 마찬가지의 위치에 있다. 동전을 한 번 던질 때는 이길 수 있을지 몰라도, 1천 번 던진다면 장기적으로는 99.99퍼센트를 초과하는 확률로 지게 되어 있다.

포커 게임에서 가장 재미있는 것 중 하나가 '옳은 결정'과 '한 판의 결과'를 혼동하지 않겠다는 절제력을 배우는 것이었다. 많은 사람들이 이 둘을 혼동한다. 한 번 이기면 그들은 자기가 베팅을 제대로 했다고 생각하고 지면 베팅을 잘못 했다고 생각한다. 예를 들어 세 번에 한 번 앞면이 나오는 동전이 있다고 치자. 이전의 결과에 상관없이 언제나 동전 뒷면에 거는 것('옳은 결정')이 수학적으로 맞는 일이지만 동전 앞면이 한 번 나오면('한 판의 결과'), 태도를 바꾸어 앞면에 거는 것이다.

처음 몇 달 동안은 포커가 재미있었고 내 의욕을 자극했다. 여러 가지 책을 읽고 실전에 임하면서 계속적으로 배울 것이 있었다. 포커 전략과 비즈니스 전략이 많은 면에서 비슷하다는 사실을 깨달은 것도 그때였는데, 단기적 사고(이번 판을 이겼느냐 졌느냐에 집중하는 것)와 장기적 사고(옳은 결정을 내리는 전략임을 확신하는 것)의 구분이 중요하다는 교훈이 특히 그랬다.

나는 포커와 비즈니스에서 상당한 유사성을 발견하고 포커 게임에서 배운 교훈 중 사업에도 적용될 수 있는 것의 목록을 짜보았다.

시장 기회의 판단

- 포커 테이블의 선택은 도박사에게 가장 중요한 결정이다.
- 선택한 테이블에서 이기는 것이 너무 힘들면 테이블을 바꿔도 된다.
- 경쟁자가 너무 많으면(일부는 비이성적이거나 경험 부족인 경우도 있다), 당신의 실력이 가장 뛰어나더라도 이기기 매우 힘들다.

마케팅과 브랜드 전략

- 강할 때는 약한 척하고, 약할 때는 강한 척하라. 허풍을 떨어야 할 시기를 파악하라.
- 도박사로서의 '브랜드'가 중요하다.
- 사람들이 당신에 관해 말할 수 있는 이야깃거리를 만들어내라.

재무

- 최악의 시나리오에 항상 대비하라.
- 가장 많이 이기는 자가 장기적으로 돈을 가장 많이 따는 자는 아니다.
- 절대로 잃지 않는 자가 장기적으로 돈을 가장 많이 따는 자는 아니다.
- 긍정적 미래가치를 좇으라. 가장 덜 위험한 것을 좇으면 안 된다.
- 당신이 하고 있는 게임의 내용과 감당해야 할 리스크를 고려하

여 항상 충분하게 재정 지원을 확보하라.

- 져도 상관없는 게임만 하라.
- 장기전임을 기억하라. 한두 판은 질 수 있다. 중요한 것은 장기적인 결과이다.

전략

- 이해하지 못하는 게임은 하지 마라. 다른 사람들이 그 게임으로 돈을 많이 번다 해도 당신도 번다는 보장은 없다.
- 판돈이 크지 않을 때 부지런히 게임을 배우라.
- 속이지 말라. 사기꾼은 장기적으로 절대 이기지 못한다.
- 원칙을 고수하라.
- 시간이 흐르면서 게임의 흐름도 바뀌면 스타일을 조정할 필요가 있다. 유연한 자세를 갖추라.
- 인내심을 가지고 장기적으로 사고하라.
- 스태미너와 집중도가 높은 사람들이 이긴다.
- 스스로를 차별화하라. 테이블에 있는 나머지 도박사들과는 반대로 행동하라.
- 희망이 곧 좋은 계획은 아니니다.
- 자신을 돌이킬 수 없는 상황까지 내몰지 말라. 휴식을 취하고 일어나서 걷기도 하고, 피곤하면 게임을 멈추는 것이 비용 면에 훨씬 더 효율적일 수 있다.

평생교육

- 공부하라. 책을 읽고 경험이 있는 자들에게 배우라.
- 실전으로 배우라. 이론은 실제 경험을 대신할 수는 없다.
- 재능이 있는 사람들 주위에 얼쩡거리라.
- 한 판을 이겼다고 하여 실력이 좋은 것이 아니다. 이번 한 번 행운이 따른 것일 수도 있다. 아직도 배울 것은 많다.
- 조언을 구하는 것을 꺼리지 말라.

문화

- 게임을 사랑해야 한다. 정말로 능숙하게 되기 위해서는 게임의 삶을 살며 게임에 푹 빠져야 한다.
- 건방떨지 말라. 자랑하지도 말라. 당신보다 나은 사람은 항상 있다.
- 친절하게 행동하고 친구를 사귀라. 세상은 생각보다 좁다.
- 당신이 배운 것을 다른 이들과 나누라.
- 당신이 참여하는 판 이상의 기회를 노리라. 당신이 오늘 만나는 사람이 평생 친구가 되거나 새 사업 동료로 발전할 수도 있다.
- 즐기라. 돈 버는 것 이상의 성과를 위해 노력하면 게임이 훨씬 더 즐거워진다.

장기적으로 봤을 때 가장 좋은 것에 집중해야 한다는 점도 포커에서 기억해야 할 교훈이었지만, 내가 배운 가장 큰 비즈니스 교훈은 다른 것이었다. 포커 게임에서 가장 중요한 사안이었지만 그 사실을 확실히 깨닫기까지는 6개월이나 걸렸다.

포커 도서를 읽고 게임을 통해 연습을 거듭했다. 처음에 나는 일단 테이블에 자리를 잡은 후, 같은 테이블에 앉은 사람들을 살피며 전략을 짜는 데 골몰했다. 나의 '유레카'는 테이블에 앉기도 전에 게임은 이미 시작된다는 사실을 마침내 깨달은 그 순간에 찾아왔다.

카지노의 포커 룸에는 보통 테이블이 여러 개 있다. 각각의 테이블에는 고유의 판돈과 도박사들이 있다. 도박사들이 들고 나면서, 그리고 흥분하고 화내고 피곤해하면서 바뀌는 특유의 분위기 또한 테이블마다 존재한다.

포커를 치는 도박사에게 가장 중요한 사안은 테이블의 선택이라는 것을 나는 알게 되었다. 테이블을 바꿔야 하는 시점 또한 테이블 선택의 범주에 포함된다. 경험이 있는 도박사의 경우, 칩을 많이 가지고 있지만 이미 녹초가 된 아홉 명의 보통 사람들과 포커를 칠 때 열 배나 더 많은 돈을 벌 수 있다는 것을 책에서 읽었다. 돈은 별로 없고 집중력이 높은 훌륭한 도박사들 아홉 명과 칠 때와 비교해서 말이다.

비즈니스에서 사업가나 CEO가 내려야 하는 가장 중요한 결정 중 하나가 업종의 선택이다. 업종이 부적절하거나 시장이 너무 작으면 아무리 사업을 잘 이끌어도 소용이 없는 것이다.

일곱 개의 손가락이 달린 장갑을 가장 효율적으로 제조하는 업체가 있다고 가정해보자. 이 업체는 완벽한 제품군을 갖추고 훌륭한 서비스, 그리고 저렴한 가격을 제공한다. 그러나 일곱 개의 손가락이 달린 장갑이 팔리는 시장이 크지 않기 때문에 이 업체의 성공은 제한된다.

평범한 소매업체가 월마트(Wal-Mart)처럼 심히 노련한 경쟁자들을 상대로 그들의 전략(같은 제품을 더 낮은 가격으로 파는 등의 전략)을 그대로 본떠서 경쟁한다면 아마도 금세 문을 닫게 될 것이다.

포커 룸에서는 선택의 여지가 제한되어 있다. 게임 룸에 존재하는 테이블 안에서 골라야 하는 것이다. 하지만 사업은 다르다. 이미 존재하는 테이블만을 선택할 이유가 없다. 나만의 테이블을 정하거나 내가 이미 앉아 있는 테이블을 더 크게 만들 수가 있다(물론 포커처럼 테이블을 언제나 바꿀 수도 있다).

어떤 경우에도 테이블을 더 크게 만들 수 있는 더 큰 비전은 항상 존재한다. 사우스웨스트 항공(Southwest Airlines)이 좋은 예이다. 그들이 처음 사업을 시작했을 때 설정한 목표시장은 기존의 항공 여행자들에게만 한정되어 있지 않았다. 그들은 고속버스나 기차로 여행하는 사람들 또한 잠재적 고객으로 간주하고 사업 모델을 그에 맞춰 짰다. 그들은 다른 항공사들이 주로 사용하던 '대도시 터미널 집중 방식'을 선택하지 않고 저렴한 가격의 단거리 비행노선을 제공하는 방식을 택했다. 그들은 또한 고객들이 비싼 수수료를 물지 않고 비행 여정을 쉽게 바꿀 수 있게 했다. 그들은 비행기에서 고객이 내리고 타는 시간을 최대한 단축시켜 더 잦은 비행을 할 수 있었다. 사우스웨스트 항공은 다른 항공사들이 게임을 하던 테이블에 앉지 않고 다른 테이블을 선택함으로써 성공한 것이었다.

이후 몇 달간 포커에 대해 많이 배운 나는 캘리포니아 카드게임장이 슬슬 지겨워졌다. 카드게임장에는 항상 같은 사람들이 왔고 백수라서 그러는 것인지, 월세를 벌기 위해서인지 모르겠지만 하루 종일 죽치고 게임을 하는 사람들이 많았다. 몇 달 동안 포커 수학을 배우고 연습하는 과정에서 리밋 홀덤 포커를 치는 게 점점 기계적으로 느껴졌고 도전의식은 점점 희박해졌다.

나는 주말마다 라스베이거스에 가기 시작했다. 그곳의 포커판은 매우 흥미로웠다. 다양한 배경을 가진 재미있는 사람들이 많았다. 라스베이거스에 사는 사람은 별로 없었고 성공적으로 사업체를 운영하는 등 직업이 뚜렷한 경우가 대부분이었다. 그들에게 포커는 가끔 여가로 즐기는 재미있는 취미에 불과했다.

캘리포니아 카드게임장에는 완전히 발걸음을 끊었다. 이후 계속 포커를 치긴 했어도 포커는 더 이상 삶의 중심이 아니었다. 세계적 수준의 실력자는 아니었지만 포커에 대해 충분히 배웠기 때문에 다른 것이 하고 싶어졌다. 내가 포커를 치는 목표는 더 이상 돈을 번다거나 포커 기술이나 경험을 향상시키는 데 있지 않았다. 이제는 친구들과 어울리고 흥미로운 사람들을 만나 관계를 맺기 위해 포커를 쳤다.

포커든 사업이든 인생이든 당장 하는 일에만 정신이 팔려 몰두하기 쉽고, 따라서 테이블을 바꿀 수 있는 선택권이 있다는 사실을 잊기 십상이다. 심리적인 타성을 극복해야 하기 때문에 힘든 것이다. 의식적으로, 의도적으로 노력하지 않으면 관성의 힘이 언제나 이기는 법이다.

나는 다시 내가 인생에서 얻고자 하는 게 무엇인지 억지로라도 생각해보려고 했다. 성취하고자 하는 바가 무엇인지, 하고 싶은 게 무엇인지, 그리고 내가 지금 다른 테이블에 앉아 있어야 하는 게 아닌지 자문했다.

일단 포커의 기본을 익힌 후에는 카지노에서 포커를 치면서 이룬 게 없다는 사실을 깨달았다. 더 큰 성취감을 주는 일이 필요하다는 생각과 함께 아마도 지금 나는 내게 맞지 않는 게임을 하고 있을지도 모른다는 의심이 고개를 들었다. 뜨거운 여름날 포커와의 연애를 뒤로하고 새로운 것으로 옮겨가야 할 시간이라는 생각이 들었다.

테이블을 바꿔야 할 시점이었다.

이것저것

하고 싶은 일을 탐색하는 과정에서 나는 이것저것 많이도 찔러보았다. 단타매매도 해보았고 전혀 알지 못하는 기업의 주식을 샀다가 큰 손해를 보기도 했다. 〈구름 속의 크리스마스〉란 영화에 투자하면서 작으나마 카메오 역할을 맡기도 했다. 거기서도 큰 손해를 보았다.

뼈저린 손실이었다. 하지만 내가 잘 이해하지 못하는 산업, 또는 내가 통제할 수 없거나 영향력을 발휘할 수 없는 기업, 그리고 잘 알지 못하거나 신뢰하지 않는 사람들에게 투자하는 것은 나쁜 생각이라는 점을 확실히 배웠다.

점차 나는 왜 내가 투자라는 것을 하고 있는지 스스로에게 거듭 묻고 있었다. 왜 나는 투자를 하는가? 돈을 더 많이 벌기 위해서? 그럴 리가 없었다. 거액을 포기하고 마이크로소프트를 떠났던 내가 아닌가.

단타매매나 투자에서는 성취감을 느끼지 못했다. 무언가를 이룩한다는 느낌이 들지 않았다. 오히려 도박을 하는 느낌이었고, 내가 이해하지 못하는 것에 투자했기 때문에 승률마저 낮았다. 결국 나는 주식에 쏟아넣은 투자분을 거의 모두 회수하고 좀더 의미 있는 일을 찾는 데 힘을 쏟기로 했다.

1, 2주에 한 번씩 나는 재포스 직원들을 통해 회사상황을 점검했고 필요할 때에는 조언(특히 IT 관련)을 하기도 했다. 재포스의 직원수는 손으로 꼽을 정도였지만 적은 인원치고는 상당히 좋은 성과를 내고 있었다.

알프레드와 나는 세쿼이어 캐피털의 마이클 모리츠에게 재포스를 소개하고 둘의 만남을 주선했다. 기분이 좋았다. 재포스 팀은 자신들의 일에 열정적이었고, 기업 자체도 상당한 진전을 보이고 있었기에 알프레드와 나는 세쿼이어에 보낸 이메일에서 재포스를 칭찬했다. 재포스의 사람들에게 회동은 요식 절차에 불과하다고 장담

했다. 세쿼이어는 링크익스체인지를 통해 300만 달러의 투자를 5천만 달러 이상으로 불린 바 있었다. 투자한 지 17개월 만에 투자액을 17배로 불린 것이었다. 알프레드와 나는 세쿼이어 입장에서 신뢰할 수 있는 사업가였다. 그런 우리가 재포스에 몇 백만 달러를 투자해달라고 부탁하는 것은 그다지 큰일이 아니라고 생각했다.

재포스 사람들 이야기

그 후 일어난 일

프레드

상황은 좋지 않았다. 그날이 12월 10일. 15일까지는 자본을 모아야 했다. 5일 안에 투자자를 찾지 못하면 재포스는 문을 닫아야 했다.

나는 뉴욕에 있었다. 제화박람회에 닥치는 대로 참석하여 재포스를 선전하고 우리 웹사이트에 판매할 신발 브랜드를 모집하려고 했다. 할 수 있는 일은 뭐든지 했다. 영혼까지 팔 기세였다고 해야 할까. 재포스가 살아남을 수 있을 것인지 초조해진 나는 닉의 전화를 기다렸다.

저녁식사 중 전화벨이 울렸다. 닉이었다. 세쿼이어가 투자를 거부했단다. 밖에서 전화를 받았던 내가 식당으로 다시 돌아와 자리에 앉았을 때 웨이터가 실수로 내 무릎에 물을 엎질렀다. 웃음밖에 안 나왔다. 엎친 데 덮친다더니 그 말이 맞아 보였다.

캘리포니아로 돌아온 후, 닉과 함께 벤처 캐피털리스트들에게 전화를 해 투자를 유치하려 했으나 응하는 이들이 없었다. 15일 오후, 회사 직원 12명 전원이 모였다. 달리 무슨 일을 할 수 있었겠는가. 우리는 어깨동무를 하고 마가리타를 마시러 셰비로 향했다.

우리는 최선을 다했고, 그동안 행복했다. 그저 일이 끝까지 잘 풀리지 않았을 따름이었다. 몇 잔씩 들이킨 후 우리는 네 시 즈음 사무실로 돌아와 책상을 정리하기 시작했다.

세쿼이어가 재포스에 관심이 없다는 사실에 알프레드와 나는 둘 다 약간은 놀랐다. 즉각 세쿼이어에 전화를 걸어 무슨 일이 있었는지, 뭔가 잘못된 것이 있었는지 캐물었다. 문을 연 지 몇 달 되지 않는 회사에 속한 소규모의 팀이 거둔 성과치고는 매우 인상적이었지만 틈새시장을 공략하는 것 이상으로 재포스가 발전할지에 대한 확신이 서지 않았다고 세쿼이어는 답했다. 좀더 성장하고 진전된 회사를 찾고 있으니 몇 달 후 다시 연락을 해보라고 말했다.

벤처 프로그의 원래 계획은 각 기업에 적은 금액의 엔젤투자(기술은 있으나 자금이 부족한 신생기업에 투자하는 것—옮긴이)를 하고 몇 달 후 세쿼이어 같은 대형의 벤처 캐피털 기업으로 공을 넘기는 것이었기 때문에, 재포스를 어떻게 처리해야 할지 약간은 난감했다. 벤처 프로그가 재포스에 더 투자를 하지 않는다면 재포스는 문을 닫게 될 터였다.

벤처 프로그의 투자 전략과 철학을 충실히 따른다면 우리는 재포스가 문을 닫도록 내버려둬야 했다. 투자처 1/3은 이익을 내고, 1/3은 본전이며, 1/3은 문을 닫게 된다는 예상과 함께 여러 곳의 다양한 인터넷 기업들에게 투자하는 것이 벤처 프로그의 계획이었다. 재포스는 그 세 가지 중 마지막 부류인 망하는 기업 중 하나가 될 뿐, 별일은 아닐 것이다.

알프레드가 물었다. "재포스를 어떻게 하면 좋겠어? 오늘 결정을 내려야 해. 이틀 정도 버틸 현금밖에 없는 것 같고 세쿼이어는 적어도 몇 달 동안은 돈을 줄 생각이 없잖아. 투자를 하기 전에 회사가 좀더 발전하는 걸 보고 싶대."

"그때는 확실히 투자를 하겠대?" 내가 물었다.

알프레드가 대답했다. "확실한 건 아냐. 하지만 가능성은 크다고 봐. 리스크는 확실히 있지. 세쿼이어하고 다시 만날 때까지 몇 달 버틸 만큼의 돈을 재포스에 주고 세쿼이어의 투자를 기다리는 방법도 있어. 하지만 세쿼이어가 그때도 투자를 안 하면 재포스는 지금과 같은 상황에 다시 처하겠지. 그때는 우리 펀드에도 돈이 별로 없을 거야."

내리기 힘든 결정이었다. 재포스에게 투자를 더 한다면 다른 기업에는 투자를 포기해야 했다.

내가 말했다. "위험이 높긴 하군. 한 바구니에 달걀을 다 밀어넣는 격이야. 하지만 난 재포스 사람들이 마음에 들어. 열정적이고 성공하려는 마음이 확고한 게, 빨리 부자가 되려고만 하는 치들 같지 않아. 장기적으로 뭔가를 이룩하는 것에 실제로 관심이 있는 사람들이야."

알프레드가 말했다. "흠, 재포스에 더 투자를 해야 된다고 생각하면 투자금을 보호하기 위해서라도 재포스 쪽에 신경을 더 기울여야 해. 재포스를 인큐베이터로 옮기자."

펀드의 투자전략의 일환으로 알프레드와 나는 '벤처 프로그 인큐베이터'를 시작하기로 결정한 바 있었다. 신생기업이 홀로 서기를 할 때까지 도와준다는 개념이었다. 인큐베이터를 통해 우리는 인터넷 기업들에 사무실 공간과 서비스를 제공하고 기업들과 좀더 밀접하게 관계를 맺고 일할 수 있었다.

우리는 건물 소유주와 논의를 했다. 건물 내에 상가 공간이 아직 많이 남아 있었다. 알프레드와 나는 남아 있는 공간을 모두 사용하기로 했다. 공간 일부는 인큐베이터를 위한 사무실로 변경하고 일부는 식당으로 바꿀 계획이었다. 이렇게 하면 우리도, 인큐베이터에 속한 기업들도 건물을 떠날 이유가 없을 것이다. 우리 모두 더 오랜 시간 동안 더 열심히 일할 수 있을 것이다.

문제는 인큐베이터에 사용할 공간이 아직도 공사 중이라는 점이었다.

내가 말했다. "어, 아이디어는 좋지만 인큐베이터는 적어도 두 달은 있어야 준비가 될 텐데. 다음 몇 달은 재포스에게는 정말 중대한 시기야. 망하거나 흥하거나 둘 중의 하나야."

"그래서 너는 어떻게 하고 싶어?" 알프레드가 물었다.

머리에 떠오르는 모든 선택에 대해 곰곰이 생각해보았다.

"이번 주에 내 생일파티가 있고 2주 후에는 신년파티가 있잖아. 신년파티 직후에 재포스를 내 로프트로 들어오게 하자. 인큐베이터 사무실이 아래층에 마련될 때까지 내 로프트를 사무실로 쓰는 거야."

"오케이!"

재포스 사람들 이야기

전화

프레드

그날 오후 짐을 꾸리고 있을 때 예상치 못한 전화가 왔다. 토니였다. 그는 재포스가 3, 4개월을 버틸 수 있는 자금을 투자하기로 결정했다고 했다. 단 두 가지의 조건이 있었다.

"회사가 샌프란시스코에 있는 내 로프트로 이사를 해야 하고 내가 회사 일에 더 많이 관여하게 될 겁니다."

그때까지 우리는 일주일에 한 번씩 토니에게 매출보고서를 보냈을 뿐이었고 토니와 알프레드와 함께 사무실을 방문한 것을 한 번 보았을 뿐이었다. 우리는 일을 하느라 바빴다. 하지만 그의 전화로 미루어보아 그가 재포스의 잠재력을 알아본 게 확실했다.

우리가 다른 결정을 내릴 수 있었겠는가?

우리는 짐을 꾸려 에머리빌에서 토니의 로프트로 이사했고 이후 열두 달 동안 토니는 한 번에 넉 달 치씩 투자를 했다. 넉 달 뒤 직장이 여전히 존재할지 알 수 없는 사람의 기분을 상상할 수 있는가? 넉 달이 끝나는 마지막 날에야 좀더 투자할 가치가 있는지 토니가 결정할 것이었다. 다행히도 그는 우리에게서 잠재력을 보았다. 4개월 간격으로 반복되는 기간 동안 우리는 부지런히 계속 회사의 터전을 닦으며 다음 4개월분의 산소 공급에 대한 선고를 초조하게 기다렸다. 산소를 공급받으면 다시 바로 일로 돌아가 성공을 위해서 계속 땅을 다져나갔다.

그해 내내 우리는 같은 과정을 반복했다. 무식하게 밀고 나갔다.

내 사랑 레드불

토니

나는 다양한 경로를 통해 친구들을 사귄다. 술집에서 어울리는 친구도 있고, 영화를 같이 보는 친구들도 있다. 같이 일하는 게 좋은 친구들도 있고, 하이킹을 같이 하는 친구들도 있다. 어떤 친구들과는 글 쓰는 연습을 하는데, 전치사로 문장을 맺는 것이 괜찮은지에 대해 토론을 하기도 한다.

내 인생에서 가장 오랫동안 사귄 친구는 레드불(Red Bull)이다. 우리는 최근 10주년 기념일을 축하했다. 우리가 처음 만난 곳은 샌프란시스코 시내의 한 나이트클럽으로(우리 둘을 다 아는 친구가 소개해주었다), 우리 둘은 밤새도록 춤을 추며 근사한 시간을 만끽

했다. 세월이 흐르며 우리는 나이트클럽 외의 여러 장소로 만남의 장을 확장해갔다. 레드불이 내 인생에서 빼놓을 수 없는 존재가 된 이유는 그가 지닌 융통성과 거의 모든 상황에 적응이 가능한 유연성 때문이라고 생각된다.

내가 어디를 가든, 무슨 짓을 하든—술을 마시든, 영화를 보든, 사무실에서 일을 하든, 등산을 하든—레드불은 나의 충실한 벗이었다. 그렇다. 왜 내가 레드불의 관계에 대한 글을 써야만 하는지 이해하지 못하는 글짓기 친구들의 옆에서 이 글을 쓰는 이 순간에도 나는 레드불을 마시고 있다(레드불은 미국에서 판매하는 카페인이 다량 함유된 에너지 드링크제이다—옮긴이).

이 글의 결론이 무엇인가 하면, 친구가 경험하는 다양한 삶의 측면에 모두 어울려주며 친구를 계속 지지해주는 존재를 찾기란 어렵다는 것이다. 당신이 아침을 먹을 때도, 저녁을 먹을 때도 당신을 따라갈 의향이 있고 식후 식곤증을 극복하는 것을 도와주며 마라톤 경주의 마지막 1킬로미터에서 힘을 줄 수 있는 친구, 그리고 함께 놀 때는 술이 필요 없는 그런 친구, 구하기 쉬울 것 같은가?

그런 관계는 소중히 할 가치가 있다.

유대감

내 생일파티 날이 다가오고 있었다. 이전에 주최한 파티와는 확실히 다른 성격의 파티를 열고 싶었다. 나는 전면전을 선포했다.

두어 달 전, 나는 고등학생 시절의 친구들과 다시 연락이 닿았고, 대학 때처럼 15명 정도의 핵심 일원들이 뭉쳐 일주일에 며칠씩 함께 어울리기 시작했다. 만남의 목적도 없었고 계획을 세운 적도 없었다. 우리들 중 다수가 이미 같은 건물 안에 살고 있던 터라 즉흥적으로 만나는 시간이 점점 잦아졌다.

때때로는 누군가의 로프트에서 어울렸고 나이트클럽이나 레이브에 함께 가기도 했다. 서서히 우리만의 친목 모임이 성장했고 우리 건물은 친구들뿐 아니라 친구들의 친구들까지 모이는 중심지가 되었다. 알게 모르게 절친집단이 생성되어 발전했고, 내 로프트가 이 집단의 가장 보편적인 모임 장소가 되었다.

친목 모임이 성장하면서 맺는 새로운 우정과 절친집단 일원 사이에 깊어가는 유대감과 안정감 덕분인지, 우리 모두는 미래에 대해 한껏 흥분한 상태였다. 함께하는 느낌에 우리 모두가 행복했다. 졸업 이후 그리워하던 느낌이 유대감이었음을 나는 깨달았다. 다른 많은 이들처럼 우리 또한 대학을 졸업하면서 유대감을 잃었고, 우연히 다시 그 감정을 맛보기 전에는 우리가 목이 마른 상태였는지도 모르고 있었다. 나는 다짐했다. 진실로 서로 연결되어 있음을 느끼고 서로의 안녕을 바라는 절친집단의 가치를 절대 잊지 않겠다고 머릿속에 메모를 했다. 내게 유대감, 그리고 사람들과 맺는 관계의 정도는 행복의 중요한 요소였고, 나는 행복을 맛보게 해준 절친집단에게 감사한 마음이었다. 떠들썩하게 계획 중인 내 생일파티의 중심은 내가 아니었다. 사실 내 생일은 구실에 불과했다. 몇 달 동안 계획해온 내 생일파티는 내가 절친집단에게 바치는 선물이 될 것이었다.

링크익스체인지를 매각한 이후 나는 물질의 소유보다는 경험을 쌓는 것이 훨씬 더 중요하다는 내 철학에 충실하게 살아왔다. 사람들은 내가 회사 매각에서 번 돈으로 근사하고 비싼 자동차를 샀을 것이라 짐작했지만 나는 내 아큐라 인테그라(일본 자동차 업체 혼다가 생산했던 프리미엄급 중소형 자동차—옮긴이)에 충분히 만족하고 있었다.

건물 7층에 자리 잡은 130m²(40평) 규모의 로프트에 살고 있던 나는 몇 달 전 8층에 위치한 325m²(100평)에 달하는 펜트하우스 로프트가 매매 대상으로 나온 걸 알게 되었다. 810호였다.

이사를 하고픈 마음은 없었으나 810호의 내부구조를 보고 나서 사기로 결심했다. 810호는 절친집단의 새로운 모임 장소로 그만이었다. 로프트에는 작은 침실 하나와 280m²(85평)에 달하는 트인 공간이 있었다. 그야말로 파티를 위한 공간이었다.

810호 로프트를 샀다. 부동산을 더 소유하고 싶기 때문도 아니었고, 투자를 하고 싶어서도 아니었다. 파티와 모임을 기획하기 위해서 샀다. 810호를 소유함으로써 나는 더 많은 경험을 하게 될 것이다.

다른 두 사람과의 입찰 경쟁에서 810호를 획득하고 나서 내 비전에 맞춰 로프트를 개조하기 시작했다. 대학 시절 나는 룸메이트들과 인기 TV 시트콤 〈프렌즈〉를 매주 보았다. 시트콤의 배역들이 시도 때도 없이 '센트럴 퍼크(Central Perk, 뉴욕에 위치한 공원 센트럴 파크를 커피 용어인 '퍼크'를 사용하여 말장난한 것—옮긴이)'라는 동네 커피집에 모여 다른 사람들과 만나던 것을 기억했다. 810호는 우리들의 센트럴 퍼크가 될 것이다. 그러기 위해서는 810호라는 밋밋한 이름이 아닌 쿨한 이름을 지어야 했다.

샴페인 브런치를 위해 친구들이 일요일에 810호에 모이는 모습을 떠올려보았다. 클럽이나 술집, 레이브에서 한껏 즐긴 후 모일 수 있는 뒤풀이 장소로 810호를 그려보았다. 810호를 우리만의 나이트클럽으로 만드는 것도 상상해보았다. 810호에서 공식적으로 열리는 첫번째 파티는 1999년 12월 11일 토요일. 자정에 나는 26살이 된다. 내 생일은 810호의 개장 파티를 위한 완벽한 구실이 될 것이다.

레드불을 미리 냉장고에 꽉꽉 채웠다.

몇 주 동안 나는 파티 준비에 분주했다. 내 생일을 앞둔 몇 달 동안 우리 절친집단은 레이브에 몇 번 참가했다. 내가 난생처음 갔던 레이브 파티도 그해에 열린 것이었다. 나는 레이브가 뭔지 잘 몰랐다. 테크노와 하우스 뮤직을 엄청 연주해댄다는 정도만 알았다. 레이브에서 연주되는 부류의 음악을 연주하는 나이트클럽에 종종 갔었는데 음악 때문에 정말 짜증났던 기억이 난다. 왜 유명한 클럽들은 다들 그런 음악을 연주하는지 이해가 안 됐다. 가사도 없었고 같은 박자가 끝도 없이 계속 반복되는 듯했다. 일렉트로닉 음악의 매력을 이해하지 못했다.

음악 때문에 웨어하우스 레이브(warehouse rave, 창고나 버려진 커다란 공간에서 열리는 레이브 파티—옮긴이)에 가는 게 그리 신나지는 않았지만 절친집단 사람들이 모두 가고 싶어해서 나도 따라가기로 했다.

우리는 벌판 한가운데 홀로 우뚝 솟아난 듯한 거대한 창고 공간으로 갔다. 창고 밖에는 수백 대의 자동차가 주차되어 있었다. 창고 밖에 줄을 서서 기다리는 동안 반복적으로 쿵쿵대는 일렉트로닉 테크노 음악이 귓전을 때렸다. 나는 우리가 여기 얼마나 있어야 할까 속으로 몰래 불평했다. 라디오에서 들은 적이 있고 내가 잘 아는 그런 음악이 나오는 곳에 가고 싶은 마음이 간절했다. 20분 동안 줄을 서서 기다렸던 우리는 마침내 창고 안으로 들어갔다.

사물을 보는 나의 관점은 그날 완전히, 영원히 변화해버렸다.

미식축구 경기장을 열 군데는 합친 듯한 거대한 규모의 창고 안을 굵다란 녹색 레이저 광선이 가득 채우며 일렁였다. 연무기(燃霧機)가 몽환적이며 초현실적인 분위기를 연출했고 모든 이들이 디제이와 마주보며 박자에 맞춰 똑같이 몸을 움직였다. 레드불 깡통이 여기저기 굴러다녔고 벽과 천장에 붙어 있는 형광장식들이 자외선 블랙라이트를 받아 다른 우주공간에서 온 외계식물처럼 번들거렸다.

하지만 레이브의 핵심은 장식도, 블랙라이트도, 연무기도, 레이저 광선도, 또는 창고의 거대함도 아니었다. 내 눈앞에 펼쳐진 장면, 그리고 그 순간에 내 존재 전체로부터 전혀 예상하지 못했던 감정적 반응이 터져나왔다. 느낌의 정체가 무엇인지, 왜 내가 그렇게 느꼈는지 꼭 집어 말할 수 없었다.

내가 잘 알고 있는 나이트클럽의 모습과 눈앞에 펼쳐진 장면이 어떻게 다른지 분석해보려고 했다. 일단 내부 장식과 레이저가 상당히 멋졌다. 춤추는 사람들로 빼곡한 공간 중 이렇게 큰 공간은 처음이었다. 하지만 이런 것들은 표면적인 차이였다. 내가 말문이 막힌 채 느낀 경외심을 설명하지는 못했다. 어딜 가나 가장 논리적이고 이성적인 사람으로 간주되던 내가 나를 덮쳐오는 영혼의 울림에 정신이 나가버렸다. 종교적인 느낌이 아니라 그곳에 있는 모든 이들 및 우주 전체와 깊이 연결된 듯한 성스러운 느낌이었다.

남의 눈을 의식하지 않는 분위기였다. 음악에 맞춰 춤을 추고 있는 주위 인간 한 명 한 명이 인간 자체로 존중되어야 할 존재로 다가왔다.

내 마음속을 휘젓는 감정이 무엇인지 좀더 자세하게 분석하는 동안 나는 이곳의 춤이 나이트클럽에서 보아왔던 춤과 다르다는 사실을 알아챘다. 일종의 보여주기 느낌이 강한 나이트클럽과는 달리 이곳에서는 남의 시선을 의식하는 느낌도, 남에게 보이기 위해 춤을 추는 듯한 느낌도 없었다. 이곳에서는 서로를 보는 대신 모든 이가 다 같이 한 방향을 향하고 있었다. 모든 이들이 바라보는 존재는 바로 디제이였다. 무대 위에서 높이 솟은 디제이는 마치 군중에게 에너지를 주입하는 듯했고 모든 이들이 디제이를 숭배하는 것 같았다.

레이브 공간 전체가 수천 명의 합치된 거대한 족속이며 디제이는 추장이었다. 사람들이 음악에 맞춰 춤을 춘다기보다 음악이 사람들에게 스며드는 듯했다. 가사 없는 일렉트로닉 음악의 끊임없이 쿵쿵하는 박동이 거대한 심장 박동처럼 군중을 한꺼번에 이끌며 동시에 움직이게 했다. 하늘을 나는 새떼가 새 한 마리 한 마리의 합이 아닌 거대한 하나의 움직임으로 보이는 것처럼 이곳에서는 개인의 자각은 사라지고 하나의 거대한 통일된 집단의식이 존재했다. 창고에 있는 이들은 동일한 목적을 지니고 있었다. 우리는 모두 집단 레이브 경험의 창조자였다.

당시에는 몰랐지만 10년 후 나는 행복학 분야의 연구를 통해 다른 인간들과의 물리적 합일상태에서 자기 자신보다 더 큰 무언가의 일부가 되는 경험(그리고 순간적으로 자기 자신의 자각을 잃는 경험)을 겪게 되면 높은 수준의 행복감을 느끼게 된다는 사실, 그리고 레이브 파티는 인간이 수만 년 동안 겪어온 그러한 경험의 현대판에 지나지 않는다는 사실을 확실히 알게 되었다.

하지만 그 순간 나는 큰 깨달음을 몸으로 직접 느꼈다. 내 존재 자체가 거대한 깨달음의 파도에 휩쓸렸다. 바로 그 순간 나는 테크노 음악의 매력을 깨달았다. 라디오에서 나오는 음악은 이제 거부하려고 했다. 이제까지 경험해보지 못했던 그런 느낌으로 음악이 나를 훑고 갔다. 마치 누군가가 테크노 음악의 세계로 들어가는 열쇠를 내게 하사한 것 같았다. 이런 느낌은 타인에게 배울 수 없는 것이었다. 내가 직접 겪어봐야만 이해할 수 있는 것이었다.

나는 새로운 삶을 경험했다. 나는 깨어났다. 변신했다.

이십 몇 년의 인생을 산 후에야 비로소 나는 음악의 본질을 이해하게 된 것이었다.

비전

우리 패거리는 레이브에 여러 번 갔다. 수천 명의 사람들이 모인 거대한 규모의 레이브도 갔고, 고작 50명이 다인 작은 레이브에도 갔다. 나는 레이브 커뮤니티와 문화에 대해서 더 알게 되었다. Peace(평화), Love(사랑), Unity(단합), Respect(존중)라는 4대 덕목에서 따온 'PLUR'라는 말도 배웠다. 레이브에 참가할 때나 인생을 살면서 계속 읊어야 하는 주문이었다.

전혀 모르는 사람에게 다가가 대화를 시작하는 것은 레이브 문화의 일부로, 누구도 이상하게 여기지 않았다. 술집이나 나이트클럽 등에서는 남자가 여자를 꾀기 위해서 말을 걸지만 레이브의 경우 사람들은 음흉한 흑심 없이 진실로 다른 이들을 알고 싶어하는 것이다.

나는 레이브 파티뿐 아니라 PLUR와 레이브 문화에 흠뻑 매료되었다. 외모나 배경에 아랑곳없이 새로운 사람들을 만나는 데 항상 열린 마음을 가져야 한다는 내 철학과 같았기 때문이다. 언제든 어디서든 어느 사람과 만나든 간에 인간은 삶에 대한 다른 관점을 습득하는 기회를 얻는다. 우리 자신이 본질적으로 모두 인간이라는 같은 종에 불과하다는 사실을 돈과 정치, 그리고 사회적 지위가 지배하는 세계에 사는 우리는 쉽게 잊는다. 세계가 더 나아질 수 있다는 것, 서로에게서 발견하는 인간성에 감사하는 것이 가능하다는 것을 레이브 문화는 상기시켜주었다.

장소나 상대를 가리지 않고 전혀 모르는 사람과 대화를 시도하는 것이 어색하지 않게 느껴지기 시작했다. 이 전략을 비즈니스에 어떻게 적용하는지에 대해 이반카 트럼프(미국 부동산 재벌 도널드 트럼프의 딸이며 사업가—옮긴이)의 책인 『트럼프 카드: 일과 인생에서 이기는 방법*The Trump Card: Playing to Win in Work and Life*』에 쓴 적이 있다.

이반카 트럼프의 책에 실린 내 글 발췌

개인적으로 나는 '비즈니스 네트워킹' 모임들을 정말 싫어한다. 이런 모임의 목적은 거의 예외 없이 여기저기 걸어다니며 명함 교환할 사람들을 찾거나 일 관계로 도움을 받을 만한 사람들(그리고 그 대가로 내가 도움을 줄 수 있을지도 모르는 그런 사람들)을 찾는 데 있는 듯하다. 나는 이런 유의 모임은 피하려고 한다. 명함도 거의 가지고 다니지 않는다.

나는 인간 대 인간으로서 관계를 맺고 상대를 알아가는 것을 정말 좋아한다. 비즈니스 세계에서 그들이 차지하는 위치가 어떤지는 상관없다. 그들이 비즈니스 세계에 속해 있지 않아도 상관없다. 어떤 사람에게도 흥미로운 면이 존재한다. 그것을 찾아내기만 하면 된다. 사실 내 경우 비즈니스 세계에 속하지 않은 사람들과 관계를 맺는 것이 훨씬 더 재미있었다. 그런 이들은 거의 언제나 독특한 관점과 통찰을 가지고 있었다. 돈이 개입되지 않은 터라 관계 자체가 더 진실되기도 했다.

당신이 사리사욕을 품지 않고 우정을 맺고 싶은 마음으로 만나는 사람에게 진심으로 관심을 가지게 된다면, 당신의 사업이나 개인생활에 반드시 도움을 받게 되는 일이 생긴다. 참으로 재미있다.

왜 그런 일이 생기는지, 어떻게 그렇게 되는 것인지는 잘 모르겠지만, 사람들과 일의 영역 밖에서 친해지게 되는 경우 2, 3년이 지나면 관계의 혜택이 발생한다. 또한 당신이 관계를 맺기 시작했을 당시는 도저히 예상할 수 없었던 방식으로 혜택은 모습을 드러낸다. 예를 들면, 당신 친구의 여동생의 이웃이 당신이 관계를 맺고자 하는 기업의 차장급으로 고용이 된다든가, 아니면 2년 전에 안면을 튼 사람과 같이 테니스를 치게 된 친구가 당신이 지난 6개월 동안 찾고 있던 회사 직책에 딱 맞는 사람이라든가 하는 식이다.

재포스닷컴이 태어난 지 10년이 지났다. 1999년 매출 제로 상태에서 2008년에는 총거래액이 10억 달러가 넘었다. 지금 뒤돌아보면 회사 역사에서 주목할 만한 굵직한 일들은 순전히 행운의 산물이었다. 전혀 예상할 수 없었던 일들이 일어났다. 우리가 구축하기 시작했던 관계들이 2, 3년 후 결실을 맺은 것이었다.

내가 하고 싶은 말은 이렇다. 전형적인 '사업적' 개념의 네트워킹을 멈추고 숨겨둔 목적 없이 순수한 우정 그 자체로 깊이 맺어진 친구를 늘려야 한다. 다양한 친구를 가질수록 세월이 지나면서 우정이 사적으로도, 비즈니스적으로도 혜택을 가져다준다. 어떠한 혜택이 당신에게 올지는 정확히 알 수 없지만 당신의 우정이 진실하다면 2, 3년 후 당신에게는 우정의 혜택이 마법처럼 찾아올 것이다.

레이브 문화에서 맛보았던 긍정적 에너지를 생일파티에서 체현하길 원했던 나는 내 생일이 다른 이들에게 '잊을 수 없는 밤'이 될 수 있도록 몇 주 동안 할 수 있는 일은 다 했다. 연무기와 색색 전구들, 조명 시스템, 레이저, 디스코볼, 자외선 블랙 라이트, 형광 장식, 그리고 전구와 레이저를 걸어놓을 트러스(지붕이나 교량을 버티기 위해 떠받치는 구조물—옮긴이)등을 온라인 쇼핑을 통해 마구 질러댔다. 웨어하우스 레이브를 작게나마 재현하고 싶었다.

약 100여 명의 손님이 내 파티에 왔다. 나는 '810'라고 쓴 표지 여러 개를 화살표와 함께 엘리베이터에서 내 파티 로프트까지 죽 달아놓았다. 절친집단 일원의 사촌 한 명이 표지를 보고는 "바이오(BIO)가 뭐야?" 하고 물었다. 우리는 껄껄 웃었다. 바이오! 우리가 찾던 이름이었다. 그 순간부터 파티 로프트는 '클럽 바이오'가 되었다.

생일파티는 별 문제 없이 순조롭게 진행되었다. 그러나 나는 파티 음식으로 포도를 내놓지 말라는 매우 중요한 교훈을 배웠다. 이튿날 아침에 보니 사람들에게 밟혀 짓이겨진 포도가 주방 바닥 전체를 뒤덮고 보랏빛으로 물들이고 있었다. 마치 클럽 바이오 안에 포도농원이 생긴 것 같았다. 신년파티에는 과일을 놓지 말 것. 나는 몇 번이나 속으로 되뇌었다.

클럽 바이오에 대한 입소문이 빠르게 퍼져 신년파티에는 수백 명의 인파가 몰려들었다. 엘리베이터에서 파티 로프트까지 줄을 서서 기다려야 할 정도였다. 새벽 세 시가 되자 약 30명만 남아 파티가 한적해졌다. 로프트 전체를 안개로 그득 채우기 위해 연무기의 스위치를 한껏 올렸다.

갑자기 찢어지는 듯한 경보기 소리가 커다랗게 울리기 시작했고 섬광등이 반복적으로 깜박거렸다. 소음이 어디서 발생한 것인지,

무슨 일이 나고 있는 것인지 알아차리기까지 약간의 시간이 걸렸다. 연무기가 뿜어낸 자욱한 안개가 내 로프트뿐 아니라 '건물 전체'의 연기탐지기를 작동시킨 것이었다. 시간은 새벽 세 시, 화재경보가 건물 아파트 전체에서 쩌렁쩌렁 울리고 있었다. 모두 즉시 건물에서 대피하라는 자동 음성 메시지가 흘러나왔다.

재빨리 연무기를 끄고 창문을 모두 활짝 열어젖혔다. 몇 분 후 안개는 걷혔지만 이미 엎질러진 물. 사이렌 소리가 들렸다. 경광등을 번쩍거리며 건물로 다가오는 소방차 두 대가 창문 밖으로 보였다.

몇 분 후, 현관에 소방관 세 명이 모습을 드러냈다. 나는 레이저와 연무기를 보여주며 무슨 연유로 경보기가 작동했는지 설명했다. 건물이 잿더미가 될 위험에 처해 있지 않다는 것을 깨달은 소방대원들이 껄껄 웃기 시작했다. 새해 복 많이 받으라고 말한 후 그들은 건물을 떠났다. 체포되지 않아서 정말 다행이었다.

나는 안도의 한숨을 내쉬고 열린 창문에 기대 소방관들이 건물 밑에 주차한 소방차에 타는 모습을 지켜보았다. 소방차의 경광등은 여전히 번쩍거리고 있었다.

갑자기 여자의 목소리가 내 귓전을 때렸다. "대단하지 않아요? 당신이 이 모든 일을 만들어냈어요."

내가 모르는 사람이었다. 금발에 파란 눈동자를 지닌 여자는 나처럼 창문에 몸을 기대고 소방차의 번쩍거리는 경광등에 감탄하고 있었다.

"그렇죠? 소방관들이 그냥 넘어가준 게 고맙죠. 화낼 것 같아 겁이 났었거든요. 게다가 새해잖아요.” 내가 말했다.

“그런 얘기가 아니에요. 이 모두를 만들었다고요.” 그녀가 말했다. 그녀가 몸을 틀더니 파티에 남아 있는 사람들을 가리켰다. “당신은 마음 내키는 대로 아무거나 할 수 있었지만, 사람들이 영원히 기억할 경험을 만들어내기로 한 거죠.”

내가 말했다. “뭐, 한밤중에 대피를 했어야 하는 이유를 아파트 주민들이 알게 되면 나한테 별로 좋은 감정을 품을 것 같지는 않네요. 아마 그 사람들도 영원히 오늘 밤을 기억하지 않겠어요.”

여자가 웃었다. “아, 그런 건 걱정할 필요 없어요. 어쩌다 생긴 일인데요, 뭘. Y2K버그 때문이라고 둘러대요. 누가 알아요, 신문에 이런 기사가 날지? Y2K 때문에 연무기가 미쳐 날뛰다!”

나는 그녀에게 미소를 지었다. “며칠 후면 이곳 전체가 사무실이 된다는 거 믿어져요?”

그녀가 내 눈을 지그시 응시했다. 음악 소리가 여전히 들렸지만 세상에 마치 우리 둘만 남은 것 같았다. 나는 여자가 누군지 전혀 몰랐다. 하지만 어떤 연유에서인지 우주는 한순간 우리 둘을 한자리에 있게 한 것이었다. 나는 이 순간을 영원히 기억할 것이다.

“당신만의 우주를 머리에 그리고 창조하고 믿어보세요. 우주가 당신을 에워싸며 모습을 드러낼 거예요.” 그녀가 부드럽게 말했다. “오늘 한 것처럼만 하면 돼요.”

그녀가 몸을 숙이고 내 귀에 속삭였다. “해피 뉴 이어.”

여자가 몸을 일으켜 자리를 떴다. 조용히.

인큐베이터

그녀의 말을 떨쳐버릴 수 없었다. "당신만의 우주를 머리에 그리고 창조하고 믿어보세요."

새로운 친구들과의 유대 때문에 나는 행복했지만, 내가 무언가를 이룩하는 행위는 아니라는 것이 좀 아쉬웠다. 한 발 물러서서 투자만 하는 것은 지루했다. 나는 무언가를 창조하는 일에 참여하고 싶었다. 벤처 프로그 인큐베이터의 창설은 나만의 독특한 우주를 형성하는 데 중요한 요소였다.

나는 인큐베이터를 위한 사무실뿐만 아니라 레스토랑 공간까지 빌렸다. 레스토랑의 이름은 벤처 프로그 레스토랑.

해외에 있던 부모님이 귀국해서 벤처 프로그 레스토랑의 경영을 지원했다. 닷컴 기업들의 이름을 본따 요리 이름을 지었다. 아카마이 볶음밥은 고객들에게 가장 인기가 좋았던 요리 중 하나였다(아카마이Akamai는 미국의 통신 관련 인터넷 기업이다—옮긴이).

건물 하나에 레스토랑과 헬스클럽, 영화관, 인큐베이터 사무실, 그리고 우리가 사는 로프트 아파트가 모두 자리 잡았다. 인큐베이터 사무실 운영을 위해 직원을 몇 명 고용했다.

우리만의 우주가 탄생했다.

재포스 직원들이 들어옴에 따라 (처음에는 사무실로 개조된 파티 로프트로 들어왔다가 나중에 인큐베이터 사무실 공간으로 옮겼다) 나는 재포스에 시간을 점점 더 투자하기 시작했다.

레이브 파티들은 점점 상업화되어 PLUR 문화의 확산보다는 이윤을 남기는 데 집중하는 것처럼 보였다. 레이브 파티에 오는 사람들의 성격이 변화하며 레이브에 임하는 사람들의 태도 또한 변하기 시작했다. 내가 레이브를 발견했을 때 진정한 레이브 물결은 이미 잦아들고 있었다.

만남의 중심지였던 클럽 바이오가 사라지자 절친집단은 천천히 와해되었다. 원래 우리는 '커뮤니티의 조성'이라는 공동의 목표로 맺어져 있었다. 초반에는 신이 났다. 매일 성장하고 강화되는 절친집단의 모습이 뚜렷해서 흐뭇했다.

하지만 우리에게는 만나서 노는 것 이상의 목표가 없었다. 클럽 바이오의 종말 후에도 계속 연락을 취했지만 공통의 목표가 없었고 센트럴 퍼크와 같은 만남의 장소도 없었다. 구성원들은 점점 각자 인생에 일어나는 다른 일들로 관심을 옮기기 시작했지만, 파티보다 더 나은 어떤 것을 찾기 위해, 우리가 품은 진정한 열정이 무엇인지 파악하려고 애를 쓰는 사람들도 일부 있었다.

나도 그 일부 중의 하나였다.

나는 언제나 열정적으로 파티를 계획하고 개최했다. 사람들의 경험과 추억을 조각하고 창조하는 행위가 너무나 즐거웠다. 과거에 경험했던 것과는 전혀 다른 파티의 모습에 "와우!" 감탄하는 소리를 듣는 것이 좋았다. 파티의 끝날 무렵이나 이튿날 사람들이 정말 근사한 시간이었다고 말해줄 때마다 흐뭇했다.

파티에 대한 내 열정은 강렬했지만 파티 플래너를 업으로 삼을 생각은 없었다. 파티 기획은 내가 매우 사랑하는 취미에 불과했다. 취미가 아니라 하루 여덟 시간을 오롯이 쏟아부을 수 있는 의미 있는 무언가가 필요했다.

최고의 최음제는 참신함이란다. 새로운 아이디어를 가진 기업에 자금을 대주는 종잣돈 투자는 처음엔 흥미진진했지만, 알프레드와 나는 짧은 기간에 27번의 투자를 남발했고 펀드는 곧 고갈되었다. 투자 자본을 더 확보하기 전에는 새 기업에 투자할 수 없었고, 투자 자로서의 흥분은 재빨리 증발해버렸다.

당시 우리가 들었던 아이디어는 거의 모두 대단하게 들렸기 때문에 펀드 자금은 빨리 말라버렸다(10년 후 계산해보니 투자했던 거의 모든 회사에서 약간의 이윤을 남겼지만 펀드가 올린 대부분의 수익은 재포스 투자에서 비롯한 것이었다. 이 점에서도 벤처 투자는 포커와 상당히 비슷한 양상을 보였다. 가장 많이 돈을 번 사람이 많은 판에서 이긴 사람은 아니었다. 2009년 말, 우리는 펀드 투자자들에게 초기 투자액의 5.8배를 초과하는 이윤을 배당했다. 벤처 프로그는 1999년에 가장 높은 성과를 거둔 펀드 중의 하나였다).

2000년 4월, 하늘 높은 줄 모르던 닷컴 주식들이 주식시장에서 추락하기 시작했고 실리콘 밸리에 공황상태가 퍼져나갔다. 많은 기업들이 문을 닫았고, 우리 펀드가 초기 투자를 한 기업들을 다음 단계로 이끌어주리라 기대했던 벤처 캐피털 기업들이 투자 규모를 축소하며 펀드가 지원하는 거의 모든 회사에 투자를 거부했다.

새로 마련한 인큐베이터 사무실에 입주한 기업들은 추가 투자를 받지 못하여 각종 대금을 제때 지불하지 못하고 몇 달 후 문을 닫았다.

우리 인큐베이터에 남은 기업은 재포스뿐이었다. 인큐베이터에 조만간 다른 기업들도 들어오리라는 낙관적 전망은 없었다. 우리 펀드에도, 인큐베이터에도, 그리고 재포스에도 상황은 나빴다.

알프레드와 나는 1억 달러의 추가 자본을 모집하겠다는 야심적 목표를 세운 바 있었다. 서류를 작성해서 우리에게 초기 투자를 했던 투자자들에게 두번째 펀드에도 참여해달라고 부탁했다.

1차 펀드를 통해 우리는 다수의 흥미로운 기업들과 사람들을 상대적으로 단기간에 만날 수 있었다. 펀드의 관리자로서 우리는 우주가 우리를 위해 일을 해줄 것이라고 믿었다. 새 기업에 대해 배우고, 새 사람들을 만나고, 새로운 아이디어를 반기고, 새로운 투자를 하는 것이 즐거웠다.

그러나 일단 투자가 집행된 후에는 성과가 좋지 않고 사업 유지를 위한 추가의 벤처자본을 모집할 수 없었던 회사들을 추려내 상대하느라 시간의 대부분을 할애해야 했다.

2차 펀드 모집만이 살 길이라고 우리는 생각했다. 1억 달러를 모집할 수 있다면 1차 펀드를 통해 자금을 지원한 회사들에 다음 단계를 위한 자금을 제공할 수 있을 것이었다.

1차 펀드의 투자자들에게 2차 펀드의 참여 여부에 대해 묻는 이메일을 보내고 초조하게 답변을 기다렸다.

결과는 참담했다. 관심을 갖는 이가 단 한 명도 없었다. 우리가 모은 돈은 정확히 0달러였다.

그때까지는 닷컴 기업의 추락에 대해 별 우려를 하지 않았다. 기업문화라는 측면에서 링크익스체인지는 쓴맛을 남겼지만 재무적인 측면에서는 성공이었다. 링크익스체인지 시절의 신용도를 이용하여 1차 펀드에 2천7백만 달러를 모집하는 데 성공한 바 있는 알프레드와 나는 당연히 2차 펀드 모집 또한 쉬울 것이라 기대했다.

틀려도 한참 틀렸다.

자기 회의에 빠지기 시작했다. 링크익스체인지는 단순한 행운이었던 것일까? 나라는 존재는 적절한 시점에 적절한 장소에 우연히 있었던 닷컴 복권 당첨자에 불과했던 것일까?

알프레드와 나는 세쿼이어의 마이클 모리츠와 계속 연락하며 재포스를 추천했지만 세쿼이어는 재포스의 지속적 발전에도 불구하고 여전히 관심을 보이지 않았다.

재포스가 성공할 가능성이 매우 높다고 나는 진심으로 믿고 있었다. 링크익스체인지의 금전적 성공이 요행이 아니었고 어쩌다가 한 번 맞아떨어진 행운이 아니었음을 나 자신과 세쿼이어에 증명하고 싶었다. 다시 한 번 성공할 수 있음을 세상에 증명해야 했다.

그래서 나는 나의 투자자와 자문의 모자를 벗어던지고 사업가의 모자를 다시 쓰기로 결심했다. 그해 말, 나는 재포스에 상근직으로 합류했다. 재포스가 바로 내 비전의 도움을 받아 창조될 우주였다.

재포스는 내가 믿는 우주가 될 것이었다.

지난 몇 달 간의 탐구는 마침내 결실을 맺었다. 적어도 이후 몇 년 동안 내가 집중하고자 하는 것을 드디어 찾아낸 것이다. 내 새로운 열정의 대상을 발견한 것이다.

다른 사람들이 틀렸음을 증명하는 데 내 열정을 쏟을 것이다.

피가 되고 살이 되는 트윗!

훌륭한 기업은 너무나 적은 기회로 인한 굶주림보다는 너무나 많은 기회로 인한 소화불량 때문에 죽을 가능성이 높다.

—패커드의 법칙

파도를 멈출 수는 없지만 파도를 타는 법은 배울 수 있다.

—존 카밧-진

어젯밤 친구들하고 귀신 이야기를 했다. 귀신들도 화톳불 주위에 모여 앉아 인간 이야기를 할까?

—무명

과감한 시도로 인간은 잠시 자신의 위치를 잃을 수 있다. 그러나 과감한 시도가 없으면 인간은 자기 자신을 잃는다.

—쇠렌 키에르케고르

겸손하라. 초보자의 생각으로는 가능성이 무수하지만, 전문가의 생각에는 가능성이 별로 없다.

—스즈키 순류

2.
PROFITS
PASSION

돈
열정

4장
자리 잡기

길 찾기

이후 재포스의 2년은 스트레스의 연속이었다. 살아남기에 급급했다. 성공하는 것 외엔 수가 없었다. 불황과 닷컴 주가 추락, 그리고 9·11 사태를 겪었다. 우주가 끊임없이 우리의 다짐과 열정을 시험하는 것 같았다.

외부에서 자금을 모집하는 것은 불가능했다. 내가 재포스의 정식 일원으로 일하고 있다는 이유로 알프레드와 나는 스스로의 투자 전략을 위반하고 벤처 프로그 펀드에서 좀더 투자금을 대기로 결정했다. 이런 식으로 우리는 펀드에 남아 있던 얼마 안 되는 자금을 다 소진해버렸다.

펀드에 자금이 남아 있지 않았기에 나는 내 개인 은행계좌를 몇 달마다 점검했고 회사 문 닫는 일은 없게 하려고 개인 자금을 약간씩 회사로 투입하곤 했다.

알프레드와 나는 세쿼이어를 끌어들이려고 계속 노력을 기울였지만 그들은 여전히 투자에 관심이 없었다. 2000년 10월, 나는 직원들에게 이메일을 보냈다. 현금이 동나면 우리가 하고자 하는 많은 일들을 포기해야 할 것이기에, 그전에 흑자를 내는 것이 중요함을 강조하기 위해서였다.

날짜: 2000년 10월 19일
발신: 토니 셰이
수신: 재포스 직원 일동
제목: 9개월 계획

재포스 가족 여러분!

향후 9개월 동안 회사가 처리해야 할 우선 과제에 대해 이메일을 쓰고 싶었습니다. 각기 다른 직원들의 역할이 어떻게 큰 그림에 들어맞는지 모든 직원이 잘 이해하기를 바라기 때문입니다. 궁금한 점이 있으면 주저하지 말고 질문하세요!

다들 알겠지만 지난 6개월 동안 일반 소비자를 대상으로 한 e-비즈니스 시장은 상황이 상당히 나빴습니다. 주식시장도, 벤처자본 등의 사설 자금시장도 마찬가지였습니다. 한때 하늘 높은 줄 모르던 주식회사인 e토이즈(eToys)와 포그도그(Fogdog), 플래닛알엑스(PlanetRx) 등의 주가는 사상 최저를 기록하기도 했죠. 명성이 높던 비공개기업인 미아도라닷컴(Miadora.com)처럼 세쿼이어(야후의 투자사)가 자본을 대고 월 100만 달러의 수익을 올리던 회사도 결국 문을 닫고 말았어요. 벤처자본이 지금은 e-비즈니스 기업들에 투자를 꺼리기 때문입니다.

이러한 시장 환경은 재포스닷컴에는 좋기도 하고 나쁘기도 했습니다. 긍정적인 측면이라면, 우리 경쟁자가 갑자기 2천5백만 달러의 자본을 끌어들여 슈퍼볼 광고(미국 미식축구 결승 경기인 슈퍼볼은 전국에 중계되는데 이때 많은 기업들이 경쟁적으로 재미있는 TV 광고를 제공한다—옮긴이)를 만들면서 시장을 교란시켜 우리에게 잦은 두통을 일으킬 염려는 없어졌다는 점을 들 수 있겠지요. 부정적인 측면이라면 우리가 현금 압박을 받고 있으며 원하는 만큼 빠른 성장을 할 수 없다는 점, 그리고 하고자 하는 일을 모두 할 수 없다는 점을 들 수 있겠습니다.

돈이 있다면 할 수 있는 근사한 일들이 많습니다. 예를 들면 전국적 규모의 광고 캠페인, 고객지원 및 주문처리 부서의 확충 및 개발 자원에 좀더 많은 예산을 책정하고, 새 웹사이트에 더 많은 정보를 담을 수 있습니다. 그밖에도 손꼽을 수 없을 만큼 하고 싶은 게 많지요. 하지만 현실은 냉혹합니다. 이 시점에서는 현금 부족 때문에 원하는 것을 다 할 수는 없습니다.

현금이 매우 부족하고 적자상태인 이 시점에서 우리의 적은 시간입니다. 현재 회사의 최우선 과제는 지금 상황의 정반대가 되는 것입니다. 흑자를 내기 시작하면 우리의 운명을 스스로 좌지우지할 수 있게 되고 하고 싶은 일들을 훨씬 더 잘할 수 있게 됩니다.

그날이 올 때까지, 자금이 동나기 전에 우리는 회사를 흑자상태로 전환할 수 있는 기회를 최대로 활용하는 데 오롯이 집중해야 합니다. 우리가 세운 재무계획은 건전하며 달성 가능합니다만, 그러한 계획을 따르기 위해서는 무엇이 요구되는지 우리 모두 잘 이해해야만 합니다.

우선 무엇보다도 비용의 낭비가 없도록 해야 합니다. 별도로 책정한 채용 관련 예산의 경우 매우 조심스럽게 사용해야 합니다. 인력을 원하는 만큼 자유로이 채용할 수 있는 부서는 현재로서는 없습니다.

비용 절감 다음으로 중요한 과제는 향후 9개월 동안 총수익을 극대화하는 것입니다. 이는 평균 총수익과 고객당 주문금액의 향상을 통해서, 그리고 구매전환율과 사이트에 오는 새로운 방문객수를 높이고 재구매 고객의 비율을 증가시킴으로써 가능합니다.

회사의 새로운 프로젝트를 평가하려면, 우리 모두 그 프로젝트가 다음 9개월 동안 총수익을 증가시키는 데 어떤 기여를 할 것인지에 대해 생각해봐야 합니다. 이러한 기준을 적용하는 경우 평상시라면 승인될 프로젝트라도 회사가 흑자로 돌아서기 전에는 보류될 수 있습니다. 일단 흑자상태로 전환되면 좀더 장기적이고 전체적인 미래상을 생각할 수 있을 것이며, 세계를 어떻게 호령할지에 대해서도 상상해볼 수도 있겠지요.

앞에서 언급했지만, 9개월 계획이 어떻게 현실에 반영될지에 대해 궁금하신 분들은 주저하지 말고 질문해주세요.

상황의 긴박성에 대해 말로만 떠드는 것으로는 충분하지 않았다. 좀더 과감한 수단을 택해야 했다.

닉, 프레드, 나는 회사의 생존 가능성을 극대화하기 위하여 한차례 정리해고를 감행하기로 결정했다. 그리고 우리는 남아 있는 직원들이 봉급을 삭감하든지, 아니면 봉급 대신 회사 지분을 받고 일을 하든지를 선택하게 할 수 있는 방법을 고민했다. 내 연봉은 24달러, 다시 말해 격주급 1달러로 결정했다(불행히도, 이 금액은 세전 금액이었다).

2000년 11월, 닉이 다음과 같은 이메일을 보내왔다.

날짜: 2000년 11월 26일

발신: 닉 스윈먼

수신: 토니 셰이

제목: 여러 가지

자금 문제에 대해선 의견이 없습니다. 불행히도 토니가 우리에게 존재하는 유일한 선택안이기 때문에 토니 생각에 괜찮은 대로 결정해야 할 것 같고 우리는 그에 따라야 할 것 같습니다. 만약 토니에게 재포스에게 투자할 자금이 없다면 우리는 가용자금이 얼마나 있는지 확인한 후에 최소 정예인력만 데리고 가능한 한 오래 버틸 수 있는 방법을 생각해야 합니다.

내 봉급 삭감에 대해 말하자면, 예전 임대인이 나한테 빚이 있다는 것을 인정하고, 내가 친구에게 몇 가지 물건들을 팔 수 있다면 나는 채무에서 완전히 벗어나게 됩니다. 따라서 월세와 자동차 유지비, 그리고 식비 외에는 비용이 들지 않을 거예요. 가장 큰 문제는 월세예요. 봉급으로 월세만 해결할 수 있다면 난 괜찮습니다.

재포스가 여전히 난항을 겪고 있기는 하지만 길은 제대로 들어섰다고 나는 생각합니다. 마케팅 비용이 수익에서 차지하는 비중도 이제 거의 적정선에 다다랐어요. 엄밀히 따지면 우린 과거보다 훨씬 더 효율적으로 운영되고 있고, 어떻게 해야 회사가 제대로 돌아가게 되는지 좀 알게 된 듯합니다. 우리가 성공할 수 있다는 걸 알기 때문에 마음이 더 답답하네요. 그날까지 버틸 수만 있다면 좋겠는데요.

다른 직원들은 창조적인 해결책을 들고 왔다.

제게 주어진 여러 선택안을 자세히 검토했습니다만, 대안으로 제시된 봉급 패키지는 택하지 않기로 결정했습니다. 하지만 이번 기회에 재포스가 비용을 줄이고 싶어한다는 (줄여야만 하는?) 사실을 잘 알게 되었습니다. 그래서 대안을 제시해볼까 합니다. 지금 제 관심은 개인 시간을 늘리는 데 있습니다. 일주일에 하루를 더 쉴 수 있다면 20퍼센트의 봉급 삭감을 감내할 용의가 있습니다.

상황이 점점 더 악화되는 듯하자 회사를 떠나는 사람들이 생겨났다. 대부분의 직원들은 저축한 돈이 없어 큰 금액의 봉급 삭감이나 무보수 근로를 택할 경우 월세를 지불할 수 없었다. 우리는 창조적인 해결책을 하나라도 더 제시하기 위하여 머리를 쥐어짰다.

재포스가 인큐베이터 사무실로 이전한 후 비어 있던 810호 파티로프트(클럽 바이오였던 자리)에 다섯 대의 침대를 놓고 직원들에게 무료로 임대했다.

건물 안에 내가 소유하고 있던 다른 로프트 아파트 세 군데를 인큐베이터 직원들과 재포스 직원들 몇 명(닉을 포함해서)에게 내주고 월세 없이 지내도록 했다. 그밖의 직원들은 "모두는 하나를 위해, 하나는 모두를 위해"라는 신조 아래 회사를 유지하는 데 할 수 있는 일은 다 했다.

회사에 잔류한 사람들은 모두 심기일전하여 이전보다 열심히 일했다. 정리해고가 회사의 생산성을 저해하지 않았다는 사실에 우리는 깜짝 놀랐다. 우리가 정리한 인력이 실적이 미비하거나 회사를 믿지 못한 사람들이었던 반면 남은 직원들은 모두 회사에 대해 열정을 품고 있었고 우리가 하는 것의 가치를 믿는 이들이었기 때문에 전과 동일한 결과를 성취할 수 있었던 것이다.

회사 전체에 열정을 주입하는 것과 하나 된 팀으로 일하는 것의 힘을 가르쳐준 크나큰 교훈이었다. 우리 모두가 희생을 하고 있었다.

하지만 회사가 흑자로 돌아서기엔 충분하지 않았다.

몇 달마다 내 개인 자산을 약간씩 회사에 투입했지만 그것만으로 버틸 수는 없었다. 회사는 여전히 매달 거액의 현금 손실을 냈다.

개인 은행계좌의 잔고가 줄어들자 나는 재포스에 자금을 대기 위하여 부동산을 매각하기 시작했다. 종국에는 내가 살고 있는 로프트와 파티 로프트만이 남았다. 파티 로프트 또한 매각하고 싶었지만 경기가 너무 나빠 관심을 보이는 사람이 없었다.

엎친 데 덮친 격으로 부모님이 운영하고 있던 레스토랑도 매출 목표를 달성하지 못하고 있었다. 경기 탓도 있었지만, 부모님의 레스토랑 운영 경험이 전무하다는 것도 하나의 이유였다.

풍전등화의 상황이었다. 내가 관여한 일은 모두 손실을 입고 있었다. 레스토랑도, 인큐베이터도, 재포스도, 그리고 나 자신마저도.

내가 의지하고 있는 마지막 보루는 파티 로프트였다. 언제든 경기만 회복된다면 때 파티 로프트를 팔아 현금화할 것이었다. 그게 내 에어매트이자 안전망이었다. 다만 언제 경기가 회복될 것인지, 파티 로프트를 파는 데 얼마나 걸릴 것인지 전혀 감이 잡히지 않는다는 점이 문제였다.

닉과 프레드, 나는 회사 운영내역을 꼼꼼히 살피며 비용 절감을 모색했다. 회사 성장의 발목을 잡으리라는 것을 알면서도 우리는 마케팅 비용을 거의 삭감했다. 대신 우리는 기존 고객들에게 집중하여 재구매를 유발하고 그 횟수를 높이도록 유도하는 데 주력했다. 당시에는 미처 몰랐지만, 이런 상황이 사실은 새옹지마였다. 고난의 시간 덕분에 더욱 나은 고객 만족 서비스를 제공하는 데 초점을 더 맞추게 된 것이다. 2003년에 이르러서는 고객 서비스가 회사의 핵심이라고 판단하게 된다.

하지만 2003년은 미래의 일. 당시 우리의 최우선 관심은 고객 서비스가 아니라 살아남는 것이었다.

어떻게든 살아남아 사업을 성공적으로 이끌 방법을 파악해야 한다는 절박성은 예상하지 못했던 결과를 불러왔다. 회사의 문을 닫지 않겠다는 일념이 우리를 똘똘 뭉치게 했다. 힘든 시간을 보내고 있는 와중에도 우리는 모든 것을 함께했고, 모두가 미친 듯이 일에 달려들었다. 회사의 잠재력과 미래를 굳게 믿었기 때문에 우리는 모두 나름대로의 희생을 감수했다.

나도 모르는 사이 재포스는 나의 새로운 절친집단으로 자리 잡은 것이다.

믿음

회사의 재무상태를 검토해보니 비용 절감에 집중한다고 회사가 흑자로 전환되지는 않을 것이라는 사실이 뚜렷해졌다. 매출을 증대할 방법을 찾아야 했다.

마케팅 예산을 최대한 삭감한 상태였기 때문에 더욱 어려운 문제였다. 이미 기존 고객들의 재구매를 유도하는 데 부단한 노력을 쏟고 있었지만 그것만으로는 뚜렷한 단기적 성과를 거둘 수 없었다.

우리에게 정말 필요한 것은 기적이었다.

고등학교 그리스 역사 시간에 '데우스 엑스 마키나(*deux ex machina*)'에 대해 배운 적이 있다. 라틴 문구로서 직역하면 '기계를 타고 온 신(神)'이란 뜻으로, 위키디피아에 의하면 "사람이나 사물이 난데없이 나타나 해결이 불가능한 듯이 보이는 난관을 극복하는 것을 도와주는 플롯 구조로, 보통 수준이 낮은 극작 기술"이란다.

사무실에 앉아 이제는 무엇을 시도해야 하나 고민하고 있던 나는 프레드에게 고개를 돌렸다. 회사를 구할 수만 있다면 수준 낮은 연극을 하는 것이 대수랴 싶었다.

"프레드, 데우스 엑스 마키나 가지고 있어요?" 내가 물었다.

"데 뭐요?" 프레드가 어리둥절한 표정을 지었다.

"데우스 엑스 마키나." 내가 되풀이했다. "있잖아요, 그리스식 기적이요."

"오, 아뇨. 그거 와이셔츠 주머니에 넣어뒀는데, 집에 벗어두고 깜빡 잊었네요." 그가 대답했다.

"술 한잔 하면 찾을 수 있을 것 같지 않아요? 지금 오후 네 시인데 회사를 어떻게 살릴 수 있는지 방법을 찾아야 되잖아요. 술 마시기에 너무 이를까요?"

"그럴 리가요."

우리는 하던 일을 멈추고 벤처 프로그 레스토랑으로 가서 바에 앉았다. 나는 그레이구스 소다를, 프레드는 맥주를 주문했다. 몇 분 동안 우리는 조용히 술을 홀짝거렸다.

정적을 깬 것은 나였다. "그래서…… 매출을 좀더 빠르게 늘릴 수 있는 방법에 뭐가 있을까요?"

프레드의 얼굴에 수심이 어렸다. "나는 판매 쪽 일을 했었죠. 우리에게 필요한 건 적절한 시점에 적절한 제품, 그리고 적절한 재고량을 확보하는 거예요. 그러면 매출은 알아서 올라요. 그런데 확실히 팔릴 만한 브랜드가 우리 쇼핑몰엔 없다는 게 문제예요. 고객들에게 제공해야 하는 적절한 제품군을 갖추지 못했어요."

"어떻게 적절한 제품군을 갖출 수 있죠?"

프레드가 말했다. "우리가 팔고 싶어하는 브랜드 중 다수가 생산자 직송을 하지 않는다는 점이 문제죠. 그 브랜드들의 시스템과 창고에서는 우리가 받은 주문을 처리해서 창고에서 우리 고객으로 바로 제품을 보낼 수가 없어요. 게다가 생산자 직송을 할 수 있는 브랜드들도 최고 인기상품은 보통 품절이기 때문에 우리 고객들에게 그런 스타일을 제공할 수가 없는 겁니다."

프레드가 하는 말을 되새기며 나는 잠시 가만히 있었다. "그렇다면 어떻게 오프라인 신발가게들은 브랜드들의 인기상품을 제공할 수 있는 거지요?" 내가 물었다.

"자기 재고를 확보하고 있으니까요." 프레드가 설명했다. "오프라인 소매점은 미리 주문을 예측한 다음 재고를 구입함으로써 재고

리스크를 줄이지요. 소매점이 제품을 팔지 못하면 그건 소매점의 문제지 브랜드나 도매상의 문제가 아니게 돼요. 하지만 우린 그렇게 할 수가 없어요. 우리 사업모델과 다르니까."

둘 다 술잔을 비웠다.

"한 잔 더 할래요?" 내가 물었다. 프레드가 엄숙한 표정으로 고개를 끄덕이더니 바텐더에게 손짓하여 한 잔씩 더 시켰다.

"그러면…… 우리도 그렇게 하면 어때요?" 내가 머리에 떠오르는 대로 말해보았다. "당신이 원하는 브랜드와 스타일의 재고를 다 구입하면 어떻겠어요? 매출이 얼마나 늘 거라고 봐요?"

프레드가 주저 없이 대답했다. "오, 세 배는 그냥 늘걸요. 생각할 필요도 없어요. 그것보다 더 늘 가능성도 있어요."

"됐어요, 그럼. 그렇게 하려면 뭘 해야 하는지 생각해봅시다. 사업모델을 바꿔서 회사가 살아난다면, 그런 변화는 수용하고 추구해야죠."

프레드와 나는 우리의 생산자 직송 방식에 덧붙여 자체 재고를 보유하는 경우 맞닥뜨릴 갖가지 난관에 대해서 이야기하며 한 시간을 더 보냈다. 그러자 상당히 포괄적인 목록이 완성되었다. 긴 목록을 보니 아찔했지만 적어도 우리는 회사를 살리기 위하여 해야 할 일이 무엇인지 알게 된 것이었다.

1) 제품 선정과 재고 관리를 하기 위한 구매팀 직원을 고용하고 육성해야 한다. 단기적으로는 프레드가 처리할 수 있지만 이 업무

만 담당할 부서가 어느 시점에는 필요하게 된다.

2) 우리에게 제품을 팔도록 브랜드 업체들을 설득해야 한다. 우리가 원하는 업체들은 대부분 오프라인 상점만 고집한다.

3) 우리 웹사이트에서 생산자 직송 제품뿐 아니라 자체 보유 재고를 판매할 수 있도록 소프트웨어를 개선해야 한다.

4) 구매할 재고를 수용할 창고가 필요하다. 창고에서 제품을 찾아 고객에게 배송할 직원을 고용해야 한다.

5) 2번 문제를 해결하기 위해 오프라인 소매점을 개점하고, 그 소매점을 운영할 직원을 고용해야 한다. 현재의 재무상태를 고려할 때 우리에게 공간을 임대할 건물주를 찾는 것은 상당히 힘들 것으로 보인다.

6) 원하는 제품의 재고를 구매할 자금을 조달해야 한다. 프레드의 의견에 따르면 2백만 달러는 필요할 것이란다. 문제는 우리에겐 여분의 2백만 달러가 없다는 것이다.

7) 이 모든 것을 몇 달 안에 모두 해결해야 한다.

프레드와 나는 처리할 항목을 나누었다. 그가 1번과 2번을 담당하기로 했다. 나는 컴퓨터 프로그래머와 함께 3번을 맡기로 했다. 4번의 경우, 사무실의 전직원이 합심하여 일한다면 직원의 반 정도는 단기적으로 창고로 돌릴 수 있을 것 같았다.

프레드가 물었다. "5번은 어떻게 할 건가요? 어떻게 오프라인 상점을 열죠?"

내가 물었다. "사무실의 접견실 공간을 '상점'으로 바꾸면 어때요? 상점의 정의가 뭐죠? 구매할 제품이 있지만 상점에서는 한 켤레만 팔리고 나머지는 인터넷에서 팔리게 되면 어떻게 되지요? 그래도 여전히 오프라인 상점이 성립되는 건가요?"

"엄밀히 따지면 상점이 되긴 하겠네요. 브랜드 업체들 중에는 괜찮다고 하는 데도 있을 거예요. 상점의 실제 모습을 보게 되면 주저하겠지만요." 프레드가 말했다.

"뭐, 그럼 일단 그렇게 시작하기로 하죠, 그럼. 그러면서 작은 동네들을 좀 뒤져서 사업이 별로 신통치 않은 상점을 찾아보자구요. 시골 구석에 있는 가게라면 싸게 살 수 있을 겁니다. 가게를 인수하면 그 가게에게 물건을 대던 브랜드들은 새 주인인 우리에게도 제품을 팔겠지요. 그 시점에서 그 브랜드를 웹사이트에서도 팔기 시작하면 됩니다."

프레드는 회의적이었다. "알아봐서 나쁠 건 없겠죠. 최악의 사태라 봤자 우리에게 제품을 안 팔겠다는 말밖에 더 하겠어요."

"하지만 6번은 어떻게 하죠?" 프레드가 계속 목록을 짚었다. "우리에게 제품을 팔겠다고 하는 브랜드의 재고를 확보하는 데 필요한 돈을 어떻게 구할 거죠?"

나는 그를 보았다. "그건 내가 걱정할 문젭니다. 프레드가 제품을 팔라고 업체들을 설득하기만 한다면 그 브랜드의 재고를 확보할 돈은 생길 거라고 가정하고 일을 진행하세요."

프레드가 몇 달이라는 너무도 짧은 시간 동안 어떻게 여러 브랜드 업체들을 설득하여 우리와 일을 하게 할 것인지 전혀 감이 오지 않았다. 프레드 또한 내가 어떻게 재고 확보에 필요한 자금을 구할 것인지 전혀 감을 잡지 못했다. 하지만 우리는 서로를 신뢰했고 우리가 한 운명임을 알았다. 이것은 '회사 전체를 거는' 죽기 살기의 계획이었다. 우리의 새 전략은 재포스를 살리거나 파산을 앞당길 것이었다. 하지만 우리에게는 선택의 여지가 없었다. 재포스를 서서히 죽음의 굴레로 이끌고 있는 생산자 직송 방식만을 계속 고집하는 것은 그리 현명한 것 같지 않았다. 결국엔 올 것이 올 테니까.

우리가 이야기하는 동안 나는 속으로 몰래 2백만 달러를 조달할 계획을 짜고 있었다. 내 생각을 프레드에게 알리고 싶지 않았다. 찬성하지 않을 것이 분명했기 때문이다. 내 명의로 되어 있는 거의 모든 것을 싼값에 처분한다는 것이 내 계획이었다. 나는 '농장을 걸고' 죽기 살기의 심정으로 모든 수익을 재포스에 투입할 것이었다. 누가 보면 무모하다고 생각했을 것이다.

하지만 내 생각은 달랐다. 재포스를 이만큼 끌고 온 마당에 이제 되돌아갈 수는 없었다. 내 계획이 옳다는 것을 나는 알고 있었다.

나는 재포스의 잠재력을 믿었고 프레드의 힘을 믿었다.

임시변통 재고

프레드는 브랜드 업체들에 전화를 걸기 시작했고 우리는 접견실 공간을 미니 신발가게로 꾸몄다. 같은 건물 내에 있던 영화관에 오던 관람객들은 우리가 미쳤다고 생각했을 것이다. 14개 상영관을 지닌 멀티플렉스 영화관 건물의 로비에 위치한 신발가게라니! 안내원에게 티켓을 건네는 사람들이 예상했던 광경은 아니었을 터였다. 좀 이상하긴 했다.

하지만 성공이었다.

첫번째 재고 제품이 도착하자마자 웹사이트의 매출이 오르기 시작했다. 약속한 대로 프레드는 점점 더 많은 브랜드 업체를 끌어들였고 몇 달 안에 우리 사무실 공간은 사람보다 신발들이 더 차지하게 되었다. 사무실 공간이 최대한 수용할 수 있는 신발의 양은 5천 켤레였고, 공간은 빠르게 신발로 채워지고 있었다.

여기저기 수소문을 하던 프레드는 사무실에서 북쪽으로 두 시간여 떨어진 윌로즈라는 아주 작은 동네에서 구멍가게처럼 운영하는 신발가게를 찾아냈다. 문을 닫고 싶어하는 주인에게 소액의 현금을 주고 사업을 인수했다. 순식간에 납품할 브랜드 업체들이 늘어났고 매출이 치솟기 시작했다.

한번 오면 계속 따라오는 게 행운인지, 예전에 백화점이었다가 지금은 버려진 건물이 가게 건너편에 있었다. 살펴보니 약 5만 켤레—즉 현재 수용능력의 열 배—의 신발을 보관할 만한 규모였다.

당연히 우리는 그 공간도 세를 냈다. 재고를 샌프란시스코에서 윌로즈로 옮기고 창고를 운영할 직원들을 고용했다.

프레드는 옳았다. 옳아도 완전히 옳았다. 매출은 세 배를 훌쩍 뛰어넘었다. 2000년 재포스의 총매출액은 160만 달러. 2001년 총매출액은 860만 달러에 달했다. 이러한 성장률에 우리도 깜짝 놀랐고, 생산자 직송 방식과 재고 보유 방식을 혼합한 새 사업모델에 모두 흥분했다.

매출은 증가했지만 현금 흐름으로 보면 우리는 여전히 적자였다. 매출 성장을 더욱 가속화하기 위해 재고를 늘려야 했기 때문이다. 하지만 바른 길로 들어섰음을 우리는 알았다.

2002년 초반, 이로지스틱스(eLogistics)라는 회사가 우리에게 연락해왔다. 영업사원에 의하면 이로지스틱스는 켄터키 주 UPS 월드포트 허브 바로 옆에 창고를 소유하고 있었다. 그는 또한 이로지스틱스가 우리 고객의 주문을 모두 처리해줄 수 있기 때문에 우리가 창고 운영을 걱정할 필요가 없다고 했다. 하지만 더욱 중요하게는 우리가 켄터키의 창고를 이용하는 경우 배송료를 절약하고 배송시간을 줄일 수 있을 것이라고 했다.

우리는 캘리포니아에서 배송을 하고 있었기 때문에 육로 배송을 이용하면 동부까지의 배송에 7일에서 8일까지 소요되었다. 켄터키처럼 중부에서 배송을 한다면 UPS 육로 택배로 70퍼센트에 달하는 고객에게 이틀 안에 배송이 가능했다. 윈-윈 시나리오 같았다. 고객에게도 좋고, 우리 이윤 구조에도 좋았다. 짧은 배송기간이라는 더 나은 서비스로 우리는 고객을 감탄하게 만들 수 있을 것이었다.

우리는 이로지스틱스와 계약을 맺고 윌로즈의 재고를 이로지스틱스 창고로 보낼 계획을 세웠다. 트럭이 미국 대륙을 가로지르는 데 3일이 소요되기 때문에 재고 이동을 상당히 치밀하게 조정해야 했다. 금요일에 트럭에 재고를 모두 실어보내고 웹사이트는 계속 열어두어 주문을 놓치지 않고 계속 받는 것이 우리 계획이었다. 트럭이 일요일에 도착하면 월요일 저녁까지는 트럭에서 재고를 내려 이로지스틱스의 창고에 모두 옮길 수 있을 것이다. 화요일에는 주말 동안 들어온 고객 주문들을 배송할 수 있을 것이다.

모든 것이 부드럽게 진행되도록 세부사항까지 꼼꼼하게 따진 우리는 드디어 금요일에 샌프란시스코 직원 대부분을 윌로즈로 보내 트럭에 짐을 싣도록 했다. 다섯 대의 세미트레일러(앞 끝을 견인차 뒤에 얹는 구조의 트레일러—옮긴이) 트럭에 4만 켤레의 신발을 가능한 한 빨리 실어야 했다. 어마어마한 작업이었지만 모든 이가 합심하여 계획대로 실행했다. 마지막 트럭이 켄터키로 떠난 것이 오후 다섯 시였다.

별 문제 없이 작업이 완료되어 프레드와 나는 흡족했다. 재고 운송이 끝난 후 우리는 각자의 애인을 동반해서 짧은 휴가를 함께 갈 예정이었다.

24시간 후, 우리는 세계적으로 유명한 관광지인 버번 스트리트를 거닐며 뉴올리언스에서 휴식을 취하고 있었다. 재고를 옮기는 작업에 스트레스가 쌓였던 우리는 계획대로 모든 것이 진행되어 행복했다. 드디어 약간은 긴장을 풀어도 되는 것이었다.

착각이었다.

미니 휴가 이틀째 날, 나는 이로지스틱스의 전화를 받았다.

"토니, 안 좋은 소식이 있어요. 트럭 한 대가 도로 밖으로 미끄러져 전복됐답니다. 운전사는 병원에 있는데 괜찮을 거라고 해요. 신발들은 아직도 고속도로 옆에 흩어져 있습니다. 아무래도 한 켤레도 못 건질 것 같아요."

끔찍한 소식이었다. 재고의 20퍼센트, 소매가로 치면 50만 달러에 달하는 물품이 순식간에 사라졌다. 게다가 웹사이트에서 계속 주문을 받고 있었기 때문에 우리는 20퍼센트의 고객에게 연락하여 그들이 신발을 받지 못할 것임을 알려야 했다.

프레드와 나는 며칠 동안 이로지스틱스 및 우리 직원들과 함께 긴 전화 통화를 하며 문제를 해결하려고 했다. 일단 고객들에게 연락을 취하여 무슨 일이 발생했는지 알렸다. 우리 말을 믿지 않는 고객들은 소비자보호원에 고발하겠다고 협박하기도 했다. 결국에는 다 처리가 되었지만 휴가의 흥은 이미 다 깨진 후였다.

나는 사고에서 그나마 다행인 것을 찾아내려고 애썼다. 몇 달 후에 떠나려 한 여행이 더 기대된다는 것에 위안을 찾았다.

시간을 거슬러 2001년. 내 친구 젠과 나는 아프리카로 3주 일정의 여행을 떠나기로 계획했다. 파티 로프트에서 열린 내 생일파티에서 처음 젠을 만났다. 그녀도 나도 야외활동을 즐기거나 운동을 좋아하는 사람들은 아니었지만 아프리카에서 가장 높은 산인 킬리만자로 산을 정복하고 싶다는 데 의견이 일치했다. 여행은 2001년 10월로 계획되어 있었지만 9·11 사태로 인해 이듬해 7월로 연기되었다. 한 대륙의 가장 높은 산을 정복하는 것은 '인생을 살면서 성취해야 하는 일'의 목록에 있는 일 중 하나였다. 돈이나 물건을 소유하는 것보다는 경험을 쌓는 것이 더 소중하다는 내 인생철학과도 어울리는 일이었다. 닷컴 컨설팅 회사에서 정리해고를 당했던 젠은 일상에서 벗어날 기회가 필요하다고 했다.

여행을 앞둔 몇 주 동안 우리는 주말마다 분주하게 돌아다니며 여행 채비를 했다. 등산장비를 샀고, 예방주사를 맞았고, 여권과 관광비자를 제대로 챙겼는지 확인했다.

한편, 재포스에서의 일은 잘 풀리지 않고 있었다. 이로지스틱스가 문제였다. 알고 보니 영업사원의 선전은 과대선전이었다. 우리 고객들 중 다수가 자기가 주문한 제품을 받지 못하고 있었다. 하지만 회사의 생존이라는 관점에서 더 심각한 문제가 있었다. 업체에서 주문한 신발들이 새 창고에 속속 도착하고 있음에도 이로지스틱스 직원들이 제시간에 맞춰 창고 안에 정리를 하지 못하고 있었다. 그들은 우리 재고처럼 다양한 브랜드와 스타일, 사이즈 및 신발 넓이 등을 가진 제품군을 다루어본 적이 없었던 것이다. 정리되지 않아 시스템에 입력되지 못한 신발들이 하역장에 산처럼 쌓여 있었다.

시스템에 들어가지 않은 신발을 팔 수는 없었다. 상자 안에 갇힌 채 정리조차 되지 않고 하역장에 쌓여가는 신발들 때문에 우리는 매일 몇 만 달러에 달하는 매출 손실을 보았다.

상황을 알게 되었을 때 우리는 발 빠른 대처를 해야 함을 깨달았고, 프레드가 키스에게 전화를 했다. 내가 키스를 처음 만난 것은 1996년. 유나이티드 항공의 정비사였던 그는 내가 살던 아파트의 관리인을 방문하던 중이었다.

알프레드와 내가 벤처 프로그 인큐베이터를 열었을 때 우리는 설비 매니저로 키스를 고용했지만, 벤처 프로그나 재포스에 근무하는 사람들이 모두 그랬던 것처럼 그 또한 직위나 명칭에 얽매이지 않고 일을 했다. 그는 처리되어야 하는 일이라면 뭐든지 했다. 키스는 나중에 재포스에 상근직으로 입사했고 상자 포장에서부터 전화 시스템 연결, 윌로즈 창고의 정비와 운영을 돕는 등 언제나 자발적으로 일을 했다.

프레드의 전화를 받았을 때 키스는 여전히 윌로즈 창고에 남아 텅 빈 창고를 깨끗이 청소하는 중이었다.

"키스, 켄터키에 있는 이로지스틱스가 문제를 겪고 있어요. 모든 게 엉망이에요. 재고를 창고에 들여놓으려면 재포스 인력이 필요해요."

"내가 뭘 해야 하는 거죠?" 키스가 물었다.

"새크라멘토 공항에서 얼마나 떨어져 있어요?"

"한 시간쯤?"

"두 시간 후 떠나는 비행기가 있어요. 지금 공항으로 가서 켄터키

행 비행기를 타요." 프레드가 말했다.

"농담하는 거 아니죠?"

"아니에요."

"어, 집에 가서 짐 좀 싸서 내일 아침에 가면 안 돼요?"

"하루라도 늦어지면 곤란해요. 우린 지금 매일 몇 만 달러의 손해를 보고 있어요. 켄터키에 가서 속옷이랑 다른 필요한 걸 사도록 하세요."

"흠. 알겠어요. 거기 얼마나 있어야 할까요?"

프레드가 말했다. "문제를 해결할 때까지는 계속이요. 일주일은 거의 확실히 있어야 하고, 아마 이주일까지도? 끊을게요. 비행기 놓치겠어요."

"알겠습니다."

키스는 전화를 끊고 바로 공항으로 향했다. 집을 비울 동안 개를 돌봐줄 사람을 구하기 위해 그는 공항으로 가면서 여기저기 전화를 해야 했다.

"키스는 잘 있나요?" 내가 프레드에게 물었다. 키스가 하던 일을 모두 멈추고 켄터키로 가는 비행기에 오른 것이 일주일 전이었다.

프레드가 말했다. "방금 통화했는데요. 이로지스틱스는 완전 엉망이랍디다. 우리가 생각했던 것보다 문제가 크다네요. 적어도 몇 주는 더 거기 있어야 할 것 같답니다."

"이런, 시간이 많이 걸리네요. 옷 좀 샀대요?"

"예, 월마트에 가서 이것저것 샀대요. 키스는 일단 뭔가 하고 보는 타입이에요. 켄터키 문제를 풀어낼 방법을 찾을 거예요. 하지만 우리 쪽에 문제가 있어요. 우리가 가진 현금으로는 두 달을 버틸 수가 없어요. 재고를 들일 돈을 더 구할 수 있겠어요?"

"알아보는 중이에요. 파티 로프트를 부동산에 내놓았는데 보러 오는 사람이 아직 없어요. 하지만 가격을 40퍼센트 깎으라고 방금 부동산에 말했으니 잘되면 사겠다는 사람들이 나올 겁니다." 내가 말했다.

프레드는 놀랐다. "정말 그래도 되겠습니까? 손해를 엄청 보는 거잖아요. 그러면 미안하죠."

내가 대답했다. "손해 보는 건 맞지만 장기적으로 보면 이익이에요. 팔지 않고 그냥 두면 5년 쯤 뒤에는 내가 산 가격으로 가격이 오르긴 하겠죠. 아니면 지금 팔아서 재포스에 투자를 하는 거예요. 5년 후면 재포스는 적어도 열 배는 더 커져 있을 거고, 그럼 이득을 보게 되는 셈이죠. 미안해할 것 없어요. 다 잘될 겁니다."

가능한 한 자신 있게 말하려고 노력했다. 스스로를 납득시켜야 했다. 그러나 고백하자면 그때는 내 인생에서 가장 힘든 때였다.

이로지스틱스로 재고를 옮기기로 최종 결정을 내린 것은 나였다. 틀린 결정을 내린 게 아닌지 걱정이 됐다. 재포스의 자금이 마르기 전에 파티 로프트가 팔린다는 보장도 없었다. 나는 시간과 싸우고 있었다.

아프리카로 등산을 가기에 이보다 더 나쁜 시점은 없을 거라는 생각이 들었다. 그곳에선 전화도, 인터넷도 거의 접할 수 없을 터였다. 여행을 취소할까 생각도 해보았지만 내가 여기 남아 있는다고 파티 로프트가 팔릴 가능성이 더 높아지는 것도 아니었다. 대신 나는 아빠에게 위임을 했다. 재고 매입가를 모두 지불할 수 있고 재포스가 두 달 후 문을 닫지 않아도 될 정도의 가격으로 로프트를 사겠다는 제안이 들어온다면 바로 팔라고.

프레드에게 말했다. "산에서 내려온 후 이메일을 볼 수 있는 장소가 있나 알아보겠어요. 이로지스틱스 상황을 다음주에 이메일로 업데이트해주겠어요?"

프레드가 고개를 끄덕였다.

이로지스틱스와의 관계가 실패하는 경우 우리에게 남는 선택이 무얼까 생각해보았다. 또 다른 창고 서비스 회사를 찾든가 켄터키에 우리가 직접 창고를 차려야 할 것이었는데, 후자의 경우 건물을 찾아 새 임대차계약 협상을 해야 했다. 또한 재고를 다시 한 번 다 옮겨야 할 것이다. 그러나 이 또한 파티 로프트가 팔려야만 가능한 일, 아니면 재포스는 문을 닫게 될 것이다. 나는 프레드가 더 많은 브랜드 업체를 설득하여 재고를 확보하고 매출이 늘기를 바랐다. 하지만 재고가 하역장에서 머무른다면 그 또한 소용없을 터였다. 여행을 떠나기 전 가능한 한 많은 이메일에 답을 하려고 애쓰며 나는 머릿속으로 천여 개는 되는 '만약'이란 시나리오를 훑었다. 이메일을 반쯤 썼을 때 나는 이만 멈춰야 함을 깨달았다.

비행기를 타러 갈 시간이었다.

킬리만자로의 눈

젠과 함께 킬리만자로를 오르기 시작한 날은 비가 내렸다. 이 공항에서 저 공항으로 날아다닌 우리는 24시간 후 마침내 탄자니아에 도착했다. 휴식을 하루 취한 후 우리는 등산장비를 몽땅 짊어지고 약속장소로 향했다. 그곳에서 함께 탐험을 떠날 안내원과 등산팀을 소개받았다.

지구의 반을 날아왔지만 재포스를 머릿속에서 밀어낼 수가 없었다. 미국에서는 독수리들이 재포스 주위를 빙빙 돌며 날고 있겠지 싶었다. 이만큼이나 끌고 왔는데, 너무나 많은 기회가 우리 앞에 펼쳐져 있는데. 하지만 회사 밖으로 줄줄 새나가는 자금 문제가 제대로 돌아가는 것도 다 망쳐놓았다. 문제의 해결책을 일찍 알아냈더라면, 아니, 애초에 파티 로프트를 사지 않았더라면 회사의 몰락을 방지할 수 있었을 것이다. 그러나 지금 회사의 운명은 바로 그 로프트를 사줄 사람을 제시간에 찾는 것에 달려 있었다.

로프트를 살 사람이 나타나지 않는 경우, 그리고 일이 원하는 대로 풀리지 않는 경우의 시나리오를 이미 머릿속으로 돌려본 상태였다. 그래도 괜찮았다. 그간 재포스는 내 도전의식을 한껏 북돋아주었고 재포스에서 일하는 것은 정말 재미있었기 때문에 후회는 없었다. 이제 나는 정신적으로나 감정적으로나 지친 상태였다.

지난 몇 년 동안 재포스 모험에 함께 참여했던 사람들을 하나하나 머릿속으로 짚어보았다.

킬리만자로를 오르던 첫날 우리는 빽빽한 열대우림을 뚫고 지나갔다. 처음엔 따뜻했지만 밤이 올 무렵엔 기온이 떨어져 있었고 비에 흠뻑 젖은 나는 덜덜 떨었다.

신체적으로 기진맥진한 상태였음에도 잠이 오지 않아 몽롱한 상태에 젖어 있었다. 한밤중에 울린 휴대전화 소리에 나는 깜짝 놀랐다. 이렇게 높은 산에는 전파 신호가 없는 줄 알았다.

전화를 건 이는 부동산이었다. 좋은 소식이 있다고 했다. 내놓은 가격보다 더 높은 가격에 로프트를 사겠다는 제안이 들어왔다고 했다. 나는 즉시 판매를 승인하고는 전화를 끊었다. 안도감이 온몸에 퍼져나갔다. 고개를 넘었다. 재포스는 구원받았다.

다음 5일 동안 해야 하는 등산이 갑자기 그리 대단해 보이지 않았다. 힘든 등산을 하는 대신 구조기가 눈 덮인 봉우리 위를 날아 나를 산 저편에 안전하게 내려줄 것 같은 생각이 들었다.

두어 시간 평화롭게 잠을 잤다.

그러다 나는 갑자기 잠에서 깼다. 이상한 동물 울음소리가 밖에서 들린 것 같았지만 사실은 내 상상에 불과했다.

가슴이 턱 내려앉았다. 진실이 나를 덮쳤다.

전화가 온 것이 아니었다. 로프트를 산다는 제안도 없었다.

모든 것이 꿈이었다.

정상

이후 4일 동안의 킬리만자로 등반은 내 신체적, 정신적, 그리고 감정적 인내의 한계를 철저하게 시험했다. 우리는 하루에 열두 시간씩 걸으며 열대우림, 고산 평야지대, 황야 지역, 사막, 그리고 눈이 덮인 지대 등 다섯 개의 다른 기후 지역을 뚫고 올라갔다.

감기에 걸렸다. 기침이 나고 콧물이 줄줄 흘렀다. 고도가 높아 대기가 건조했기 때문에 코피가 났다. 콧구멍에 휴지를 쑤셔넣은 채로 등산을 한 것이 여정의 반, 숨 쉬기가 더더욱 힘들었다. 고산병 약을 먹었지만 여전히 두통과 구토, 그리고 설사에 시달렸다. 하루를 버틸 만큼만의 짐을 지고 다녔는데도 어깨와 등이 뻣뻣해지며 담이 들었다. 육체적으로 이만큼 힘든 적이 없었다. 정신적으로나 감정적으로 나는 계속 재포스에서 벗어나지 못했다. 파티 로프트를 제때 팔 수 있을 것인지, 팔지 못하면 어떻게 해야 할 것인지 계속 머리를 굴렸다. 샤워도, 욕실도 없었다. 상당히 비참해서 포기하고 돌아가는 것을 고려한 것만도 몇 번이었다.

정상에 닿기 전날, 우리는 오후 다섯 시에 캠프를 세우고 여덟 시에 잠을 청했다. 최종 정상 등반이 자정에 개시될 것이었다. 고도가 너무 높은 탓에 젠도 나도 잠을 잘 수가 없어서 밤 열한 시 삼십 분까지 뒤척거리다 일어나 텐트에서 나와 옷을 갈아입고 등산을 준비했다.

정상에서 해돋이를 보기 위하여 자정에 등산을 시작했다. 산을 오르기 시작한 지 거의 일주일째였지만 최종 등반은 우리가 했던 낮 등반보다 훨씬 힘들었다. 바로 눈앞이 보이지 않을 정도로 어두웠고, 헤드라이트를 써도 1.5미터 앞 정도만이 어렴풋이 보일 뿐이었다. 앞을 보아도 갈 길이 얼마 남았는지 짐작할 길이 없었고 뒤를 보아도 얼마나 왔는지 알 도리가 없었다. 천천히 한 발짝 한 발짝 움직이면서도 앞으로 나아가는 것 같은 느낌이 들지 않았다. 독방에 감금된 사람의 기분이 이럴까 싶었다.

추위 때문에 껴입은 여덟 겹의 옷가지 때문에 생리적 현상을 해결하는 것 또한 10분 동안 겪어야 하는 찜찜하고 불편한 시련이었다.

최종 정상 등반은 높은 고도 탓에 이전 등산보다 훨씬 더 힘들었다. 숨이 너무 차서 한 발짝씩 떼어놓을 때마다 멈춰 숨을 세 번 들이쉬고 내쉬어야 했다. 해가 난 상태였다면 느리게라도 진도를 나가는 것처럼 느꼈을 것이지만, 암흑 속에서는 전혀 앞으로 나아가는 것 같지 않았다. 우리는 모두 침묵 속에서 걸었다. 너무 힘들어서 입조차 뗄 수 없었다.

나는 마인드 게임을 하기 시작했다. 오늘의 등반에 소요될 시간은 약 여섯 시간. 하지만 시간이 얼마나 흘렀는지 감이 전혀 없었다. 나는 샌프란시스코 우리 집에서 운전으로 40여 분이 소요되는 거리에 위치한 팔로 알토(스탠퍼드 대학으로 유명한 샌프란시스코 근교 도시—옮긴이)의 친구 집으로 운전하는 내 모습을 상상했다. 친구 집으로 가는 도로에 위치한 표지판과 고속도로 출구들을 떠올리며 내 발걸음을 세기 시작했다. 백 걸음이 5분의 운전과 동일하다고 생각하며 머릿속으로 팔로 알토를 향해 가는 나를 떠올렸다. 팔로 알토에 도착하면 다시 차를 돌려 샌프란시스코로 돌아오는 상상을 거듭했다.

샌프란시스코와 팔로 알토 사이를 두 번 왕복한 후에는 지겨워졌고 지금의 어려움을 잊기 위해서는 다른 것이 필요했다. 이만큼이나 왔고 정상에 가깝다는 것을 알면서도 그만두고 돌아가는 것을 계속 생각했다. 만약 혼자였다면 분명히 나는 중간에 포기했을 것이다.

5일 동안 나는 샤워도 못 했고, 따뜻한 밥 한 끼 제대로 먹지 못했으며 잠도 푹 잔 적이 없었다. 살면서 내가 당연하게 여겼던 모든 것들에 대해 생각하기 시작했다. 모든 것이 참으로 감사할 일이었다. 따뜻한 물이 펑펑 쏟아지는 샤워의 느낌을 머릿속에 떠올려보았다. 멜 식당에서 식사를 하는 모습을 상상해보았다. 치킨누들 수프에 담가먹는 터키멜트 샌드위치는 정말 환상일 것이다. 집에 가면 제일 먼저 터키멜트와 치킨누들 수프를 시켜야겠다고 다짐했다.

내 인생에서 이보다 힘든 경험은 없었다고 생각하던 기억이 난다. 등반은 내가 가진 의지력의 마지막 한 방울까지 철저히 시험했다.

해가 막 솟을 무렵, 영원히 끝나지 않을 듯했던 등반 끝에 우리는 마침내 정상에 도착했다. 해냈다는 것을 믿을 수가 없었다. 우리는 아프리카 대륙에서 가장 높은 곳에 서서 산 아래 깔린 구름을 바라보았다. 새날을 반기는 햇빛이 우리 위를 비췄다. 이런 황홀한 경험이 정말로 인간에게 허락될 수 있는 것일까. 하지만 이 순간, 나는 여기에 있었다.

나는 생각했다. '불가능한 건 없어.'

눈물이 차올랐다.

아무 말도 할 수 없었다.

나는 젠을 포옹했다.

사진을 함께 찍고, 나는 '해야 할 일'의 목록에서 킬리만자로를 지웠다.

한 시대의 종말

2주 후 샌프란시스코로 돌아온 나는 다짐했던 대로 멜 식당에서 치킨누들 수프에 터키멜트 샌드위치를 담가먹었다. 기억했던 것보다 맛이 훨씬 좋았다. 시간을 들여 천천히 먹으며 한 입 한 입을 완전히 음미하려고 애썼다.

지옥에서 돌아온 듯한 느낌이었다. 현대 서구세계의 안락함에 대해 이전엔 느끼지 못했던 감사한 마음이 샘솟았다. 샤워와 실내 변기가 호사처럼 느껴졌다.

멜 식당에서 터키멜트를 먹으며 나는 재포스에 대해 생각했다. 재포스에는 한 달을 버틸 정도의 현금밖에 없었다. 내가 아프리카에 있을 때 파티 로프트를 사겠다는 제안이 실제로 있었지만 구매자가 막판에 몸을 사렸다고 했다. 파티 로프트가 풍수상 그녀에게 좋지 않다고 충고한 점쟁이가 있었다나.

부동산에서 그 이야기를 듣고 나는 웃지 않을 수 없었다. 회사 전체의 운명이 점쟁이의 충고에 달렸다니. 믿기 어려운 이야기 아닌가.

가격을 더 낮추라고 부동산에게 통보했다.

두어 주 후, 재포스가 2주 동안 버틸 수 있는 돈만 남았을 때 파티 로프트를 사고 싶다는 제안이 들어왔다. 내가 샀을 때보다 40퍼센트가 낮은 가격이었다. 협상을 하며 시간을 끄는 것이 일반적인 관례였지만 나는 시간이 없었다. 따라서 나는 제안을 바로 수락했다. 내가 겪을 크나큰 손실에 대해서는 눈을 질끈 감아버렸다.

서류에 서명을 하며 나는 클럽 바이오의 영광스런 시절에 누렸던 근사한 시간과, 많은 사람들이 즐겼던 파티에 대해서도 생각하지 않으려고 했다. 새해 첫날 내 옆에 서서 창문에 기대어 있던 금발 여자, 빙글빙글 돌아가는 소방차의 경광등을 바라보며 우주에 대해 이야기했던 금발 여자에 대해서도 생각하지 않으려고 했다.

파티 로프트의 매각은 나에게 한 시대의 종말을 상징했다. 그러니 어찌 아쉬움과 향수에 젖지 않을 수 있겠는가. 참으로 많은 이들에게 너무나 다양한 경험과 추억을 선사했던 파티 로프트였다.

매각이 완료되자마자 나는 돈을 재포스로 송금했고 안도감이 물밀듯 밀려왔다. 6개월 동안은 돈 걱정할 필요가 없었다.

내가 돈을 재포스에 몽땅 쏟아부은 것에 대해 부모님은 못마땅해했다. 그 많은 돈을 포기해도 괜찮냐고 물었지만 나는 괜찮다고 했다.

알프레드는 내게 충고했다. "친구로서, 재정 자문으로서 충고하는데 그러지 마. 장기적으로는 좋은 결과가 나올지도 모르지만 파산의 위험을 무릅쓸 만큼의 가치는 없어."

나는 프레드를 생각했다. 미래의 가능성을 믿었기에 무작정 재포스에 합류했던 프레드. 구입한 지 얼마 안 된 주택이 있었고 돌봐야 할 아이들도 있었음에도 일류 백화점의 근사한 경력을 포기했던 프레드. 재포스의 꿈을 위해 프레드는 인생 전체를 걸지 않았던가.

프레드를 본받아 같은 길을 가겠다고 알프레드에게 말했다. 이제까지 어렵게나마 꾸려온 재포스였기에 더욱 앞으로 얼마나 더 나아갈 수 있는지 보고 싶었다. 설사 재포스가 실패하더라도 성공의 꿈을 좇느라 최선을 다했음을 우리 스스로는 알고 있을 터였다.

지금 우리는 길을 찾기 위해 6개월의 말미를 얻었다. 어떻게 길을 찾을지는 확실히 몰랐다. 하지만 확실히 알고 있는 것도 하나 있었다.

점쟁이와는 절대로 다시 얽히고 싶지 않았다.

켄터키

재무적인 면에서 한숨 돌린 우리에게 여전히 꺼야 할 불이 있었다. 바로 창고 운영. 일주일이면 끝났어야 하는 키스의 켄터키 여행은 여름 내내 지속되었다.

이로지스틱스와의 상황은 가까운 시일 내에 해결될 기미가 보이지 않았다. 고객의 주문들이 정확히 배송되고 있지 않았고 시스템에 입력되지 않은 채 창고 선반이 아닌 하역장에서 썩고 있는 신발들이 여전히 넘쳤다. 영업사원이 회사의 능력을 과장했음을 이로지스틱스의 운영과장이 인정했을 때 우리는 다른 길을 찾아야 함을 깨달았다.

키스가 빈 창고를 찾아 켄터키 안을 뒤지기 시작했고 마침내 고속도로 옆에 위치한 창고 하나를 발견했다. 루이빌 공항에서 15분 정도 떨어진 곳이었다. 키스의 연락을 받은 창고 소유주는 4600m^2(1천4백 평)에 이르는 공간을 임대할 의향이 있다고 했다. 미래에 확장하는 것 또한 가능하다고 했다.

키스와 나는 재포스가 다시 관리를 맡아 창고를 직접 운영해야 한다고 판단했다. 이로지스틱스와 같은 제삼자가 우리 고객을 제대로 돌볼 것이라 기대할 수 없었다. 우리는 새 창고의 임대차계약을 맺었다.

계약이 체결되자 키스는 당분간 켄터키에 더 머물러야 함을 깨닫고 캘리포니아로 날아가 짐을 챙긴 후 (몇 달 전 켄터키로 오는 비행기를 탄 이후로 집에 간 적이 없었다) 우리 사무실에서 프린터와 팩스를 빌렸다. 키스는 또한 트럭을 켄터키에 가지고 오고 싶어했다. 나는 키스에게 그와 함께 트럭을 같이 켄터키까지 몰고 가서 새 창고를 꾸미는 것을 도와주겠다고 말했다.

켄터키에 얼마나 머물러야 할 것인지 전혀 감이 오지 않았지만 창고 운영이 문제 없이 잘되도록 만반의 태세를 갖추는 것이 회사의 최우선 과제였다. 재고가 켄터키에 도착한 후 몇 시간 안에 창고에 입고되고, 제품이 최대한 빠르고 정확하게 고객들의 주문에 맞춰 배송이 될 수 있도록 창고의 구조를 짜야 했다.

켄터키에서 할 일이 산더미 같았기 때문에 키스와 나는 샌프란시스코에서 켄터키까지 가능한 한 빨리 운전하여 가기로 했다. 우리는 번갈아 운전하며 주유할 때만 차를 세웠다. 효율적으로 운전하려고 하다보니 규칙적인 리듬이 생겼다. 한 명이 자면 다른 한 명은 휘발유가 동이 날 때까지 운전했다. 차에 휘발유를 채우는 동안에는 주유소 안에 뛰어들어가 화장실을 이용하고 약간의 음식과 에너지 드링크를 사고 운전을 교대했다. 한 사람이 한 번에 약 세 시간 정도 운전을 했다.

트럭을 몰기 시작한 지 20시간 남짓 지났을 무렵이었다. 상당히 피곤했지만 멈추고 싶지 않았다. 그래서 다양한 종류의 에너지 드링크를 시험하고, 에어컨을 틀고, 운전하는 사람이 잠들지 않도록 라디오 볼륨을 끝까지 높였다.

잠을 자다가 잠깐 깨었을 때 머리카락과 얼굴이 물에 푹 젖은 키스의 모습이 눈에 들어왔다. 땀을 엄청 흘린 모양이었다.

내가 물었다. "괜찮아요? 왜 그렇게 젖었어요?"

키스가 답했다. "아, 괜찮아요. 깨려고 물을 좀 뿌린 것뿐이에요."

"좀 뿌린 정도가 아닌데."

"아, 그렇지. 뿌리는 정도로는 효과가 없어서 한 병을 다 머리 위에 들이부었어요. 이제 잠이 확 깼어요."

평상시 같으면 껄껄 웃었겠지만 나는 너무 피곤했다. 곧 돌아올 운전 교대 시간에 대비하기 위하여 나는 서둘러 다시 잠을 청했다.

36시간의 논스톱 운전 끝에 키스와 나는 마침내 켄터키에 도착했다. 열두 시간을 내처 자고 깼을 때 끔찍한 숙취에 시달렸다. 에너지 드링크를 너무 많이 마신 탓이었다. 계산해보니 36시간 동안 우리는 각각 열여덟 병의 레드불에 맞먹는 에너지 드링크를 들이부었던 것이다. 하지만 우린 일할 준비가 되어 있었다. 새 창고가 우리의 손길을 기다리고 있었다.

우리는 새 창고와 우리가 만들 창고 시스템을 위스키(WHISKY)라고 부르기로 했다. 켄터키 창고 재고 시스템(WareHouse Inventory System in KentuckY)의 약자였다. 우리는 이로지스틱스 측과 만나 그들의 서비스 수준이 미흡하여 우리 창고를 따로 열었다고 말했다. 우리를 고객으로 계속 유치할 기회를 주겠지만 우리 위스키 창고 운영과 경쟁하여 배송과 재고의 정확성으로 우리를 이겨야 할 것이라고 말했다. 위스키가 이로지스틱스를 이기는 주마다 우리는 이로지스틱스의 창고에서 1만 켤레의 신발을 빼서 위스키 창고로 옮길 것이었다.

이로지스틱스는 우리의 계획에 불쾌해했지만 우리의 논리에 반박할 여지가 없었다. 매주 위스키는 이로지스틱스를 이겼다. 한 달이 채 안 되어 우리는 이로지스틱스 창고에 있던 신발을 모두 위스키로 옮겨왔고 모든 주문의 배송이 위스키에서 이루어지기 시작했다. 드디어 우리는 사업을 다시 주도적으로 관리할 수 있게 된 것이었다(이러한 우리의 결정은 올바른 것이었다. 이로지스틱스는 결국 문을 닫게 된다).

소중한 교훈이었다. 회사의 핵심기능을 아웃소싱하면 절대 안 된다는 것을 배웠다. 전자상거래를 하는 회사로서 우리는 처음부터 창고 운영 관리를 회사의 핵심기능으로 간주했어야 했다. 그 기능을 제삼자에게 위탁하고 그들이 우리만큼이나 우리 고객에 대해 신경을 써줄 것이라 믿은 것이 우리의 가장 큰 실수 중 하나였다. 재빨리 대응했기에 망정이지 재포스는 이로지스틱스 때문에 망할 뻔했다.

나는 작은 호텔방에서 숙식하며 켄터키에서 5개월을 머물렀다. 키스가 창고의 물리적 측면(선반, 컨베이어, 전기배선, 인력 보충)에 초점을 맞췄다면 나는 기술적 측면(컴퓨터 프로그래밍, 시스템, 공정 설계)에 초점을 맞췄다. 우리는 둘 다 창고 운영에 대해 아는 바가 없었다. 일을 직접 하면서 실험하고 배워나갔다. 얼마 지나지 않아 우리가 빌린 창고만으로는 부족해져서 소유주와 협의하여 공간을 확대했다.

2002년의 끝이 다가오고 있었다. 집으로 향할 시간이었다. 새 창고는 이제 순조롭게 가동되고 있었고 이제 나는 샌프란시스코 사무실의 다른 일에 집중해야 했다. 키스는 창고가 계속 순조롭게 운영될 수 있게 하기 위하여 켄터키에 남았다(그는 호텔방에서 살면서 켄터키에 2년을 더 머무른 다음 본사로 돌아왔다).

재고를 보유하면서 생산자 직송 방식을 함께 이용한 우리 전략은 매출 성장으로 이어졌다. 2002년 우리는 3천2백만 달러의 총매출액을 기록했다. 2001년의 거의 네 배에 달하는 실적이었다.

성장은 신났지만 아슬아슬한 상황이 사라진 것은 아니었다. 매출 성장에 힘입어 우리의 현금 상황이 약간은 개선되었다. 또한 우리의 부탁을 듣고 몇몇 업체들은 우리의 대금상환 기일을 연장해주었다. 현금 부족 문제를 완전히 해소하기 위해서는 다음 몇 달 내에 방법을 찾아내야 했지만 일단 방향은 맞게 잡았다는 느낌이 왔다.

내부적으로 우리는 대담한 장기적 목표를 세워놓고 있었다. 2010년까지 10억 달러의 총매출을 이룩할 것. 큰 숫자였지만 이제까지의 성장률을 볼 때 성취가 가능하다고 확신했다.

다음 몇 달 동안 현금만 바닥나지 않게 조심하면 되었다. 우리 모두가 느꼈다. 회사는 전환점을 맞이하고 있었다.

이듬해, 재포스는 성공하거나 망하거나 둘 중의 하나일 것이다.

성장

"이다음에 크면 뭐가 되고 싶어?"

한동안 곱씹던 질문이었다. 멕시코 식당에서 함께 식사를 하던 프레드에게 같은 질문을 했다.

"우리 회사의 핵심은 신발일까요, 아니면 그보다 큰 무언가일까요? 신발 매출로 2010년까진 10억 매출을 할 수 있어요. 하지만 그 이상으로 가는 건 어때요?"

프레드가 대답했다. "핸드백과 의류로 확장하는 게 자연스럽죠. 머리에서 발끝까지 모든 스타일을 책임지는 첫번째 온라인 상점이 될 수 있을 겁니다. 어떠한 라이프스타일을 가진 사람들도 끌어올 수 있어요. 달리기를 하는 사람들, 야외활동을 하는 사람들, 패션에 신경 쓰는 사람들 등등이요."

포커를 치던 시절을 떠올려봤다. 포커에서 가장 중요한 결정은 포커를 칠 테이블을 정하는 것이다. 우리는 온라인 신발 판매라는 테이블에 앉아 있었다. 변화를 꾀하여 판돈이 더 큰 테이블로 이동할 때가 온 것이다. 하지만 신발이나 핸드백, 의류의 온라인 판매보다 더 큰 것을 생각할 수는 없는 것일까?

내가 말했다. "고객한테서 이메일을 받았는데요. 우리한테 재고가 있던 신발을 주문했는데 우리가 배송 등급을 올려줘서 원래 일주일 걸릴 배송이 이틀 밖에 안 걸렸대요. 고객이 우리의 고객 서비스에 감동해서 친구들과 가족에게 우리 얘기를 해주겠다고 했어요.

우리더러 재포스 항공을 차려보면 어떻겠냐고까지 하던데요."

"그거 꽤 웃기네요." 프레드가 말했다.

"짐 콜린스가 쓴 『좋은 기업을 넘어 위대한 기업으로*Good to Great*』 읽어봤어요?" 내가 물었다.

"아뇨. 좋은 책인가요? 그러니까…… 위대한 책이에요?"

"네, 꼭 읽어보세요. 장기적인 측면에서 위대한 기업이 그저 좋기만 한 기업과 어떻게 다른지에 대해 이야기하는 책인데요. 그의 연구결과에 따르면 위대한 기업들은 돈을 번다거나 시장 점유율 1위를 획득하는 것 이상의 위대한 사명과 큰 비전을 가지고 있대요. 많은 기업들이 돈을 버는 데만 초점을 맞추는 우를 범하기 때문에 결코 위대한 기업은 되지 못한다는 거죠."

프레드가 말을 받았다. "흠. 돈을 번다는 건 지금의 우리에겐 문제라기보다는 행복일 것 같은데요."

"돈을 벌게 될 거예요. 올해만 버티면 됩니다. 오늘 웰스 파고(Wells Fargo) 은행하고 통화를 했는데 대출을 받을 수 있을 것 같아요."

"성사될 확률이 얼마나 되죠?" 프레드가 물었다.

"아직은 짐작하기 힘들어요. 하지만 우리가 접촉한 다른 은행들은 바로 거절했는데 웰스 파고는 적어도 그러지는 않았어요."

우리는 계속 이야기를 이어나갔다. 우리는 물론 단기적 현금 부족 문제를 헤쳐나가야 했다. 그러나 우리는 또한 장기적인 측면 또한 고려하고 회사의 미래를 위한 포석을 다지는 것을 잊지 말아야 했다. 어느 하나만을 선택할 수는 없었다. 둘 다 해야 했다.

점심식사를 마칠 무렵 우리는 우리가 가질 수 있는 가장 큰 비전은 재포스 브랜드를 최고의 고객 서비스를 제공하는 브랜드로 키우는 것임을 깨달았다. 그렇게 되면 아마도 훗날 최고의 고객 서비스와 고객 만족을 모토로 하는 재포스 항공이 실로 탄생할 수도 있을 것이다.

우리는 재포스 브랜드가 버진(Virgin, 영국인 리처드 브랜슨이 설립한 버진 그룹은 레코드 회사에서 시작하여 항공업까지 진출했다 — 옮긴이) 브랜드처럼 여러 다양한 사업군에 적용될 수 있다고 보았다. 버진 브랜드의 특징이 젊고 최첨단 유행의 멋진 이미지인 것과 달리 재포스는 최고의 고객 서비스로 알려지고 싶다는 차이가 있기는 했다. 재포스에게 고객 서비스는 언제나 중요한 요소였지만, 고객 서비스를 재포스 브랜드의 핵심으로 삼는 것은 함부로 결정할 일은 아니었다. 우리는 고객을 직접 만나지 못하는 온라인 회사가 아닌가.

"좀더 두고 보죠. 일이주일 지나서도 이렇게 느끼는지 봅시다." 내가 말했다.

프레드가 대답했다. "좋아요. 그거 알아요? 최고의 서비스라는 개념은 공급업체들한테도 적용될 수 있어요. 이 산업에서는 그런 일이 없죠. 우린 이미 업체들에게 잘하는 편이지만, 업체들을 정말로 사업의 진정한 파트너로 대하면 그들 사이에서 명성을 쌓을 수 있을 겁니다. 공급업체들은 소매업체들과 일하는 걸 별로 좋아하지 않아요. 소매점, 특히 백화점은 업체들의 마지막 한 방울까지 쥐어짜내려 들거든요. 우리가 그런 짓을 하지 않는 첫번째 대형 소매업체가 될 수도 있겠죠."

가능성을 생각하며 나는 고개를 끄덕였다.

프레드가 나를 바라보았다. "그런데, 혹시 다른 책 추천하는 거 있어요?"

"네, 정말 괜찮은 경제경영서가 꽤 많이 있어요. 내가 정말 좋아하는 거 몇 개 가르쳐줄게요."

다음날 프레드가 이메일을 보내왔다.

날짜: 2003년 2월 17일
발신: 프레드 모슬러
수신: 토니 셰이
제목: 책

어제 한 책 이야기에 대해 생각하던 중인데요. 사람들한테 책을 읽게 할 좋은 방법을 생각해봤는데, 세로축에는 직원들 이름을, 가로축에는 추천하는 책 이름을 죽 적은 표를 게시판에 붙여두는 건 어떨까 싶어요. 누가 책 한 권을 읽으면 그 사람은 해당 도서란에 체크 표시를 얻는 거예요. 그리고 추천서를 읽은 사람들을 토니가 한 달에 한 번씩 점심식사에 데리고 가는 거죠. 아니면 책 세 권을 읽으면 영화표나 상품권을 줄 수도 있구요.

책마다 두세 권씩 갖춰서 재포스 도서관을 만드는 건 어때요? 직원들이 빌릴 수 있게요.

당시에는 깨닫지 못했지만, 재포스 도서관은 직원 몇이 책을 빌려 읽는 장소를 훌쩍 뛰어넘으며 발전하게 된다. 5년 후 재포스 로비에는 직원과 방문객들이 자유롭게 읽을 수 있도록 100여 종의 도서가 비치되었다. 그중 많은 도서는 직원들의 성장과 학습을 도울 필독서로 지정되었고 재포스는 그중 인기 있는 책을 같이 읽어보는 강좌까지 제공하게 되었다.

한 달 후에도 우린 여전히 흑자가 아니었다. 자금도 모으지 못했다.

하지만 우리는 결정을 내려야 했다.

재포스 브랜드를 최고의 고객 서비스 브랜드로 만들겠다는 발상은 진심인가? 이미 우리는 직원들과 내부적으로 토론을 했고 새로운 잠재적 방향에 모든 이들이 열광했었다.

하지만 다 말뿐이었던 것일까? 우리가 진정으로 다짐을 했던 것일까?

재포스의 방식을 아직 바꾸지는 않았다. 입으로만 떠들었을 뿐 실행하지는 않았던 것이다. 그리고 우리 직원들은 그 점을 눈치 챘다.

당시 우리 매출의 75퍼센트가 재고를 보유한 제품에서 발생하고 있었다. 재고를 보유하자는 결정이 아니었다면 2002년의 총매출은 3천2백만 달러가 아닌 8백만 달러에 불과했을 것이다.

우리는 2003년에 매출이 두 배로 늘어나며 총매출의 약 25퍼센트가 생산자 직송 제품에서 비롯될 것이라고 예측한 바 있었다. 생산자 직송 판매는 쉽게 버는 돈이었다. 재고를 보유할 필요가 없었기 때문에 재고 리스크도 없었고 재고 관련 현금 흐름의 문제도 없었다. 하지만 고객 서비스 차원에서 문제가 많았다.

생산자 직송 판매를 위해 우리가 업체에서 얻는 재고의 정확도는 기껏해야 95퍼센트였다. 바꿔 말하면, 생산자 직송 제품 판매의 경우 고객의 주문 중 5퍼센트는 만족시킬 수 없다는 뜻이다. 게다가 브랜드 업체들은 우리의 위스키 창고 시스템과 같은 정확도와 속도로 배송을 하지 않았고 따라서 실망하고 낭패를 맛본 고객들도 많았다. 하지만 생산자 직송 방식은 여전히 쉽게 돈을 버는 방법이긴 했다.

재포스 브랜드를 최고의 고객 서비스가 특징인 기업으로 만들기 위해서는 조만간 생산자 직송 방식을 포기해야 한다는 것을 우리 모두 속으로는 알고 있었다. 우리는 또한 재포스가 성장할수록 생산자 직송 판매로 벌어들이는 현금에 더 의존하게 될 것이라는 점도 알고 있었다. 포기하기 좋은 시점이란 결코 없을 것이었다. 우리가 방아쇠를 당기는 것을 주저하면 주저할수록 직원들은 회사에 대한 신뢰를 잃게 될 것이었다.

그래서 우리는 결정을 내렸다. 이제까지 내렸던 결정 중 가장 쉬우면서도 가장 어렵기도 한 결정이었다. 2003년 3월, 우리는 생산자 직송 방식을 포기하고 웹사이트에서 관련 제품을 삭제했다.

숨을 깊이 들이쉬고 잘되기만을 빌었다. 웰스 파고에서 대출을 얻을 수 있을 것이라는 생각이 마음 한구석에 도사리고 있었지만, 이제까지 실제로 일어난 일은 전화 한 통이 전부였다. 모든 것이 순조롭게 진행되더라도 대출자금은 몇 달 후에나 들어올 것이었다.

회사를 위해 올바른 결정을 내렸다는 우리의 믿음이 시험대에 오른 셈이었다.

새로운 방향을 잡은 후 나온 첫 시험 결과에 우리는 즉각 대처해야 했다. 수익 하락 탓에 현금 사정이 전보다도 더 나빠진 것이다.

이제 우리는 다음주 직원 급여를 지불해야 할 방도를 찾아야 했다.

돌려막기

내가 프레드에게 물었다. "음, 직원들에게 봉급을 주든지, 업체에 모두 대금을 지불하든지 둘 중의 하나는 할 수 있어요. 우리가 늦게 대금을 지불하면 업체에서 어떻게 생각할 것 같습니까?"

그가 말했다. "이상적인 상황은 확실히 아니군요. 하지만 선택의 여지가 없는 것 같은데요. 계속 대화를 해나가면서 가능한 한 많은 업체들에게 지불일자를 늦춰달라고 해야겠지요."

내가 말했다. "좋아요. 이번주에 마감인 송장 목록을 이메일로 보낼 테니 먼저 지불해야 하는 업체 것들을 표시해주세요. 이번주에는 70퍼센트 정도만 지불할 현금이 있어요."

이후 몇 달 동안 프레드와 나는 같은 과정을 되풀이했다. 어떤 업체에 먼저 지불을 할 것인지는 프레드가 정했는데, 언제 대금을 받을 수 있겠냐고 전화를 해온 업체를 선택한 적도 있고 지불을 연기한다면 관계가 악화될 만한 업체들을 선택한 적도 있었다. 프레드가 말한 대로 이상적인 상황은 아니었지만 우리에게 다른 선택권은 없었다. 한편 웰스 파고와의 협상은 잘 진행되는 듯했다. 우리는 6백만 달러로 여신 한도를 승인해달라고 요청 중이었다. 적자인 인터넷 업체에 대출을 한 예가 없지만 우리와 협상 중인 은행원들은 우리가 품은 열정을 느낄 수 있었고 우리의 높은 성장률에 좋은 인상을 받았다. 나중에서야 알게 된 일이지만, 웰스 파고 내에서는 평상시의 기준을 깨고 우리에게 대출을 허용하는 등의 위험을 부담하는 것이 과연 합당한가에 대한 논쟁이 치열했다 한다.

회사 내에서 가장 스트레스를 많이 받은 사람이 아마 프레드와 나였을 것이다. 업체와의 관계를 악화시키지 않는 한에서 부족한 자금으로 결제할 대상을 정하기 위해 매주 골치를 썩어야 했기 때문이다. 우리 생각에는 한 단계 높은 수준으로 올라가려는 바로 그 순간을 재포스가 맞이하고 있었지만 웰스 파고의 대출 없이는 조만간에 결제대금을 처리하지 못해 한 단계 성장은커녕 문을 닫게 될 것이었다. 회계부서와 소프트웨어 개발 부서들은 웰스 파고가 기업실사를 위해 신청한 자료를 가능한 한 빨리 제공하기 위하여 정신없이 일하고 있었다.

물속에 깊이 빠진 사람이 산소 한 모금을 위해 수면을 향해 미친 듯이 헤엄쳐 올라오는 것과 같은 양상이었다. 우리 눈에는 수면이 보였다. 공기를 마시기 전 익사할까 두려웠지만 일단 수면 위로 올라갈 수만 있으면 모든 것이 정상으로 돌아간다는 것을 알고 있었다. 죽음과 건강하게 백 살까지 사는 삶 사이에서 줄타기를 하는 기분이었다. 떨어지면 끝이었다.

시간이 다하기 전에 웰스 파고가 도움의 손길을 내밀어주기를 정말로 간절히 바랐다.

2003년 6월의 어느 날, 프레드와 내가 이번주엔 어떤 업체에 대금 지불을 할 것인가 판단하고 있을 때 전화벨이 울렸다. 웰스 파고였다. 우리에게 대출을 허용하기로 최종 결정이 나서 대출서류에 서명을 할 준비가 되었다고 했다.

재포스는 구원받았다.

서류에 서명을 한 우리는 다 함께 안도의 한숨을 내쉬었다. 영화 〈인디아나 존스〉에서 인디아나 존스가 막 닫히려는 돌문 밑으로 모자도 빠뜨리지 않고 간신히 빠져나오는 장면 기억나는가? 우리 모두는 마치 그 장면을 직접 겪은 것처럼 온몸이 뻐근했다.

우리는 해냈다. 살아남았다. 꿈을 꾸는 것 같았다.

하지만 꿈이 아니었다.

좋은 소식을 전파하기 위해 나는 전직원과 업체들, 그리고 재포스의 친구들에게 이메일을 쓰기로 했다.

날짜: 2003년 6월 19일

발신: 토니 셰이

수신: 재포스 친구들

지난 2개월 동안 우리는 재고 자산을 늘리기 위하여 회전 한도(여신 한도의 일종으로, 대출금을 상환하면 한도가 회복되어 다시 대출을 받을 수 있다—옮긴이)를 얻는 것을 웰스 파고와 협상해왔습니다. 오늘 아침 드디어 여신 한도 계약이 체결되었고 재포스가 6백만 달러에 이르는 여신 한도를 보유하게 된 것을 발표하게 되어 매우 기쁘게 생각합니다.

재포스 역사상 처음으로 우리는 20만 켤레가 넘는 제품을 보유하고 있습니다. 6백만 달러가 큰 금액처럼 보일 수도 있습니다. 하지만 우리 사이트에서 최고의 인기를 달리는 브랜드 업체들이 우리에게 허락해준 너그러운 대금상환 조건이 없다면 6백만 달러로는 창고를 키우고 우리의 쾌속 성장을 견인할 수 있는 충분한 수준의 재고 자산을 구축할 수 없을 것입니다. 우리의 목표는 고객들에게 진실로 놀라운 선택권을 제공할 수 있도록 이듬해 말까지 창고에 60만 켤레가 넘는 재고를 확보하는 것입니다.

모르는 분들도 계시겠지만 이번 달에 재포스는 네 살이 됩니다. 지난 4년 동안 재포스의 매출은 다음과 같았습니다.

1999년: 거의 제로

2000년: 160만 달러

2001년: 860만 달러

2002년: 3천2백만 달러

2003년의 경우 작년 매출의 두 배인 6천만에서 6천5백만 달러의 매출을 달성할 예정입니다. 이것은 시작에 불과합니다. 은행에서 처음 얻은 여신 한도와 함께 우리는 '활주로를 닦는 단계'에서 '이륙할 태세가 된 단계'라는 새로운 장으로 들어섰습니다.

우리가 이제까지 한 것처럼 자금을 조심스럽게 사용한다면 우리는 회사를 한 단계 더 높은 곳으로 끌어올릴 수 있을 것입니다. 신중하지 못하고 지나치게 자만하여 풍부한 자금에도 불구하고 문을 닫는 회사들도 많이 있습니다. 미래로 향하는 길을 신중하게 찾기보다는 과거의 성공에만 취해 있던 것이죠.

우리가 자금을 신중하게 쓰고 고객 만족도를 지속적으로 향상시킨다면 그리 멀지 않은 미래에 10억 달러를 초과하는 신발 매출을 기록하게 될 것입니다.

10억 달러라니 불가능한 숫자 같죠? 하지만 3년 전에는 지금의 매출고 또한 달성 불가능한 것처럼 보였습니다. 제가 정신이 나간 게 아닙니다. 10억 달러 매출은 달성할 수 있는 목표입니다. 2010년이 되면 미국 내 연간 신발 매출은 500억 달러를 초과하게 될 것입니다. 온라인 매출은 그것의 10퍼센트인 50억 달러가 될 것이구요. 고객 만족도 향상에 계속적으로 노력하여 온라인 시장에서 지속적 우위를 점한다면 우리 매출이 온라인 매출 전체의 20퍼센트를 차지하지 말라는 법이 없지 않겠습니까? 실로 우리는 그보다 더 높이 오를 수 있는 잠재력이 있습니다.

우리는 고객 사랑이라는 면에서 혁신적인 조치를 이미 많이 취했습니다. 오프라인과 온라인을 합쳐 우리처럼 다양한 제품을 제공하는 곳은 없습니다. 기본 고객 서비스의 일환으로 우리는 모든 고객들에게 무료 배송, 그리고 심지어 반품의 경우에도 무료 배송 서비스를 제공하고 있습니다. 4, 5일의 제품 배송 기간을 고객에게 약속하지만 실제로는 거의 모든 고객을 위해 배송 서비스를 업그레이드하고 있습니다. 이러한 서비스는 우리가 꼭 해야만 하는 일은 아니며 단기적인 차원에서 이윤을 증대시키지도 않습니다. 하지만 높은 수준의 고객 만족을 창출하기 위하여 그런 서비스를 제공하는 것입니다. 고객을 배려하는 등의 작은 일이 장기적으로는 미래에 커다란 이득으로 돌아올 것이라고 믿기 때문입니다.

이런 다양한 서비스를 제공하면서 우리가 지향하는 것은 온라인 최고 기업이 되는 것입니다. 고객 중심의 기업이라는 점에서 우리는 아마존을 능가하게 될 것입니다. 오늘날 우리가 판매하는 것은 신발이지만 우리는 최고의 고객 만족이란 가치를 세웠고 그 가치를 계속적으로 강화할 것입니다. 이는 우리가 훗날 신발을 넘어 다른 카테고리로 확장하는 데 도움을 줄 것입니다. 하지만 지금은 다양한 제품군과 고객 서비스의 차원에서 온라인 신발 소매업체의 리더가 되는 것에 집중할 때입니다.

우리가 여기까지 오는 데 큰 도움을 주었던 전직원 여러분, 투자자 여러분, 판매사 여러분, 그리고 여러 협력업체 여러분께 감사의 뜻을 표하는 바입니다.

지난 4년 동안 우리는 많은 고생을 했지만 우리 앞에 펼쳐진 길은 유례 없이 흥미진진합니다. 재포스가 성장하는 과정에서 많은 변화가 있을 것입니다. 그러나 한 가지만은 변하지 않을 것입니다. 늘 고객 만족도를 향상시키는 데 재포스의 목표가 있다는 사실입니다.

토니 셰이

재포스닷컴 CEO

그 주가 끝나기 전 우리는 밀렸던 대금을 모두 지불하고 일찌감치 퇴근하여 축하주를 마시러 갔다.

여전히 얼떨떨한 느낌이었다.

생존에 대해 걱정할 필요가 더 이상 없었다. 이제 우리는 장기적으로 근사한 기업을 만들어가는 데 집중하기만 하면 됐다.

우리는 7억 달러의 총매출을 기록하며 2003년을 마감했다. 6개월 전의 예상치를 뛰어넘는 수치였다. 열심히 일한 직원들에게 상을 주기 위해 나는 샌프란시스코와 켄터키의 전직원들을 비행기에 태워 라스베이거스로 실어날라 주말 동안 마음껏 즐기도록 했다. 모든 직원들이 멋진 시간을 보냈다. 직원 중 한 명은 브리트니 스피어스 옆에서 춤을 추기까지 했다. 브리트니는 그 주에 라스베이거스에서 결혼을 했다고 한다(그 결혼은 후에 무효화되었다—옮긴이).

관광객으로서 바라보는 라스베이거스의 불빛은 마법 같았고 꿈 같았다. 우리가 이로부터 한 달이 채 지나기도 전 샌프란시스코 본사를 폐쇄하고 전직원을 라스베이거스로 이주시키겠다는 결정을 내리게 될 것이라는 것을 그때는 아무도 알지 못했다.

회사의 다음 터닝포인트가 코앞에 다가와 있었다. 그러나 눈치 챈 사람은 아무도 없었다.

5장

성장을 위한 기반

브랜드, 문화, 파이프라인

비바 라스베이거스

샌프란시스코 사무실은 고객센터에서 일할 사람을 찾는 데 난항을 겪고 있었다. 자질이 있는 직원을 고용했다 하더라도 고객 서비스 일을 임시직으로만, 즉 학교를 다니면서 하거나, 진짜 경력이나 천직을 찾는 동안 그저 먹고살기 위해 곁가지 일로 생각하는 경우가 대부분이었다. 샌프란시스코 물가가 매우 높다는 것도 문제였고 지역 문화도 문제였다. 샌프란시스코 지역 사람들에게 콜센터에 틀어박혀 전화를 받는 일은 관심 밖이었다.

2003년 말엽 우리는 콜센터 확장을 위해 다양한 방안을 검토하기 시작했다. 인도나 필리핀 등 해외로 아웃소싱하는 것도 고려했지만, 이로지스틱스 경험의 뼈아픈 교훈이 떠올랐다. '회사의 핵심

기능을 절대 아웃소싱하지 말 것.' 최고의 고객 만족이 재포스 브랜드의 핵심이 되려면 고객센터를 밖으로 돌릴 수는 없었다.

콜센터의 위치와 상관없이 우리는 직접 콜센터를 소유하고 운영해야 했다. 다양한 지역을 검토한 후 남은 후보는 피닉스, 루이빌, 포틀랜드, 디모인, 시욱스시티, 그리고 라스베이거스였다.

위성 콜센터를 연다는 원래 계획은 우리의 말과 행동이 어긋나는 결과를 불러올 것이다. 재포스를 최고의 고객 만족을 주는 회사로 키우려면 일개 부서가 아닌 회사 전체가 고객센터가 되어야 했다. 따라서 샌프란시스코 본사 전체를 새로운 콜센터를 지을 곳으로 함께 옮겨야 했다. 새 콜센터의 이름은 고객충성팀(Customer Loyalty Team), 또는 약자를 따서 CLT라고 부르기로 했다.

어느 날, 점심식사를 하던 우리 몇 명은 콜센터의 여러 후보지에 대해 이야기를 나누다가 라스베이거스가 최선의 선택이라고 최종적 결론을 내렸다. 비용 면으로는 효율적 선택이 아니었지만 현재 근무하는 직원들을 가장 만족시킬 만한 선택이라고 보았다.

이틀 후 개최한 직원회의에서 우리는 라스베이거스로 본사를 이전한다고 발표했다. 일단 고객충성팀이 이동하며 6개월 안에는 전 직원이 이동하는 것을 목표로 한다고 했다.

회의실 안의 모든 사람들은 어안이 벙벙한 표정이었다. 우리는 직원들에게 일주일의 생각할 시간을 주었다. 샌프란시스코 사무실 직원 수는 90명 남짓. 아마도 반 정도가 정든 샌프란시스코를 떠나 회사와 함께 이동을 하리라 짐작했다.

일주일 후, 기쁜 소식이 들려왔다. 놀랍게도 70명의 직원이 일단 라스베이거스로 옮겨가서 상황을 지켜보겠다고 했다는 것이다. 그들로서는 열린 마음을 가지고 모험을 마다하지 않겠다는 뜻이었다. 벤처 프로그 인큐베이터 직원들 중 재포스에 합류한 이들도 많았는데 그들 또한 재포스와 함께 이동하기로 결정했다.

재 포 스 사 람 들 이 야 기

개일런의 라스베이거스 이야기

재포스 샌프란시스코 사무실의 일원이 되기 5일 전 나는 공식적으로 유부남이 되었다. 신나는 시간이었고 나는 삶이 불러올 모험을 맞을 준비가 되어 있었다. 아니, 되어 있다고 착각하고 있었다.

근무를 시작한 내게 인사과에서 말하기를, 토니가 직원 모두에게 재포스 몇 층 아래 위치한 헬스클럽 회원권을 무료로 제공했단다. 그래서 내 하루 일과는 오전 여섯 시나 일곱 시쯤 출근하는 것으로 시작했다. 나는 이메일을 검토한 후 프레드와 함께 오전 여덟 시에 헬스클럽으로 향했다.

어느 날 우리가 스테퍼 위에서 땀을 흘리고 있을 때 프레드가 라스베이거스에 대한 질문으로 나를 귀찮게 했다. 동네는 어때? 부동산 가격은? 질문이 계속 쏟아졌지만, 우리 부모가 라스베이거스에 산다는 사실을 프레드가 알고 있었기 때문에 별 생각을 하지 않았다.

며칠 후 재포스가 회사 전체를 라스베이거스로 옮긴다고 발표했다. 입사한 지 열흘. 결혼한 지 15일 되는 아내에게 다른 동네로 이사를 가야 할지도 모른다고 말을 해야 하는 곤란한 상황에 처하게 된 것이다. 모험을 기다리긴 했지만 이렇게 빨리 올 줄이야!

약간은 곤란한 상황이었지만 나는 부모님 덕분에 도박과 환락가, 스트립클럽이 라스베이거스의 전부가 아니라는 것을 알고 있었다. 생각을 좀 해보니 라스베이거스에 가는 것도 괜찮을 것 같았다. 무척 다행스럽게도 아내도 좋다고 해주었다.

아키의 라스베이거스 이야기

나는 항상 샌프란시스코를 정말로 좋아했고 주위 지역도 사랑했다. 그래서 회사가 라스베이거스로 이전한다고 들었을 때 괴로웠다. 우리 모두가 가족과 친구들 두고 떠나야 한다는 생각에 고민하면서 '정말로 우리 이사 가는 거야?' 하고 생각했다.

하지만 회사 직원이 대여섯 명도 아니고…… 열 명이나 스무 명도 아니었다. 재포스에는 90명의 직원이 있었고 함께 일하면서 (그리고 함께 놀면서) 직원들은 돈독한 관계를 쌓은 상태였다.

재포스에게는 특별한 무언가가 있었고, 생각해보니 내 친구들은 모두 재포스의 직원이기도 했다. 그래서 나는 이주를 단행하기로 결정했다. 우리 중 라스베이거스에 연고가 있는 경우가 거의 없었지만 샌프란시스코에서 다졌던 가족적 분위기 때문인지 라스베이거스로 옮겼을 때 우리는 서로에게 친구와 가족이 되었다.

당시 정말 힘들어하던 기억이 난다. 하지만 시간이 지나며 우리들은 새 고향을 찾았고 지금도 함께하고 있다.

모라의 라스베이거스 이야기

재포스가 이전을 결정했을 때 나는 6개월차 신입이었다.

"완전 싫어! 난 라스베이거스에 안 가!" 내 첫 반응이었다.

충격이 약간 사그라진 후 사원들끼리 속마음을 털어놓았고 나는 상당한 수의 직원들이 이전을 원한다는 사실을 알게 되었다. 내 마음도 조금씩 변하기 시작했고 "못 할 건 또 뭐야?" 하고 생각이 들기 시작했다. 나는 회사와 내 일을 사랑하는데, 한번 해보지 못할 이유가 없었다. 최악의 경우, 다시 돌아오면 되는 일이다.

라스베이거스의 새 사옥을 봤을 때 저 건물을 우리가 다 채울 일은 절대 없을 것이라 생각했다. 텅 빈 듯한 사무실은 샌프란시스코 사무실보다 훨씬 컸다. 공사가 여전히 진행 중이었고 전화조차도 설치되지 않은 상태여서 주로 이메일로 연락을 했다. 할 일이 많았다.

5년이 흐른 지금, 우리 회사는 첫번째 건물보다도 큰 건물을 두 곳이나 사용 중이다. 그동안은 정말 흥미진진한 시간이었다. 내가 여기 아직도 산다는 것이 그 사실을 증명하고 있다!

라스베이거스 이전에는 지금 생각해보면 명백하지만 당시에는 미처 깨닫지 못했던 장점이 있었다. 라스베이거스에는 재포스 직원들이 아는 사람이 없었다는 점이다. 따라서 직원들은 사무실 밖에서도 함께 어울릴 수밖에 없었다. 흥미로운 시간이었다. 우리는 모두 인생의 새로운 장을 시작하며 새로운 사회관계를 형성하고 있었다. 우리는 함께 일하고 함께 놀면서, 잠자는 시간만 빼면 거의 항상 같이 지냈다.

샌프란시스코에서 우리는 문화라는 것이 회사에 중요하다고 말하곤 했다. 링크익스체인지 시절 기업문화가 바닥을 치게 했던 실수를 다시 저지르고 싶지 않았다.

라스베이거스에서는 서로밖에는 기댈 수 있는 사람이 없었으므로 기업문화가 고객 서비스를 제치고 우리의 최우선 과제로 떠올랐다. 적절한 문화를 구축하기만 하면 재포스는 자연스럽게 최고의 고객 서비스가 특징인 회사가 될 것이라고 믿었다.

우리만의 문화를 강하게 유지하기 위하여 우리는 회사 밖에서 같이 어울리는 것을 즐길 사람들만 고용하려고 애썼다. 우리가 옳았다. 동네 술집에서 술을 같이 마실 때 좋은 발상들이 많이 쏟아져나왔던 것이다.

어느 날 밤, 열 명 정도의 재포스 직원들이 술집에 모여 어떻게 하면 재포스 문화에 딱 맞는 사람만을 계속 고용할 수 있을까에 대해 이야기했다. 마침 우리 중에 신입사원이 한 명 있어서 나는 모인 사람들 각각에게 재포스 문화에 대해 이야기해달라고 부탁했다.

모든 사람들이 의견을 나누었을 때 신입사원이 우리 문화에 대해서 상당히 잘 파악했을 것 같다는 느낌이 들었다.

"지금 20분 동안 한 말을 녹음할걸 그랬네요. 신입사원 전체에게 들려주게요." 내가 말했다.

누군가가 말했다. "맞아요. 상당히 괜찮을 것 같은데요."

"아니면 녹취를 풀어서 취업 희망자들에게 나눠줘도 될 것 같아요." 다른 사람이 끼어들었다.

내가 말했다. "이건 어때요? 재포스 문화가 자신에게 지니는 의미에 대해 전직원한테 조금씩 적어달라고 요청한 다음, 그걸 모아서 책으로 만드는 거예요."

이리하여 탄생한 것이 바로 『재포스 컬처북』으로, 후에 재포스의 중요한 부분을 차지하게 된다. 우리는 매년 개정판을 발간하여 취업 희망자들과 공급업체들, 그리고 고객들에게도 배부하고 있다.

2004년 8월, 나는 다음과 같은 이메일을 전직원에게 보냈다.

발신: 토니 셰이
수신: 재포스 전직원
제목: 재포스 컬처북

신입사원들에게 배부할 오리엔테이션 자료의 일환으로 재포스 문화에 대한 소책자를 만들고 있습니다. 우리의 문화는 기업문화에 대한 우리 사원 전체 생각의 합체이므로 여러분의 생각을 이 책에 포함시키고자 합니다.

재포스 문화가 여러분에게 지니는 의미에 대해서 100~500단어로 글을 적어 제게 이메일로 보내주세요. 재포스 문화란 무엇인가? 다른 기업문화와 비교해서 무엇이 다른가? 여러분이 우리 문화에 대해 좋아하는 점은 무엇인가 등을 말씀하시면 됩니다.

여러분 모두의 기고를 책 하나로 묶을 예정입니다. 익명으로 하고 싶으신 분은 이메일에 요청하세요. 현재 직원들 및 신입사원들 모두에게 책을 배포할 계획입니다.

내용에 대해 서로 이야기하지 말기 바랍니다. 우리는 재포스 문화가 직원 개개인에게 어떤 의미를 지니는지 알고 싶습니다. 사람마다 재포스 문화에 대해 느끼는 게 다를 테니까요.

우리는 투명성을 확보하고 싶었다. 그래서 오타 수정 외에는 내용을 검열하거나 편집하지 않기로 결정했다. 우리 책은 우리의 기업문화에 대한 우호적 의견과 부정적 의견을 모두 담고 있어 책을 읽는 사람들이 우리 문화의 진정한 모습을 알 수 있다. 우리 문화의 변천과정을 알고 싶다면 개정판들을 살피면 된다.

첫번째 책에 실린 직원들 의견 대다수는 긍정적이었지만, 회사가 비대해지는 것을 마땅치 않아하는 직원들도 있었다. 초기 재포스에 합류했던 직원 몇 명은 최근에 추가된 업무처리 과정과 절차, 그리고 과거의 방식을 고수할 수 없는 현실에 대한 불만을 표시했다. 추가된 과정이나 절차 중 비용신청서의 작성 등은 성장의 부산물로서 피할 수 없는 것이었다. 그러나 다른 불평들, 예를 들면 회사 내의 의사소통이 예전만 못하다는 비판 등은 우리의 주의를 환기시키며 우리가 그 측면에 더 신경을 쓰는 계기가 되었다.

무엇이든 물어보세요

컬처북의 발간 후 우리는 직원 소식지를 매월 만들기로 했다. 이름하여 『무엇이든 물어보세요』인데, 제목 그대로 직원들이 이메일을 보내 무엇이든 물어보는 것을 권장하는 것이다. 이렇게 받은 익명의 질문들과 그에 대한 답변이 매달 수합되어 직원 전체에게 이메일로 나간다.

- 연말파티는 언제 하나요?
- 재포스 사외이사에는 누가 있나요?
- 회사로 전화할 때 대기 중 나오는 음악으로 고려중인 음악이 있나요?
- 판매를 중단하는 브랜드가 있다고 들었는데 어떤 브랜드인가요?
- 회사의 3년 후 모습이 어떨 것 같아요? 규모는 어떻고, 직원은 몇 명이나 되고, 어디에 있을 것 같나요?
- 왜 여자 신발과 남자 신발은 사이즈가 다른 거죠?(미국은 성인 신발 사이즈가 5부터 시작하는데 여성 5와 남성 5가 크기가 다름—옮긴이)
- 재포스닷컴 직원 중 같은 생일이나 기념일을 가진 사람이 몇 명이나 되나요? 특히 많이 겹치는 날짜가 있나요?
- 우리 웹사이트에서 판 것 중 가장 비싼 제품이 무엇인가요?
- 재포스의 한 달 배송비용(보내는 것과 받는 것 모두)은 얼마나 되나요?
- 채식주의자들은 애니멀 크래커(미국인들이 즐겨 먹는 동물 모양 과자—옮긴이)를 먹나요?

이후 몇 년 동안 우리는 고객 서비스를 향상시키고 기업문화를 공고히 하며 직원들의 개인적, 직업적 계발에 투자하는 데 초점을 맞췄다.

재구매 고객과 입소문에 주로 힘입어 매출은 계속적으로 성장했다. 세쿼이어는 결국 재포스에 투자를 했고 알프레드는 라스베이거스로 옮겨와 재무이사로 회사에 합류했으며, 사외이사진이 확보되었고 웰스 파고 및 다른 은행 두 곳을 통해 여신 한도가 1억 달러까지 늘어났다.

폐업 직전까지 갔던 우리가 단기간에 엄청난 성장을 하는 느낌은 기묘했다. 당시에는 예측하지 못했지만, 고객 서비스와 기업문화에 기울인 많은 노력과 투자가 밑바탕이 되어 2008년에는 10억 달러의 총매출을 달성하게 된다. 처음 목표로 잡았던 2010년보다 2년이나 앞선 성과였다.

지금 생각해보면, 우리가 목표를 일찍 달성할 수 있었던 큰 이유는 다음 세 가지 핵심부문에 시간과 자금, 자원을 투자하기로 결정한 것이었다. 첫째가 고객 서비스(우리의 브랜드 인지도를 높이고 입소문을 퍼뜨려준 일등공신), 둘째가 기업문화(우리의 핵심가치를 세우게 해준 일등공신), 마지막으로 직원 교육과 계발(이는 '파이프라인 팀'의 개설로 이어졌다).

심지어 지금도 우리는 BCP, 즉 재포스의 브랜드(Brand), 문화(Culture), 그리고 파이프라인(Pipeline)이 우리의 장기적 경쟁 우위라고 믿고 있다.

그 외의 것들은 다른 회사가 쉽게 따라할 수 있는 것들이다.

재포스 사람들 이야기

『재포스 컬처북』 일구기

젠

당신이 일하는 기업의 문화를 두세 문단으로 묘사한다면 무슨 말을 하겠는가? 회사 동료들에게도 해보라고 한다면 그들의 대답이 당신의 대답과 얼마나 비슷하겠는가(또는 다르겠는가)?

토니가 내게 컬처북을 만드는 것에 대해 언급했을 때 내 귀가 쫑긋했다. 참으로 독특한 발상 아닌가. 이런 식으로 기업문화에 접근한 경우가 없었다. 토니가 고려하고 있는 것은 직관에 반하는 것이기도 했고 어느 정도는 리스크도 있었다.

다섯 살이라는 어린 나이의 재포스는 막 브랜드와 문화에 집중하기 시작한 참이었다. 당시 재포스의 10가지 핵심가치는 완전히 확립되지 않은 때였지만 컬처북이라는 존재는 회사로 하여금 핵심가치에 초점을 맞추게 한 강력한 도구였다. 컬처북의 내용이 이러한 가치들의 원천인 재포스 직원들에게서 비롯되기 때문이다.

최초 발상은 간단했다. 직원들에게 다음의 질문에 한두 문단으로 답하게 하는 것이었다. '재포스 문화가 당신에게 어떤 의미인가?' 오타의 수정 외에는 조금의 편집도 없이 통째로 책에 포함시킬 예정이었다.

"전혀 편집하지 않는다고? 미쳤나!"

2초 후 (그리고 아마도 보드카 한두 잔 들이킨 후)…… "뭐 어때! 해보자!"

감수할 가치가 있는 리스크였다. 재포스를 진실로 문화와 핵심가치에 충실하게 운영하고자 한다면 지금 제대로 가고 있는지를 알아보는 것보다 더 나은 방법은 없었다.

5년 전 술을 마시다 나온 발상이 이제는 거대한 무언가로 발전했다. 직원들이 자유롭게 자신을 표현하는 매개체, 그리고 회사의 문화와 핵심가치가 어디에 있는지 모든 직원이 맥을 짚기 위해 시작된 컬처북이었지만, 시간이 흐르며 우리는 공급업체와 파트너들, 그리고 고객들에게도 의견을 요청하기 시작했다.

오늘날 컬처북은 회사 지원자, 소규모 자영업자, 또는 미래의 사업가 등 재포스에 조금이라도 관심이 있는 사람들에게 참고서로 자리 잡았다. 무엇보다도 기업문화가 사업에 필수적이라는 재포스의 믿음 때문에 컬처북은 재포스의 브랜드북이 되었다.

오랜 기간 동안 나는 재포스가 언제나 진실로 중요한 부분에 힘을 쏟는 것(그렇게 하는 것이 엄청나게 두려운 경우에도 꿋꿋이)을 보아왔고 『재포스 컬처북』은 그 좋은 예라고 할 수 있다. 재포스처럼 언행이 항상 일치하는 기업은 본 적이 없다. 남들이 적용해보지 않은 발상을 10억 달러 매출을 올리기도 전에 적용하는 과감함을 보인 회사가 바로 재포스다.

투명성이 중요시되는 시대, 트위터가 기업의 흥망에 영향을 끼치는 시대에 자기 회사의 DNA를 전세계에 드러내는 것보다 더 호소력을 가지는 행동이 있을까?

그러나 바로 이 점 때문에 사람들은 컬처북의 발간이 조직에 해가 되지 않을까 걱정한다. 만약 당신도 같은 생각을 했다면 다음과 같은 점도 생각해보라.

1. 컬처북의 핵심은 책의 발간이 아니다. 핵심은 문화다!

당신더러 당신 기업의 가치나 강령을 읊어보라고 한다면, 찾아보지 않고 바로 답할 수 있는가? 어떻게 재포스 직원들이 10가지 핵심가치를 모두 외울 수 있는지 외부인들은 궁금해한다. 복잡하게 생각할 것 없다. 자기가 다니는 회사의 핵심가치가 일뿐만 아니라 일상생활에도 적용을 할 수 있는 것이라면 외우기가 쉬울 수밖에 없다.

뒤에 나오는 '핵심가치'를 보면 재포스 직원들이 회사 가치를 사무실 밖의 삶에 어떻게 적용하는지 알 수 있다. 재포스가 표방하는 핵심가치가 일과 일상생활의 분리 없이 똑같이 적용된다는 것이 정말 놀랍다.

당신 회사의 컬처북을 만들기 전에 스스로에게 물어보라.

당신 회사의 직원들, 고객들, 파트너들이 당신 회사의 문화에 대해 갖고 있는 의견을 전부 다 출간하는 것이 불안하지 않은가?

불안하다면, 어떻게 해야 불안해지지 않겠는가?

현재의 문화와 기업가치를 반영하지 않는 컬처북은 아무런 의미가 없다.

2. 단기적으로는 비용이나 장기적으로는 투자다.

기업문화를 구축했다고? 그렇다면 투자를 하라. 문화에 대한 장기적 사고가 비합리적이라 생각하는 기업도 있을 것이다. e-테크놀로지 시대에 종이책을 인쇄하여 배송까지 하느라 돈을 쓰는 것이 낭비이고 바보 같은 짓이라고 생각할 수도 있겠다. 맞는 말이다. 인쇄된 책 한 권 한 권이 창출할 투자수익률을 계산하기는 힘들다. 하지만 오래 지속될 수 있는 브랜드와 충성고객층의 구축에 노력하고 있다면 돈을 아끼는 것이 능사는 아니다. 당신의 기업과 문화에 대해 열정적으로 이야기해주는 사람들과, 입소문에서 비롯되는 수익은 처음에는 계량하기 힘들지만 시간이 지나면서 투자는 몇 배, 몇십 배로 당신에게 혜택을 가져다줄 것이다. 재포스에서 그랬던 것처럼.

3. 누구에게나 주라.

처음에는 내용을 기고했던 직원 전체와 파트너들에게만 책을 배포했다. 그러나 이제는 일반인들도 『재포스 컬처북』을 볼 수 있다(부록 참조 바람). 다른 회사의 컬처북을 보고 싶다고 요청을 하는 사람들이 있다는 게 믿어지는가! 회사의 연차보고서나 직원 핸드북을 보여달라고 요청하는 사람을 본 적이 있는가(투자자나 인사과 직원 말고)? 재포스가 무엇을 판매하는 기업인지도 모르는 사람들이 컬처북의 배경에 대해서 알고 싶어한다는 것이 실로 놀라울 따름이다. 게다가 그 사람들이 훗날 새 청바지나 신발 한 켤레가 필요할 때 재포스를 떠올릴 수도 있지 않겠는가(그리고 살짝 귀띔하는데, 책 만드는 비용은 당신이 생각하는 것만큼 비싸지는 않다).

4. 열광팬들이 말하게 하라.

지난해 우리는 처음으로 재포스 고객들에게 컬처북 발간의 참여를 요청했다. 고객들의 반응은 놀라웠다. 세계 각지에서 고객들의 글이 쏟아져 들어왔고 켄터키나 네바다 주에 살면 재포스에 지원할 수 있을 텐데 하는 이메일도 많았다. 그러나 취업이 아니더라도 컬처북을 통해 재포스 같은 회사의 일부가 될 수 있다는 점에 흥분했다.

고객들을 끌어들이기 전, 우리는 공급업체와 파트너들의 참여 또한 요청했다. 입소문에 크게 의지하는 회사에게 이러한 의견 수합 과정은 의사소통의 귀중한 장이 되었다. 그들의 의견은 재포스에 좋은 교육이 되었고, 고객들과 제휴업체들 또한 자신들의 존재가 재포스에 얼마나 귀중한지 알게 되는 계기가 되었다.

5. 사진은 말 한 마디보다 천 배의 효과가 있다. 그러나 브랜드는 백만 배의 효과가 있다.

브랜드처럼 손으로 잡을 수 없는 것을 컬처북에서 어떻게 드러낼 수 있을까?

짧게 대답한다면 이렇다. 당신 기업의 문화가 표방하는 가치나 강령을 진실로 준수한다면, 브랜드는 컬처북에 실린 말과 이미지에서 바로 드러난다. 말과 이미지가 진실을 품고 있기 때문이다.

책에 포함된 여러 목소리는 각자의 독특한 관점을 지니고 있지만 합쳐진 의견은 재포스 전체의 형상이라 할 수 있다. 40쪽에 실린 직원의 생각이 128쪽이나 340쪽에 실린 직원의 의견과 이상할 만큼 비슷한 이유가 무엇일까? 재포스의 전직원이 '10가지의 핵심가치'에 의거해서 살기 때문이다. 공동의 가치체계를 공유함으로써 재포스 직원들은 하나 된 브랜드로 세상에 모습을 보이게 된다(이건 사족이지만, "재포스는 분명히 컬트일 거야!"라는 말을 들을 때마다 웃음이 나온다. 어떻게 보면 사실이기 때문이다. 하지만 컬트가 사람들을 행복하게 만들어준다면 나는 컬트건 뭐건 개의치 않을 것이다).

사진에 대해 이야기해보자. 재포스 가족의 하루 일과—예를 들면 마시멜로 핍스 컨테스트(마시멜로로 만든 공작품으로 경쟁하는 대회—옮긴이), 해피아워(미국인들이 일찍 퇴근하여 저녁식사 시간이 되기 전 한잔하는 것을 말한다. 레스토랑이나 술집은 저렴한 가격을 적용한다—옮긴이), 졸리데이즈(Zolidays, 재포스 휴일Zappos Holidays를 뜻한다—옮긴이), 매년 관련업체 초청 파티 등등—가 어떤지를 보여주는 이미지를 듬뿍 실어 재포스 브랜드에 대한 생생한 느낌을 과장 없이 제공한다. 이 사진들은 광고가 아니다. 우리의 삶이다.

6. 문화라고 다 같은 건 아니다.

당신 기업의 책이 『재포스 컬처북』과 다를 확률은 매우 높다. 한 기업의 컬처북이 다른 기업의 컬처북보다 뛰어나서가 아니라 기업이 표방하는 가치와 강령은 각자의 지문처럼 독특하기 때문이다. 당신 기업문화의 모습을 진솔하게 나타낸다면 꾀꼬리의 노래처럼 아름답게 들릴 것이다.

7. 발전시키라.

컬처북의 발간이 당신의 기업에 도움이 될지 확신이 서지 않는가? 직원들과 파트너들, 그리고 고객들에게 당신 기업의 문화가 그들에게 어떤 의미인지를 묻는 이메일(또는 설문서)을 보내는 방법으로 맥을 짚어볼 수 있겠다. 지금 이 시대처럼 사람들이 솔직한 때는 없었다.

처음 이메일을 보냈을 때 우리는 반응이 어떨지 감도 잡지 못했지만, 그 반응을 수용하고 발전시키는 것이야말로 이 작업의 가장 교육적인 부분이었다. 초기의 발상은 이내 좀더 재미있는 것으로 탈바꿈했다. 우리는 부정적인 반응도 환영했다. 부정적인 반응은 우리에게 배울 점과 회사의 문화가 이전해와 같은지 다른지 가늠할 수 있는 기회를 제공하기 때문이다. 문화가 회사의 가치체계나 목표, 그리고 강령과 적절하게 연계되어 있지 않다면 당신은 사람들의 반응을 통해 반드시 알게 된다.

40년 후 내 모습은 어떨까. 흔들의자에 앉아 영화 〈마이너리티

리포트〉에서처럼, 눈앞의 허공을 두드리면서 재포스닷컴 사이트에서 조카의 결혼식에 입을 옷을 고르고 있을 것 같다. 아니, 재포스 항공사의 티켓을 예약하고 있을지도? 40년 후 컬처북의 모습이 어떨지는 모르겠지만 이것 하나만은 확신한다. 재포스 시절을 떠올리며 나는 빙그레 미소를 짓고 있을 것이다.

고객 서비스를 통한 브랜드 구축

몇 년간 재포스 성장의 최고 동력은 재구매 고객들과 그들이 내준 입소문이었다. 유료광고에 쓸 돈을 대신 고객 서비스와 고객 만족에 투자하여 고객이 우리 대신 입소문으로 마케팅을 하게 하자는 것이 우리의 철학이었다.

그렇다면, 훌륭한 고객 서비스란 무엇일까?

훌륭한 고객 서비스는 고객이 우리 웹사이트를 방문하는 순간 보게 되는 웹사이트 모습에서부터 시작한다. 미국 내 배송의 경우 우리가 제품을 보낼 때나 고객이 반품하는 경우 모두 무료배송을 제공하여 고객이 부담 없이 쉽게 구매나 반품을 처리할 수 있도록 한다. 많은 고객들이 다섯 종류의 신발을 구매하여 집에서 편안하게 다섯 종류의 옷에 맞춰 신발을 신어본 다음 맞지 않거나 마음에 들지 않으면 반품한다. 물론 무료다. 추가되는 배송비는 우리에게는 비싼 비용이지만 마케팅 비용으로 간주한다.

우리는 또한 변덕스럽거나 마음을 쉬이 정하지 못하는 고객들을 위하여 365일 반품 정책을 실시한다.

대부분의 웹사이트의 경우 고객 문의에 대한 정보는 링크를 다섯 번은 찍고 들어가야 나올 정도로 찾기가 힘들다. 또한 그렇게 힘들게 찾은 링크는 고객이 한 번만 사용할 수 있는 서식이나 이메일 주소이기 일쑤다. 우리는 정반대의 방법을 취한다. 우리 웹사이트에 포함된 모든 페이지의 맨 위에 고객문의 전화번호(1-800-927-7671)가 뜬다. 정말로 고객과 이야기하고 싶기 때문이다. 또한 우리 콜센터는 매일 24시간 내내 열려 있다.

소비자들이 매일 수천 가지의 광고 메시지에 시달려서 큰일이라며 마케팅 또는 브랜드 세미나에 모인 기업들이 이야기하는 것을 들을 때마다 슬그머니 웃음이 나온다. 어떻게 자신들의 메시지가 더 눈에 띄게 할까 고심하며 논쟁을 벌이는 것이 바로 그런 기업들과 광고 기획사들이기 때문이다.

요즈음 '소셜 미디어'나 '통합 마케팅'에 대해 떠들썩하다. 노인네 같고 촌스럽게 들리겠지만 전화야말로 최고의 브랜드 구축 도구라는 것이 우리의 믿음이다. 5분 내지 10분 동안 고객의 주의와 관심을 독점할 수 있는 기회를 활용하여 대화를 잘 이끌 경우 고객들은 아주 오랫동안 그 경험을 기억하며 친구들에게 이야기한다는 사실을 우리는 알아냈다.

너무 많은 기업들이 콜센터는 최소화해야 할 비용에 지나지 않는다고 여긴다. 우리는 콜센터가 언젠가 열릴 커다란 기회의 보물창고라고 믿는다. 입소문 마케팅 때문만은 아니다. 콜센터에는 고객의 평생가치를 증대시킬 잠재력이 있기 때문이다.

마케팅 부서들은 보통 투자수익률을 계산할 때 한 고객의 평생가치가 고정되어 있다고 가정한다. 우리 생각은 다르다. 그 고객과 우리 사이에서 일어나는 모든 접촉을 통해 그 고객이 우리 브랜드에 대해 긍정적인 감정을 가질 기회를 계속해서 만들어준다면 그 고객의 평생가치는 계속 향상될 수 있다고 본다. 즉 고객의 평생가치는 고정된 것이 아니라 움직이는 목표라는 것이다.

마케터들이 주로 빠지는 또 다른 함정은 어떻게 화제를 불러일으킬 것인가에 지나치게 집중한다는 점이다. 관계를 맺고 신뢰를 얻는 데 집중해야 할 때인데 말이다.

우리 엄마는 사람들의 귀를 쫑긋하게 만드는 분이 전혀 아니다. 그러나 우리 엄마의 말 한마디에 나는 반드시 귀를 기울인다.

고객 서비스 및 고객 만족에 관련한 노력의 대부분은 이미 판매가 이루어져 고객의 신용카드 번호를 받은 후 이루어진다. 예를 들면, 고객이 구매시 으레 선택하는 '무료배송'은 며칠이 걸리는 기본 육로배송을 통해 제공되지만 우리 회사를 정말로 사랑해주는 재구매 고객들에게는 다음날 배송으로 깜짝 업그레이드를 해주는 것이다.

또한 우리는 창고를 매일 24시간 풀가동한다. 창고의 효율적 운영 방식이라고 할 수는 없다. 일단 주문을 계속 받아 모은 후, 창고 직원이 창고를 돌아다니며 주문에 해당하는 신발을 거두게 하는 것이 창고 운영의 정석이다. 주문을 많이 모으면 모을수록 직원의 주문 간 동선이 짧아지기 때문에 효율적인 것이다. 하지만 우리의 목표는 창고 직원의 동선 효율성을 최대화하는 게 아니다. 우리의 목표는 고객 만족의 최대화이다. 주문받은 물품을 최대한 빠른 속도로 고객에게 배송하는 것도 전자상거래에서는 고객 만족에 포함된다.

불빛이 꺼지지 않는 창고, 다음날 배송 깜짝 업그레이드, 그리고 UPS 월드포트 허브에서 단 15분 거리의 위치, 이 세 가지의 조합의 결과는 실로 놀랍다. 동부시간으로 자정이라는 늦은 시간에 주문을 한 고객이 8시간 후 자기 집 문 앞에 도착한 제품을 보며 깜짝 놀라게 되는 것이다. 이것이 바로 '와우' 경험이다. 고객들은 이러한 경험을 매우 오랫동안 기억하며 친구와 가족들에게 이야기한다.

우리는 매일 수천 건의 전화와 이메일을 받는다. 우리는 이 하나하나의 접촉을 재포스 브랜드를 최고의 고객 서비스와 고객 만족의 대명사로 구축하는 기회로 삼아 소중히 여긴다. 과장 없는 진실이다. 비용 절감이라는 시각이 아닌 브랜드 구축이라는 시각으로 고객과의 접촉을 대하기 때문에 우리의 콜센터 운영방식은 대부분의 다른 콜센터와는 매우 다르다.

대부분의 콜센터는 이쪽 세계에서 '평균 처리시간'이라고 알려진 기준에 의해 상담원의 능력을 평가한다. 상담원이 하루에 얼마나 많은 전화 상담을 했는가에 중점을 두는 것이다. 따라서 상담원들은 통화시간이 길어지면 걱정을 할 수밖에 없다. 자신들이 훌륭한 고객 서비스를 제공하지 않는 것으로 간주되기 때문이다. 대부분의 콜센터는 또한 상담원에게 소위 '스크립트'라 하여 추가 수익을 올리기 위해 미리 작성된 대본을 고객에게 읽어주며 다른 제품을 판매할 것을 강요한다.

재포스는 평가를 위해 상담원의 통화시간을 재지 않으며(재포스 역사상 가장 긴 고객 상담 전화는 6시간이었다!), 다른 제품을 추가로 판매하려고 하지도 않는다. 우리는 그저 상담원이 모든 고객을 위하여 최고의 정성을 다하기를 원할 뿐이다. 우리는 스크립트를 이용하지 않는데, 상담원이 자신의 최선의 판단에 기반하여 고객을 응대할 것이라 믿기 때문이다. 우리는 상담원들이 상담을 하면서 자신의 개성을 맘껏 발휘하기를 바란다. 그렇게 함으로써 상담원들은 고객과 깊은 감정적 유대감(Personal Emotional Connection, 내부적으로 PEC라고 통칭)을 형성하게 된다.

고객이 염두에 둔 특정 스타일의 신발이 우리에게 없는 경우가 있다. 이럴 때 우리는 전화를 브랜드 구축의 도구로 활용한다. 상담원들은 고객이 원하는 제품의 재고가 없는 경우 적어도 세 군데 이상의 경쟁업체 웹사이트를 검색하도록 훈련을 받는다. 경쟁업체에 재고가 있을 경우 상담원들은 고객에게 경쟁업체의 웹사이트를 가르쳐준다. 두말할 필요도 없이, 우리는 판매의 기회를 잃는다. 하지만 우리는 각각의 모든 거래에서 이윤을 얻으려고 하지 않는다. 우리의 목표는 전화 한 통 한 통을 통해 각 고객과 평생 가는 관계를 맺는 것이다.

우리 같은 인터넷 기업이 전화에 집착하는 것을 많은 사람들이 이상하게 본다. 사실 전화를 통한 매출은 약 5퍼센트에 지나지 않으며, 대부분의 경우 판매로 이어지지 않는다. 하지만 고객은 일생 동안 평균적으로 한 번 이상은 우리를 전화로 접촉한다. 따라서 그 기회를 잡아 고객을 위해 잊을 수 없는 기억을 만들어주고자 노력하는 것이다.

전화 상담의 다수는 즉각적인 주문으로 이어지지 않는다. 처음 겪는 반품 과정에 대해 상담원의 세세한 설명을 원하는 여성 고객도 있고, 주말로 예정된 결혼식을 대비하여 약간의 패션 조언을 구하고자 하는 남성 고객도 있다. 그리고 가끔은 그저 외롭고 누군가와 대화를 나누고 싶어 전화를 하는 고객이 있기도 하다.

몇 년 전 스케처스(Skechers, 미국 신발 브랜드—옮긴이) 판매 세미나에 참석하러 캘리포니아 주 산타모니카에 갔던 적이 있다. 술집을 전전하며 밤새 마셔댄 우리들은 밥을 먹으러 일행의 호텔방에 갔다. 스케처스에 근무하는 친구가 룸서비스를 이용하여 페퍼로니 피자를 주문하려고 했지만 우리가 묵고 있던 호텔에서는 밤 열한 시 이후에는 뜨거운 음식을 배달하지 않는다고 했다. 단지 몇 시간 때문에 뜨거운 음식을 못 먹게 된 우리는 실망했다.

술에 절어 있던 우리 재포스 일원은 재포스에 전화를 걸어 피자를 주문해보라고 친구를 집요하게 부추겼다. 우리의 도전을 받아들인 친구는 전화를 스피커폰 모드로 해놓고 "지금 산타모니카의 한 호텔에 있으며 페퍼로니 피자를 너무나 먹고 싶은데 룸서비스가 더 이상 뜨거운 음식을 배달하지 않아 혹시 재포스가 도와줄 수 있나하여 전화를 했다"라고 (매우) 인내심이 강한 재포스 상담원에게 설명했다.

잠시 당황했던 재포스 상담원은 재빨리 상황을 파악하고 친구에게 잠시 기다려달라고 부탁했다. 2분 후 다시 나타난 상담원은 호텔 근처에서 그 시간대에 문을 열고 배달 중인 피자집의 전화번호를 다섯 개 불러주었다.

솔직히 말하면 나는 여기서 이 일화를 언급하는 것을 주저했다. 이 책을 읽은 독자들이 재포스에 전화해 피자를 주문하기 시작하면 난감하지 않겠는가. 하지만 스크립트 없이 회사의 브랜드를 위해 (몹시 비정상적이거나 기괴한 상황에서도) 적절한 대처를 하도록 상담원들에게 권한을 주는 재포스 콜센터의 파워를 잘 묘사하는 재미있는 일화라고 생각해서 포함했다.

스케처스에 근무하는 내 친구는 어떻게 되었냐고? 그녀는 재포스에 영원한 충성을 맹세했다.

당신 회사에 고객 서비스 정신을 심는 최고의 방법 10가지

1. 고객 서비스를 일개 부서가 아닌 회사 전체의 최우선 과제로 지정하라. 고객 서비스의 태도는 상부에서 비롯되어야 한다.
2. '와우(WOW)시키다' 라는 단어를 회사에서 매일 사용하는 동사형으로 지정하라 (예: 고객을 '와우시키는' 서비스 등).
3. 고객 상담원들에게 권한을 주고 신뢰하라. 그들이 훌륭한 서비스를 제공하고 싶어한다고 믿으라. 그들은 실제로 그렇게 하고 싶어한다. 고객이 상담원의 상사와 통화하고 싶어하는 상황은 없어야 한다.
4. 만족시킬 수 없는 고객이나 당신의 직원에게 무례한 고객은 무시해도 된다.
5. 통화시간을 재지 말고, 상담원에게 다른 제품의 판매를 시도하게 하지 말고, 스크립트를 사용하지 말라.
6. 1-800 번호(미국의 기업들이 사용하는 무료 통화 번호—옮긴이)를 숨기지 말라. 번호는 고객에게 보내는 메시지이기도 하지만 당신 직원들에게 보내는 메시지이기도 하다.
7. 고객과의 전화는 고객 서비스 브랜드를 구축하는 데 필요한 투자이다. 절감해야 하는 비용이 아니다.
8. 회사 전체가 훌륭한 서비스를 기념하도록 하라. '와우' 경험담을 회사의 모든 직원에게 이야기하라.
9. 고객 서비스 제공에 열정을 품은 사람을 고용하라.
10. 고객, 직원, 공급업체 모두에게 훌륭한 서비스를 제공하라.

문화

오늘날 우리는 일반인들에게 라스베이거스에 위치한 본사의 투어를 제공하고 있다. 약 한 시간 정도 소요되는 투어를 통해 우리 자신을 열어 보임으로써 사람들은 우리 문화에 대한 생생한 느낌을 맛볼 수 있다. 어디서 재포스에 대해 읽는 것만으로는 충분하지 않다. 본사 투어를 경험했던 이들 거의 모두가 우리 사무실을 실제로 방문해서 우리 문화를 '느끼고서야' 왜 기업문화가 그렇게 중요한 것인지 깨달았다고 이야기한다.

항상 그런 식은 아니었다. 일반인 투어를 제공할 계획은 원래 없었다. 시간이 흐르며 어쩌다 생긴 일의 또 다른 예인데, 우리 직원들이 그 변화를 적극 수용하고 한 단계 더 위로 끌어올린 것이었다.

오늘날, 우리는 1천 군데가 넘는 신발업체들과 함께 일한다. 새로운 업체가 사무실을 방문할 때마다 구매부 직원들과 함께 우리 사무실을 둘러보곤 했다. 시간이 흐르며 입소문이 퍼졌고, 업체의 친구들 또한 투어를 원한다는 것을 알게 된 우리는 결국은 친구들과 고객들의 투어 요청을 모두 받아들였다.

초창기 투어는 10분도 걸리지 않았지만 점점 더 많은 사람들이 투어에 참여함에 따라 재포스의 여러 직원들이 방문객 투어를 '와우' 경험으로 승화시키기 위해 다양한 아이디어를 냈다.

투어에는 정해진 형식이나 내용이 없다. 누가 언제 사무실에 있을지도 모를뿐더러 투어 담당자들이 주말 방문객들을 깜짝 놀라게 하기 위하여 짜는 계획이 모두 다르기 때문이다. 만약 당신이 오늘 투어를 한다면, 로비에서 로봇처럼 꾸며진 팝콘 기계나 커피 자판기를 보게 될지도 모른다. 워낭이 죽 달린 복도를 따라 각 부서가 배치되어 있을 수도 있고 소프트웨어 개발자들이 지어놓은 임시 볼링장이 보일지도 모른다. 해적들로 분장한 직원들, 노래방을 즐기는 직원들, 낮잠 자는 방, 동물원, 또는 핫도그를 먹으며 잡담을 하는 무리들을 볼 수도 있다. 그날이 옥토버페스트(독일의 10월 축제—옮긴이)를 즐기기에 완벽한 날이라고 생각한 부서가 벌이는 퍼레이드가 당신 옆을 스쳐 지나갈 수도 있다. 아니면 우리 라이프 코치(재포스 버전의 토니 라빈스 전세계적으로 유명한 변화심리학의 최고 권위자로, 『무한능력』 『네 안에 잠든 거인을 깨워라』 등의 베스트셀러 저자—옮긴이)에게 인사를 할 기회가 있을 수도 있고 왕관을 쓸 수도 있으며, 서리나 윌리엄스(미국의 여자 프로 테니스 선수—옮긴이)나 글래디스 나이트(미국의 유명 여가수—옮긴이)가 투어를 했을 때 찍었던 사진 옆에 당신 사진을 달아놓을지도 모른다. 아니면 당신은 우리가 해마다 주최하는 '볼드 앤드 블루(Bald & Blue, '대머리와 파란 머리'란 뜻으로, 미국 유명 드라마 'Bald & Beautiful'의 제목을 본뜬 것—옮긴이) 데이'를 참관할 수 있을 수도 있다. 그날은 자원을 한 직원들이 다른 직원들에 의해 삭발을 당하는 날이다.

볼드 앤드 블루 데이의 기원

해마다 열리는 볼드 앤드 블루 전통은 우리 몇 명이 술집에서 어울리며 한 진실게임의 벌칙에서 비롯되었다. 다음날, 이러한 이메일이 발송되었다.

날짜: 2005년 6월 7일

발신: 르네 N.

수신: 라스베이거스 재포스 직원들

제목: 대머리는 아름다워!

모두 안녕?

삭발을 하거나 짧은 스포츠형으로 깎을 사람! 재포스의 모든 용감한 남성 직원 여러분께 삭발 도전장, 아니 초대장(초대자는 익명으로 남을 것입니다)을 보냅니다! 토니도 삭발에 참여할 예정입니다. 이 "별 이유 없이 그냥 해보는" 삭발 이벤트에 참여할 남성 직원이 적어도 30명 필요합니다. 이제까지 용자 15분께서 지원했습니다.

또한 이 용자들의 머리를 깎아줄 여성 직원과 삭발용 전동이발기 다섯 개 이상이 필요합니다. 이벤트에 참여하시지 않는 분들은 재포스 티셔츠나 재포스 모자를 써서 행사에 대한 응원을 표현해주면 되겠습니다.

행사는 내일, 6월 8일 오후 12시 30분 구내식당 밖의 테라스에서 있습니다. 머리를 깎고 싶거나 자원봉사를 하고 싶으신 분들! 빨리 연락주세요!

감사!

재포스에서 가장 중점을 두는 것이 기업문화라는 사실을 우리 직원들은 알고 있다. 투어나 볼드 앤드 블루 데이 등은 모두 자생적으로 생겨났지만 (대부분의 경우 나는 나중에서야 알게 되었다) 우리가 좀더 목적의식을 가지고 계획한 것들도 몇 가지 있다.

예를 들어보자. 우리 직원들은 건물을 들고 나기 위해서 반드시 안내 데스크 근처에 위치한 중앙문을 지나야만 한다. 주차장에 가까운 문들이 있음에도 말이다. 건물의 이전 입주자들은 건물의 모든 문들을 이용했지만, 우리는 중앙 입구를 제외하고 모두 '비상시에만 사용한다'라는 표시를 해놓았다. 직원들이 우연히 만날 기회를 늘림으로써 소속감을 주자는 방안으로, 이 건물로 이주했을 때 내린 결정이었다.

대부분 기업들의 경우 직원들이 컴퓨터 시스템에 로그인하려면 로그인 아이디와 비밀번호를 입력해야 한다. 재포스에서는 '얼굴 게임'이라는 단계가 하나 더 요구된다. 로그인 과정에서 무작위로 선택된 직원의 사진이 떠오르고 로그인을 하는 직원은 사지선다형 질문을 통해 사진 속 인물의 이름이 무엇인지 답해야 한다. 답을 하면 그 인물의 프로필과 약력이 떠서 직원 모두가 서로에 대해서 배울 수 있다. 답을 못 맞혀도 벌점은 없지만 우리는 점수를 다 보관한다.

우리는 또한 주기적으로 직원 설문조사를 하여 우리 기업문화의 탄탄함을 가늠해보려고 노력한다. 직원들은 다음과 같은 문장에 '동의한다/동의하지 않는다'로 답하게 된다.

- 나는 우리 회사가 돈을 버는 것 이상으로 높은 사명을 가지고 있다고 믿는다.
- 재포스에서 내가 맡은 역할에는 진정한 사명이 있다. 직업 이상의 것이다.
- 나 자신이 경력을 능동적으로 관리하고, 개인적인 면에서 그리고 재포스에서의 직업적인 면에서 잘해나가고 있다고 느낀다.
- 동료직원들은 내 가족이며 친구다.
- 나는 내 일이 아주 좋다.

우리는 회사의 문화를 향상시킬 수 있는 방법을 언제나 모색하고 있다. 파격적이거나, 직관에 반한다고 해도 아랑곳하지 않는다. 예를 들어보겠다. "직원들이 직장에서 욕설을 허용하는 것은 직원과 고용주들에게 혜택을 줄 수 있다"라는 연구 결과가 있다. 이 연구 논문은 "욕설을 지속적으로 사용하는 직원들이 꼭 부정적이고 폭력적인 방식으로 사용하는 것은 아니다. 욕설의 사용은 조직원 사이의 연대감을 반영하며 집단의 화합을 촉진하거나 스트레스를 해소하려는 심리적 현상이기도 하다"라고 인용하고 있다. 우리는 이 논문을 과장급 직원들에게 보냈다.

우리 문화에 대한 초점을 점차 강화하는 과정에서 우리는 한 기업의 문화와 그 기업의 브랜드는 실로 동전의 양면이라는 결론에 도달했다. 기업문화가 시간을 두고 체현되는 것이 브랜드이다. 이것을 깨달은 후 나는 블로그에 다음과 같은 글을 썼다.

당신의 문화가 당신의 브랜드이다

오늘날의 브랜드 구축은 50년 전과는 매우 다르다. 과거에는 몇몇 사람이 회의실에 모여 어떻게 브랜드 포지셔닝을 할 것인가를 정하고 브랜드를 사람들에게 선전하는 데 많은 돈을 썼다. 돈이 충분히 있으면 브랜드를 구축할 수 있었다.

지금의 세계는 그때와는 매우 다르다. 인터넷이 세계를 연결함에 따라 기업들은 자신들의 의지와 상관없이 점점 투명해지고 있다. 언짢은 고객이나 불만을 품은 직원들이 회사에서 맛본 나쁜 경험을 블로그에 쓸 수 있고, 이메일이나 트위터 같은 각종 도구를 통해 그런 이야기는 산불처럼 번질 수 있다.

나쁘기만 한 것은 아니다. 좋은 경험 또한 수백만의 사람들에게 즉각적으로 전달될 수 있다.

오늘날 더욱 근본적인 문제는 당신 회사의 브랜드에 대한 인식에 영향을 끼칠 수 있는 고객과 언제 어디서 마주치게 될지 예측하는 것이 불가능하다는 점이다.

당신이 술집에서 X라는 회사의 직원을 만났다고 하자. 그 직원이 업무 중이 아님에도 그 직원과의 만남이 당신이 회사 X에 품는 인식, 나아가서는 회사 X의 브랜드를 인식하는 방법에 영향을 미칠 것이다. 긍정적인 영향일 수도 있지만 부정적인 영향일 수도 있다. 고객들을 직접 응대하는 직원만이 아닌, 회사의 모든 직원이 회사의 브랜드에 영향을 미치는 것이다.

재포스닷컴의 경우, 그저 신발이나 의류, 또는 온라인 소매라는 단순한 것이 우리 브랜드를 대표하게 하지 않겠다고 이미 오래전에 결정한 바 있다. 우리는 최고의 고객 서비스와 최고의 고객 만족을 중심으로 우리 브랜드를 구축하고 싶었다. 고객 서비스는 한 부서의 일에서 그치는 것이 아니라 회사 전체의 일이 되어야 한다고 우리는 믿는다.

광고가 할 수 있는 일에는 한계가 있다. 당신이 사람들에게 항공산업 전체(개개 항공사가 아닌 산업 전체)의 '브랜드'가 무엇이냐고 묻는다면 그들은 보통 조악한 고객 서비스나 고객 불만족에 대한 이미지를 언급할 것이다. 현재 미국 자동차산업에 대한 인식이 어떻느냐는 질문에 나오는 대답은 자동차 제조업체들이 광고를 통해 얻고자 하는 반응과는 전혀 다를 것이다.

당신이 원하는 브랜드를 돈으로 구축할 수 없다면 어떻게 해야 할 것인가?

장기적인 관점에서 브랜드를 구축하는 가장 좋은 방법은 무엇일까?

한 마디로 하자면 이것이다. 문화.

문화를 바로잡는다면 다른 것들은 대부분—훌륭한 고객 서비스라든가, 훌륭한 장기적 브랜드 구축, 열정적인 직원들과 고객들의 확보 등—자연스럽게 뒤따라오게 될 것이라고 믿는다.

회사의 문화와 회사의 브랜드는 실로 동전의 양면이다. 브랜드는 처음엔 문화에 뒤처지지만 궁극적으로는 문화를 따라잡을 것이다.

당신의 문화가 당신의 브랜드이다.

그렇다면 어떻게 당신이 원하는 문화를 구축하고 유지할 것인가?

채용과정에서부터 신경을 써야 한다. 재포스는 두 종류의 인터뷰를 한다. 채용 관련 부서장이 부서원과 함께 지원자가 필요한 경력과 기술적 능력을 가졌는지, 지원하는 부서에는 적응을 잘할 것인지를 판단하는 일반적 인터뷰를 한다. 그 후 인사부서에서 지원자가 회사의 문화에 잘 맞는지를 판단하는 인터뷰를 한다. 이 두 종류의 인터뷰를 모두 통과한 지원자만이 재포스에 합격이 된다.

우리에게 즉각적인 이익을 줄 수 있는 지원자들을 거부한 적도 꽤 있다. 그들은 재능이 매우 뛰어난 사람들이었지만 우리 문화에 맞지 않았다. 장기적으로 우리의 문화(곧 우리의 브랜드)를 보호하기 위하여 우리는 단기적 이득은 희생할 의향이 있었다.

채용 다음의 문화 구축 단계는 교육이다. 본사에 채용된 직원은 누구나 고객충성팀(콜센터)의 상담원들이 받는 교육을 똑같이 받는다. 부서와 직급은 상관없다. 경리도, 변호사도, 소프트웨어 개발자도 모두 똑같은 교육 프로그램을 거쳐야 한다.

4주 동안 계속되는 교육 기간에 우리는 회사의 역사와 고객 서비스의 중요성, 회사의 장기적 비전, 기업문화에 대한 우리의 철학에 대해 논하며, 신입사원들은 2주 동안 고객의 전화에 응대해야 한다. 이는 다시 말하지만 고객 서비스가 한 부서가 아닌 회사 전체의 일이라는 우리의 믿음에 기인한 것이다.

교육 첫 주가 끝날 즈음 우리는 신입사원 전체에게 한 가지 제안을 한다. 원한다면 누구나 2천 달러를 받고 회사를 그만두어도 된다는 제안이다(일한 시간에 대한 대가는 당연히 별도로 지급된다). 이 제안은 교육 4주차가 끝날 때까지 유효하다. 우리는 사람들이 봉급 이상의 이유로 재포스에서 일하기를 원한다. 우리는 직원들이 우리의 장기적 비전을 믿고 우리 문화의 일원이 되기를 원한다. 이제까지 결과를 보면 평균 1퍼센트 미만의 신입사원이 2천 달러 제안을 수락했다.

문화에 집중하는 것의 큰 장점은 기자들이 사무실을 방문할 때 유감없이 발휘된다. 대부분의 기업들과는 달리 우리는 기자들에게 허용 질문의 목록을 건네지 않는다. 오히려 우리는 사무실 안을 거닐고 아무에게나 말을 걸어보라며 기자들을 부추긴다. 이것이 재포스 식으로 투명성을 보장하는 방법이며 우리 문화의 일부이다.

우리는 재포스 문화를 다음과 같은 10가지 핵심가치로 공식 정의했다.

1. 서비스를 통해 '와우' 경험을 선사한다.
2. 변화를 적극 수용하고 추진한다.
3. 재미와 약간의 희한함을 창조한다.
4. 모험정신과 독창적이며 열린 마음을 유지한다.
5. 성장과 배움을 추구한다.
6. 적극적으로 의사소통하며 솔직하고 열린 관계를 구축한다.
7. 긍정적인 팀정신과 가족정신을 조성한다.
8. 좀더 적은 자원으로 좀더 많은 성과를 낸다.
9. 열정적이고 결연한 태도로 임한다.
10. 겸손한 자세를 가진다.

많은 기업들이 핵심가치를 표방하지만 실제로 그 가치에 충실한 기업들은 별로 없다. 이들 기업의 핵심가치는 언론에 발표하는 성명서에서 예상되는 그런 것들이다. 출근 첫날 오리엔테이션에서 배우지만 그 후에는 로비에 걸린 의미 없는 명판으로 전락하는 그런 가치인 것이다.

진정으로 충실하게 지킬 수 있는 핵심가치를 세우는 것은 정말 중요하다. 충실하게 지킨다는 것은 그 핵심가치에 따라 직원을 채용하거나 해고할 의향이 있음을 뜻한다. 그럴 각오가 되어 있다면 당신이 구축하고자 하는 브랜드에 부합하는 문화를 구축하는 데 당신은 제대로 첫발을 들여놓은 셈이다. 마케팅이나 PR 부서뿐 아니라 당신의 직원들 모두가 당신 브랜드의 홍보대사가 될 수 있다. 회사 안에서도, 회사 밖에서도.

종국에 당신이 기억해야 하는 것은 단 하나다. 문화를 제대로 이끌어간다면, 훌륭한 브랜드의 구축을 포함한 다른 것들은 저절로 해결된다는 사실이다.

오늘날 우리는 핵심가치에 따라 모든 것을 행하지만 초반 6, 7년 동안은 공식적인 핵심가치가 없었다. 전적으로 내 잘못이다. 나는 핵심가치를 공표하는 것이 매우 '기업적'이라는 편견을 품고 있었다. 그래서 핵심가치를 언급하지 않고 버틸 만큼은 최대한 버텼다.

마침내 직원 한 명이 우리가 계속 규모를 늘리며 성장하기 위해서는 핵심가치, 즉 우리 문화를 공식적으로 정의하는 것이 필요하다고 나를 설득했다. 정말 다행이었다!

조금만 더 빨리 했더라면 정말 좋았을 텐데 하는 생각은 여전히 떨쳐버릴 수가 없지만.

핵심가치

샌프란시스코 시절, 닉과 프레드, 나는 지원자들을 모두 인터뷰하려고 노력했다. 재포스 문화에 맞는 사람들만을 뽑고 싶었기 때문이다. 그러나 라스베이거스로 이전한 후에는 급속 성장으로 인해 수시로 많은 인원을 채용하고 있었기 때문에 지원자 한 명 한 명에 빠짐없이 관여하는 것이 불가능했다. 우리에게 문화적으로 맞는 지원자가 어떤 지원자인지 모두가 다 잘 아는 것은 아니라는 사실이 문제로 대두되었다.

최종 채용 결정을 내리는 관리직원들에게 핵심가치가 적힌 목록이 도움이 될 것 같다는 법무부서 직원의 제안에 나는 우리가 직원에게서 원하는 덕목을 적어내려가기 시작했다. 일단 내 생각에 재포스 문화를 너무나 잘 대표하고 있어 인간복제를 하고 싶을 정도인 직원들에 대해서 떠올린 후 그들이 체현하고 있는 덕목이 무엇인지 정리해보려고 했다. 또한 나는 문화적으로 재포스에 맞지 않는 전현직 직원들에 대해서도 생각해보고 핵심가치의 연결이 어디서 끊어졌는지 파악하려고 했다.

목록을 짜던 나는 컬처북을 만들었을 때처럼 핵심가치를 세우는 데도 모두의 의견이 필요함을 깨달았다.

내가 짠 초기 목록은 다음과 같은 37가지의 핵심가치를 포함하고 있었다.

1) 문화가 모든 것이다

2) '와우' 소리가 나게 하는 서비스

3) 신뢰와 믿음

4) 이상(理想)

5) 기업 성장

6) 장기(長期)

7) 개인적 성장과 능력 발휘

8) 불가능한 것을 가능하게 하는 능력

9) 팀

10) 가족/관계

11) 감정적 유대감

12) 배짱 기르기

13) 역량 강화

14) 주인의식

15) 주도적 자세

16) 할 수 있는 모든 것을 다 해보기

17) 실수를 두려워하지 않기

18) 파격

19) 아래에서 위로('위에서 아래로'와 연결되도록)

20) 파트너십

21) 경청

22) 적극적 의사소통

23) 뛰어난 운영능력

24) 변화에 대한 대비

25) 점진적 향상의 유지

26) 적은 자원으로 많은 성과 내기

27) 혁신

28) 입소문

29) 행운

30) 열정과 긍정적 사고

31) 개성

32) 열린 마음과 정직

33) 재미

34) 영감을 불러일으킴

35) 약간의 희한함

36) 스스로를 농담거리로 삼을 의향

37) 차분한 자신감과 존중

우리는 이들 중 어떤 가치들이 가장 중요하며 우리가 지향하는 바를 진실로 대표하는지에 대해 생각하기 시작했다. 또한 몇 가지를 합해 하나의 핵심가치로 만들 수 있을까도 생각해보았다.

나는 회사 전직원에게 1년에 걸쳐 이메일을 여러 번 보내 어떤 핵심가치가 직원들에게 가장 중요한지에 대해 많은 조언과 피드백을 받았다.

그 과정이 예상보다 훨씬 더 오래 걸렸지만 절대 서두르고 싶지 않았다. 우리가 진실로 수용할 수 있는 핵심가치만을 최종적으로 남기고 싶었다.

표방하는 가치를 체화하겠다고 다짐하는 것이 핵심가치의 구축에서 가장 어려운 부분이다. 「당신의 문화가 당신의 브랜드이다」라는 블로그 글에서 언급했듯이 많은 기업들이 표방하는 '핵심가치'나 '사내 지침'등이 지나치게 숭고하거나, 약간은 마케팅 부서의 언론 발표용처럼 들린다는 것은 심각한 문제이다. 이런 경우 대부분 직원들이 오리엔테이션 첫날 배우고 잊어버리는, 그 후에는 로비에 걸린 의미 없는 명판에 남게 되는 무의미한 말에 지나지 않게 된다.

그런 일이 우리에게는 일어나지 않도록 하고 싶었다. 우리의 핵심가치는 지킬 수 있는 것이어야 하고, 그에 기반하여 직원을 고용하고 해고할 수 있어야 했다. 그럴 수 없다면 그것들은 진정한 덕목이라고 할 수 없을 것이다.

우리는 이와 같은 과정을 거쳐 다음과 같은 최종 10가지 핵심가치를 정하여 오늘날까지 사용하고 있다.

1. 서비스를 통해 '와우' 경험을 선사한다.
2. 변화를 적극 수용하고 추진한다.
3. 재미와 약간의 희한함을 창조한다.
4. 모험정신과 독창적이며 열린 마음을 유지한다.
5. 성장과 배움을 추구한다.

6. 적극적으로 의사소통하며 솔직하고 열린 관계를 구축한다.

7. 긍정적인 팀정신과 가족정신을 조성한다.

8. 좀더 적은 자원으로 좀더 많은 성과를 낸다.

9. 열정적이고 결연한 태도로 임한다.

10. 겸손한 자세를 가진다.

일부 직원들이 '성실함'을 제안했지만 나는 일부러 채택하지 않았다. 편리할 때만 핵심가치를 논하는 것이 아니라 우리가 실로 그것들을 체현하겠다고 다짐하고 그에 맞춰 사는 것이 진정한 성실함이라고 느꼈기 때문이다.

채용팀은 핵심가치 하나하나에 부합하는 인터뷰 질문들을 점차 개발했고 우리는 우리의 의지가 얼마나 확고한지를 채용과정에서 시험해보았다.

채용 결정에 가장 크게 영향을 미친 것은 10번 '겸손한 자세를 가진다'인 것 같다. 지원자들 중에는 뛰어난 경력을 지니고 똑똑하고 재능이 있어 회사의 이윤구조나 전략 등에 즉각적 영향을 끼칠 수 있는 이들이 있었다. 하지만 그들 중 다수는 상당히 자기중심적이라 결국 채용하지 않았다. 다른 기업들의 채용팀 관리자들이라면 고용해야 한다고 주장했을 것이다. 대부분의 대기업들이 훌륭한 문화를 가지고 있지 않은 이유가 아마 그래서일 것이라 짐작해본다.

장기적으로 가치가 있다면 (수입이나 이윤이 줄어드는 등의) 단기적 손실은 감수한다는 것이 재포스의 철학이다. 회사의 문화를 보호하고 핵심가치를 고수하는 것이 장기적으로 혜택을 가져온다.

10가지 핵심가치를 최종적으로 결정한 후 나는 회사 전체에 이메일을 보내 해당 덕목 하나하나에 대해 자세한 설명을 덧붙였다. 우리는 아직도 그 이메일 원본을 참고한다. 실제로, 회사에 합류하는 신입사원들은 핵심가치를 문서로 읽었으며 그 덕목의 준수가 직무의 일부임을 인정한다고 명시하는 서류에 서명을 하도록 되어 있다.

■ ■ ■

재포스 핵심가치 문서

재포스의 미션: '와우'를 체현하며 '와우' 서비스를 제공한다

회사가 성장하면서 우리의 문화와 브랜드, 그리고 비즈니스 전략을 도출하는 데 필수적인 재포스의 핵심가치를 명료하게 정의하는 것이 점점 중요해지고 있습니다. 성장과 더불어 다수의 신입사원들이 입사하는 상황에서 우리는 모든 직원들이 재포스의 본질에 대한 이해를 같이하며 그러한 본질에 일치하는 행동을 하기를 원하는 바입니다.

우리는 점차적으로 업무평가를 재조정할 것입니다. 직원 개개인이 재포스의 핵심가치를 잘 체현하고 있으며 그에 의해 결정을 내리는지의 여부가 업무평가의 주요 부분이 될 것입니다.

우리에게 중요한 덕목들이 매우 다양하고 많지만 그중 가장 중요한 요소들을 추려 다음과 같은 10가지 핵심가치를 선정했습니다.

1. 서비스를 통해 '와우' 경험을 선사한다.
2. 변화를 적극 수용하고 추진한다.
3. 재미와 약간의 희한함을 창조한다.
4. 모험정신과 독창적이며 열린 마음을 유지한다.
5. 성장과 배움을 추구한다.
6. 적극적으로 의사소통하며 솔직하고 열린 관계를 구축한다.
7. 긍정적인 팀정신과 가족정신을 조성한다.
8. 좀더 적은 자원으로 좀더 많은 성과를 낸다.
9. 열정적이고 결연한 태도로 임한다.
10. 겸손한 자세를 가진다.

원칙적으로, 직원들끼리 대응할 때, 고객을 상대할 때, 관련업체와 비즈니스 제휴자들을 응대할 때 등등 우리가 하는 모든 일에 이 핵심가치가 반영되기를 바랍니다.

할 일이 정말 많습니다. 10가지 핵심가치가 우리의 사고방식과 행동방식, 그리고 의사소통방식에 진실로 반영되기까지는 상당한 시간이 걸릴 것입니다.

성장과정에서 업무절차나 전략들은 변화할 수도 있지만 핵심가치만큼은 항상 변하지 않기를 바랍니다. 우리가 내리는 각종 결정은 예외 없이 우리 핵심가치의 틀 안에서 이루어져야 합니다. 오늘의 핵심가치는 우리가 처음으로 천명하는 것이기 때문에 다음 2년 동안 추가사항이나 변화사항이 있을 수도 있습니다. 우리의 최종목표는 회사의 운영과 성장 방식을 결정하는 틀로서의 핵심가치를 확정하는 것입니다.

직원 여러분께 부탁합니다. 회사에서 행해지는 모든 것을 재점검하고 우리의 핵심가치를 제대로 반영하기 위해서는 어떤 변화가 필요할 것인지 스스로에게 물어보세요. 예를 들면 직원 핸드북을 좀 더 재포스답게, 다른 회사에서 흔히 볼 수 있는 직원 핸드북과는 차별되도록 개선할 수도 있겠죠. 회사 내부 서식이나 입사지원서, 우리가 사용하는 이메일 서식, 웹사이트 여러 부분들 등을 포함한 정말 많은 것들을 좀더 재포스답게, 그리고 우리 핵심가치를 더 훌륭하게 반영하도록 개선할 수도 있겠습니다.

모든 직원에게 요청합니다. 재포스가 우리의 핵심가치를 더 잘 반영하도록 일주일에 적어도 한 가지를 개선해보십시오!

극적인 변화가 아니어도 좋습니다. 서식에 한두 문장을 더해서 좀더 재미있게 만들어보는 것은 어떨까요? 핵심가치가 재포스에 더 잘 반영될 수 있도록 모든 직원들이 작으나마 하나씩 무언가를 개선한다면, 올해 말에는 5만여 가지의 작은 변화들이 모여 오늘의 우리와는 극적으로 달라지고 향상된 모습이 되어 있을 것입니다.

각각의 핵심가치에 간략한 설명을 덧붙입니다.

1. 서비스를 통해 '와우' 경험을 선사한다

할 만한 가치가 있는 일은 모두 '와우'라는 감탄사가 나오게 할 만큼 잘해야 합니다.

'와우'는 너무나도 짧고 간단한 감탄사지만 많은 의미를 내포합니다. 사람들이 '와우'를 연발하게 하기 위해서는 약간은 파격적이고 혁신적으로 스스로를 차별화해야만 합니다. 일반적으로 기대되는 수준을 훨씬 뛰어넘는 무언가를 해야만 합니다. 그리고 여러분이 하는 일은 모두 상대방의 감정을 어루만져야 합니다. 우리는 평범한 기업이 아닙니다. 우리의 서비스는 평범하지 않습니다. 우리는 우리 직원들이 평범하기를 원하지 않습니다. 우리는 모든 직원들에게 '와우'스러운 솜씨를 기대합니다.

내부적으로 동료들과 일할 때나 외부적으로 고객이나 파트너들과 일할 때나 '와우'스럽게 행동하면 입소문을 부릅니다. 물질적 보상을 통해서가 아닌 서비스와 만족의 경험을 통하여 다른 사람들을 '와우'시키자는 것이 재포스의 철학입니다(예를 들면, 우리는 고객들에게 대대적인 할인이나 판촉 이벤트를 하지 않습니다).

우리는 우리 고객들을, 우리 동료들을, 우리 관련업체들을, 우리 제휴업체들을, 그리고 장기적으로는 우리 투자자들을 '와우'시키고자 합니다.

스스로에게 물어보세요. 더 많은 사람들을 '와우'시키기 위해서 어떻게 일이나 태도를 향상시킬 것인가? 오늘 나는 한 사람이라도 '와우'시켰는가?

서비스를 통해 '와우' 경험을 선사한다.

마사 C.

1984년, 나는 몇 주 동안 유럽 전역을 여행했다. 미국으로 귀국하기 전 마지막 방문지였던 런던에 도착했을 무렵에는 내 '행운의 달러'와 핸드백 밑에 깔린 외국 동전 한 줌 외에는 돈이 다 떨어진 상태였다.

목이 말랐던 나는 스낵바에서 음료수를 하나 꺼내들었다. 안내판에는 '외화 받습니다'라고 씌어 있었다. 계산대 앞에 다다르기도 전에 음료수 캔을 거의 다 비워버린 내 앞에 다른 안내판이 나타났다. "외화 동전은 받지 않습니다. 지폐만 받습니다." 내 동전을 다 가지라고 계산원을 설득했지만 소용없었다. 하지만 내 '행운의 달러' 지폐와는 정말 헤어지고 싶지 않았다.

갑자기, 내 뒤에 서 있던 남성이 몸을 내밀더니 내 음료수 값을 지불했다. 감사하다며 동전을 다 주려고 했지만 그는 거절했다. 대신 다른 사람들을 위해 친절을 베풀어달라고 했다. 런던 공항에서의 낯선 남자와의 일은 내 뇌리에 깊이 새겨졌다.

시간이 흘러 흘러 2008년, 지난 화요일 아침. 기나긴 쇼핑 목록을 가지고 월그린스(Walgreens, 미국의 드러그스토어 체인점으로, 식료품과 약 등을 판매한다 — 옮긴이)에 간 나는 물품들을 다 바구니에 넣고는 계산대로 향했다. 몇 가지 물건만을 가지고 있던 사람 둘이 내 뒤로 줄을 서길래 나는 자연스럽게 그들에게 먼저 계산하라고 했다. 내 차례가 되어 계산원이 내가 산 물품들의 약 3분의 1의 계산을 마쳤을 때 노인 한 명이 내 뒤에 섰다. 땅콩 두 깡통, 연고, 그리고 챕스틱 립밤을 들고 있었다.

나는 뒤로 몸을 돌려 그 물건들을 달라고 했다. 어리둥절한 표정으로 노인은 이유를 물었다. '낯선 이에게 친절함을 베푸는 것'이라고 말하려는 것이 내 의도였다. 정말이다. 하지만 대신 내 입에서 튀어나온 것은 '낯선 이를 와우시키는 것'이라는 말이었다. 재포스에서 일한 이후 뇌리에 박힌 '와우시키다'라는 표현이 '친절함'이라는 단어를 대신해버린 것이다. 나는 굳이 정정을 하지 않았다. 계산원이 노인의 구매품을 스캔한 후 봉투에 넣어 그에게 건넸다.

노인은 나를 보고 "'낯선 이를 와우시킨다'는 게 뭔지 얘기 좀 해주게" 라고 했다. 런던의 낯선 남자 이야기를 들은 그는 고맙다는 말을 거듭하고 가게를 떠났다. 이제는 계산원이 나를 이상하게 쳐다보고 있었다. 그도 "별 이유 없이 와우시키는 것'에 대해 알고 싶어했고 나는 내가 재포스에서 일하며 우리의 핵심가치 중 하나가 고객을 와우시키는 것이라고 설명했다.

가게를 떠나며 내 가슴이 뿌듯했다. '와우시키는 것'에 대해 한 명도 아닌 두 명에게 알렸을 뿐 아니라 미래의 어느 날 그들도 다른 사람들에게도 베풀지도 모르는 것이다!

며칠 후, 야간 근무를 끝내고 퇴근하던 길에 나는 월그린스에 들렀다. 오전 일곱 시였다. 가게 안에 발을 들이자마자 "안녕하세요,

마사"라고 나를 반기는 소리가 들렸다. 지난번 만났던 그 계산원이었다.

놀라서 나는 말했다. "내 이름을 기억하다니 놀랍네요." 그가 답했다. "손님 이름을 신용카드 영수증에서 보고 적어놨죠. '낯선 이를 와우시키는 것과 친절을 베푸는 것'에 대해 가르쳐준 사람 이름을 잊어버리고 싶지 않았어요. 다른 사람들에게 나도 가르쳐주었구요!"

웃기는 일 아닌가. 이제는 내가 와우를 당할 차례였다.

2. 변화를 적극 수용하고 추진한다

성장하는 기업의 특징은 변화가 끊이지 않는다는 점입니다. 어떤 사람들, 특히 규모가 큰 기업 출신 직원들에게 끊임없는 변화란 처음엔 다소 불안하게 느껴질 수 있습니다. 끊임없는 변화에 대처할 준비가 되어 있지 않은 사람이라면 아마도 재포스에게 맞는 사람이 아닐 것입니다.

우리는 변화를 두려워하지 않는 법뿐 아니라 열광적으로 수용하는 법을 배워야 합니다. 더 중요하게는 변화를 권장하고 추진하는 법을 배워야 합니다. 끊임없는 변화에 대비하여 계획을 세워야만 합니다.

변화란 것은 어디에서나 비롯될 수 있지만, 회사 내 대부분의 변화를 아래에서, 즉 최전선에 있는 사람들, 고객 및 문제점에 가까이 있는 사람들이 주도하도록 하는 것이 중요합니다.

결코 현재의 상황을 그대로 수용하거나 안주하지 마십시오. 역사적으로 볼 때 문제를 일으킨 기업들은 재빨리 변화하지 못하고 변화에 대처하지 못했던 기업들이었습니다.

우리는 진화하고 있습니다. 경쟁에서 계속 앞서고 싶다면 우리는 지속적으로 변화하며 경쟁자들을 혼란스럽게 해야 합니다. 경쟁자들이 우리의 이미지나 배송정책, 그리고 웹사이트의 전체적인 모습을 복제할 수는 있습니다. 하지만 끊임없는 변화의 수용이 우리 문화에 자리 잡고 있는 한 그들은 우리만큼 빠르게 진화할 수는 없을 것입니다.

스스로에게 물어보세요. 나는 어떻게 변화에 대비하여 계획을 세울 것인가? 나는 새로운 도전을 낙관적으로 보는가? 변화를 권장하며 추진하는가? 어떻게 아래로부터 변화가 추진되도록 권장하고 있는가?

나는 내 직속부하가 변화를 주도하도록 힘을 실어주고 있는가?

1퍼센트의 파워

2009년 1월, 재무이사/총무이사 알프레드 L의 블로그

그것은 최고의 시대였고, 최악의 시대였다.
–찰스 디킨스, 『두 도시 이야기』에서

2008년 방영된 〈CNBC 리포트〉에서 마리아 바티로모는 디킨스를 인용하며 그 구절이 프랑스혁명을 가리킨 것이었지만 2008년에 대한 언급이라 하더라도 잘 들어맞았을 것이라 했습니다.

의심할 바 없이 2008년은 매우 힘든 한 해였습니다. 취약한 경제로 시작하여 상반기에는 소매업이 서서히 스러지다가 후반에는 절벽 밑으로 추락했죠. 기사마다 약간씩 다르지만 온라인 전자상거래 시장은 이번 연말 시즌에 3~5퍼센트가 하락해서 전자상거래가 성장하지 않은 첫번째 해를 기록했다고 합니다. 이런 식의 그리 긍정적이지 않는 기사를 읽을 때마다 우리가 재포스에서 일한다는 것이 얼마나 다행인지 새삼 느낍니다. 재포스는 이 거친 시간을 헤치고 나오며 꽤 놀라운 실적을 달성할 수 있었거든요.

완벽하지는 않았지만 2008년은 우리에게 근사한 한 해였습니다. 공식적 결과는 회계부서가 한 해 정산을 마치고 3월 초 감사를 받은 재무제표를 발표할 때 나오겠지만 우리는 지난해와 연말 시즌(전자상거래가 하락한 상황에서)을 통해 성장을 거듭하며 총매출액 10억

달러를 초과했습니다. 그리고 '좀더 적은 자원으로 좀더 많은 성과를 낸다'는 강령에 기반하여 즐거운 마음으로 고객들을 응대하면서도 흑자를 유지하고 현금 보유고를 두둑하게 지켰습니다!

2008년을 계속 되씹을 수도 있겠지만, 이제는 2009년입니다. 학수고대하던 휴식을 취하고 돌아온 지금, 우리의 A학점 게임을 다시 시작해야 할 때입니다. 이사회가 승인하는 대로 우리는 우리의 목표와 '공식적' 계획에 대해서 논할 예정입니다만, '공식적'으로 발표하지 않는다 해도 우리는 이미 알고 있죠. 무엇을 해야 하는지.

한 가지 제가 여러분께 추천하는 게 있다면 우리의 핵심가치 문서를 다시 보며 재포스를 더 좋은 회사로 만들기 위하여 적어도 하루에 한 가지 개선을 하라는 것입니다. 빠짐 없이 매일 해야 합니다. 너무 이상적인 이야기인가요? 너무 힘들게 들리나요? 하지만 개선이 굳이 극적인 변화일 필요는 없다는 점을 기억하세요. 하루에 단 1퍼센트를 향상하는 것의 의미를 생각해보시고 매일 전날의 1퍼센트만 더 나아지세요. 그렇게 함으로써 우리는 극적인 효과를 거둘 수 있습니다. 연말까지 365퍼센트(3.65배)가 아닌 37배의 향상을 거두게 될 것입니다.

아침에 일어나면 스스로에게 물어보세요. 재포스를 더 좋은 회사로 만들기 위해 내가 할 수 있는 1퍼센트의 개선이 무엇인가. 나를 개인적으로도, 직업적으로도 발전시킬 1퍼센트의 개선이 과연 무엇인가 말입니다. 우리 한 명 한 명이 개인적으로 성장하지 않는다면 재포스도 성장할 수 없습니다.

상상해보세요. 매일 행해지는 1퍼센트의 개선은 복리효과를 통해 연말에는 당신과 재포스를 37배 향상시켜놓을 것입니다. 재포스의 전직원이 모두 그렇게 한다고 상상해보세요. 당신과 재포스, 그리고 세계 전체가 얼마나 더 나아져 있을지 상상해보세요.

쉽지는 않을 것입니다. 또한 2009년에는 나름대로의 고난이 기다리고 있을 것입니다. 그러나 우리는 긍정적인 자세로 헤쳐나갈 것입니다. 새해 복 많이 받으십시오!

추신: 수학 범생이들만 보세요. 1월 1일, 당신 손에 100달러가 있습니다. 매일 가지고 있는 돈을 1퍼센트 늘릴 수 있다면 그해가 끝날 때 당신 손에는 $3,778.34 = \$100 \times (1+1\text{퍼센트})^{365}$가 있을 것입니다. 당신이 설날 가지고 있던 돈의 37.78배죠. 그러니 매일 1퍼센트씩만 꼭 늘리세요!

추추신: 그래요, 난 수학 범생이예요. 미식축구팀에 낄 만큼 멋지지 못해서 수학반에 등록한 범생이라구요. 나랑 놀아줘서 고마워요.

3. 재미와 약간의 희한함을 창조한다

우리는 재미있게 지내는 것과 약간의 희한함을 소중히 여기는 것이 재포스가 다수의 다른 기업들과 다른 점 중 하나입니다. 우리는 재포스가 '기업'스럽고 지루한 회사가 되기를 원하지 않습니다. 우리는 스스로를 농담의 소재로 삼을 수 있기를 바랍니다. 매일의 업무에서 재미와 유머를 찾으려고 합니다.

우리가 하는 일 중 다수가 약간은 파격적일 수 있다는 뜻입니다. 그렇지 않다면 조금이라도 희한할 수 없겠지요. 하지만 우리가 광적이거나 극도로 희한해지고자 하는 것은 아닙니다. 우리는 그저 모두의 삶을 더 재미있고 신나게 만들기 위해 약간의 희한함을 원할 뿐입니다. 우리는 회사가 독특하고 기억에 남을 개성을 지니기를 원합니다.

우리의 문화 덕분에 우리가 성공을 하는 것입니다. 우리의 다양성과 개개인의 개성을 적극 수용하고 찬양하는 자세가 우리의 문화입니다. 외부인에게는 일관성이 없거나 희한해 보일지도 모릅니다. 하지만 자기 본연의 모습에 충실할 때 최고의 기능을 발휘한다는 우리의 믿음 자체는 일관적입니다. 우리는 직원 개개인에게 깃들어 있는 희한함이 직원 간의 관계나 업무에서 표현되기를 원합니다.

희한함을 권장하는 것은 예상치 않은 효과를 낳기도 합니다. 사람들이 기존의 틀에서 벗어난 사고를 하고 좀더 혁신적이 되도록 고무하는 면이 있습니다. 약간의 희한함이 회사 업무를 재미나게 하는 것에 반영된다면 모두에게 윈-윈의 결과가 있을 것입니다. 직원들은 자기 업무에 더욱 몰입을 할 것이고 회사는 전체적으로 좀더 혁신적이 될 것입니다.

스스로에게 물어보세요. 약간은 희한해지기 위해서, 우리를 다른 사람들과 차별화하기 위해 할 수 있는 일이 무엇일까? 내가 할 수 있는 일 중 재미도 있으면서 조금은 희한하기도 한 일에 무엇이 있을까? 나는 일하면서 얼마나 재미를 느끼고 있으며 더 재밌게 하기 위해서 할 수 있는 일이 무엇일까? 동료들을 재미있게 하기 위해서 나는 무엇을 하는가?

재포스 사람들 이야기

재미와 약간의 희한함: 사이버 채팅

재포스 고객 토드의 블로그

비치 크루저(해변에서도 탈 수 있게 만든 자전거의 일종으로 뛰어난 디자인 덕에 인기가 많다—옮긴이) 판매점의 '수석 크루저'인 나는 재포스 사이버 채팅이 어떤지 보고 싶었다. 재포스가 나에게 어떻게 대응할지 궁금했다. 재포스는 훌륭한 서비스로 유명하고, 또한 상담원들이 '자신 자신의 모습을 그대로 드러내는' 것을 허용하는 것으로 유명하다. 오늘 밤 나는 재포스를 시험에 들게 하여 사이버 채팅에서 나를 도우러 나온 남자에게 커브볼을 한두 개 던져보았다. 가명 '티미'를 사용하여 무작위로 고른 제품에 대해 완전히 무작위의 질문을 한 것이다. 다음은 내가 갈무리한 사이버 채팅 내용이다. 보면 알겠지만 재포스는 진짜 끝내준다! 아래 이야기는 내가 꾸민 게 아니다. 맹세한다.

조너선이 고객님을 돕겠습니다.

조너선: 안녕하세요, 티미. 어떻게 도와드릴까요?

티미: G-쇼크 아토믹 솔라-AWG101 제품번호#7403774의 넓이가 얼만지 알아요?

티미: 무슨 말이냐면, 굵은 팔목에 맞을까요?

티미: 티미 손목이 무진장 굵거든요

티미: 티미는 거대한 손목시계가 필요해요

조너선: 티미한테 맞는 게 있는지 볼게요.

티미: 짱이네요. 참, 티미를 계속 3인칭으로 불러줄 수 있을까요? 티미는 그런 식으로 티미에 대해 이야기해서 티미의 에고를 만족시키는 걸 좋아해요

조너선: 조너선은 지금 이 채팅이 진행될 동안엔 '고객님'이란 단어의 사용을 기꺼이 포기하겠어요.

티미: 조너선하고 티미는 잘 어울릴 것 같아요

조너선: 티미가 티미의 손목 둘레를 잴 수 있을까요?

티미: 티미의 손목은 굵어요. 하지만 뚱땡이 래퍼 비기스몰처럼 크진 않아요. 티미한테는 줄자가 없어요

티미: 티미는 190센티미터에 100킬로가 나가요. 조너선한테 도움이 될까요?

조너선: 다행히 조너선의 형 사이즈와 비슷해서 도움이 되네요.

조너선: 조너선은 이 시계가 티미한테 맞을 것 같아요. 손목끈 길이가 22센티미터라서 티미 손목에 맞을 것 같아요.

티미: 아, 좋아요

티미: 여기 시계랑 물건들은 여기 사파토스처럼 무료 반품 배송이 가능한가요?

티미: 혹시 티미가 다른 게 더 좋아진다거나 하면요

조너선: 그런 경우 아님 시계가 티미한테 아니다 싶거나 하면, 배송시의 제품상태를 유지하고 배송에 사용된 포장을 사용하면 반품이 돼요. 티미는 주문한 지 365일 안에만 반품하면 돼요. 우리는 반품도 받고 배송비까지 내줘요! 그리고 티미에게 보내는 배송비는 언제나 그렇듯이, 무료예요.

티미: 티미는 조너선에게 잘 도와줘서 고맙다고 말하고 싶네요

조너선: 조너선이 티미에게 천만에요라고 말하네요.

조너선: 조너선도 도울 수 있어 기뻤어요!

조너선: 조너선이 티미를 더 도울 것이 있나요?

티미: 아니요, 티미는 이걸로 됐어요

티미: 티미 기분 좋아요

조너선: 좋아요. 티미 재포스 계정이 있나요?

조너선: 조너선이 티미 계정을 업그레이드시켜줄게요.

티미: 그래요 티미 저번에도 여기서 쇼핑했어요

티미: 하지만 '티미'는 내 분신이고 진짜 이름이 아니에요

조너선: 흠. '티미'의 이메일 주소가 뭐죠? 내가 찾아볼게요.

티미: 티미는 txxxxxx@gmail.com을 이용해서 주문을 했어요

조너선: 안녕하세요, 토드!!!

조너선: ☺

조너선: 고객님의 계정을 VIP 등급으로 업그레이드해드리겠어요! 앞으로는 모든 주문을 영업일 기준으로 하루 만에 받게 되실 거예요! 무료로요!

조너선: 앞으로는 주문을 http://vip.zappos.com에서 하세요.

티미: 티미 좋아!

조너선: 좋아요. 좋아요...

조너선: 조너선이 티미를 도울 게 더 있는지 조너선에게 말해주세요.

티미: 오케이, 티미 이제 오케이에요. 쇼핑하러 가야 해요!

조너선: 즐거운 시간 되세요!

4. 모험정신과 독창적이며 열린 마음을 유지한다

우리는 재포스 직원과 회사가 하나가 되어 대담하게 행동하며 도전에 두려움을 느끼지 않는 것(부주의한 것이 아니라)이 중요하다고 생각합니다. 어느 누구도 위험을 감수하거나 실수하는 것을 두려워하지 않기 바랍니다. 실수를 하지 않는다는 것은 감수해야 할 위험조차도 피하고 있다는 뜻이 되니까요. 우리는 모두가 사업 결정을 내리는 데 필요한 배짱을 점차적으로 키우기를 원합니다. 결정을 내리는 기술을 계발하고 향상시키기를 원합니다. 실수를 저질러도 좋습니다. 실수에서 교훈을 배우기만 하면 됩니다.

단지 기존에 그랬다는 이유로 현실에 안주하며 현상 유지 상태를 수용하는 것을 우리는 결코 원치 않습니다. 우리는 항상 모험을 갈구하고 새로운 가능성들을 즐겁게 탐구해야 합니다. 창조적인 해결책을 찾아도 되는 자유를 가짐으로써 우리는 우리의 행운을 스스로 창조합니다. 우리는 열린 마음으로 스스로가 처한 상황과 역경을 검토합니다.

모험심과 창조성으로 인해 가끔은 우리의 해결책이 파격적일 때도 있습니다(우리는 틀에서 벗어난 사고를 할 자유가 있으니까요!). 하지만 그렇기에 우리는 다른 경쟁자들보다 높이 솟아 앞서나갈 수 있는 것입니다.

스스로에게 물어보세요. 나는 위험을 충분히 감수하고 있는가? 실수를 두려워하지는 않는가? 안락한 상태에서 머무르지 않고 앞으로 더 나아가는가? 내가 하는 일에 모험정신과 독창성이 있는가? 나는 어떻게 독창적으로 재포스에게 기여할 수 있는가? 나는 열린 마음으로 각종 상황과 역경에 대처하는가?

재포스 사람들 이야기

모험정신과 독창적이며 열린 마음을 유지한다

크리스타 F. (채용팀 과장)

매우 크고 기업적인 분위기의 인력 공급업체 두 곳에서 8년을 일한 나는 그 산업을 떠나 2004년 12월 재포스에 합류했다. 현실 안주와 현상 유지가 그 업계를 지배하고 있던 터라 모험정신이나 재미란 존재는 애초부터 없었다. 설사 있었다 하더라도 오래전 왕국에서 사라진 후였다. 나는 기진맥진한 상태로 서서히 하락하며 다시는 다른 인간을 인터뷰하지 않겠노라 결심했다. 그런데 왜 내가 채용팀에 있냐고? 걱정 마시라. 이 이야기는 해피엔딩으로 끝난다.

재포스닷컴이 HR 전문가를 찾는다는 광고를 보고 지원했다. 재포스는 모든 사람의 화젯거리였다. 샌프란시스코에서 갓 이사온 새롭고 젊고 재미있고 멋진 회사였다. 확실히 흥미롭고 흥분되는 기회였지만, 이미 언급했듯이 정말로 채용 업무는 그만두고 싶었다.

무슨 이유에선지 하늘의 별자리가 움직이더니 내가 합격했다! 근무를 시작한 지 2주에 들어선 어느 날, 상사가 머뭇머뭇 다가왔다. 내 첫번째 큰 프로젝트가, 두둥, 기대하시라. 내 경력을 고려하여, 회사의 채용절차를 확립하여 채용을 시작하라는 것이 아닌가! 한숨만 나왔다.

짐작했다시피 처음에는 시큰둥했다. 하지만 내가 채용 업무를 피했던 이유가 업무 자체가 싫어서가 아니었다는 점을 곧 깨달았다. 나를 서서히 말려죽이고 있던 것은 독창성과 모험정신의 결여였다.

다른 핵심가치도 마찬가지이지만 '모험정신과 독창적이며 열린 마음의 유지한다'란 덕목 또한 단순한 추천 강령이 아니다. 그것은 우리가 삶을 사는 방식이다. 당신이 이 핵심가치 또는 다른 핵심가치가 전통적으로 당신 회사에서 숨이 턱 막히고, 정책에 좌지우지되며, 지겨운 부서들(실로 인사팀은 그런 부서 중 1위일 것이다)에는 적용이 불가능하다고 생각한다면, 당신은 틀렸다.

채용 및 선발 심사 과정을 만들고 있을 때 우리는 지원자가 우리의 핵심가치에 부합하는 사람인지를 판단할 방법뿐 아니라 우리의 핵심가치를 지원자들에게 선보이고 과정에 반영시킬 방법 또한 찾아내려고 했다. 이 과정에서 독창적이며 위험을 감수할 의향을 가지고 열린 마음을 유지해야 하는 것은 다름 아닌 우리 채용팀이었다!

예를 들면, 우리가 직면한 가장 큰 도전 중의 하나가 고객충성팀 상담원들 다수를 매우 빨리 채용해야 한다는 것이었다. 인터뷰 인원 세 명으로는 지원자들을 모두 인터뷰할 수가 없었다. 평소에 희한한 발상을 잘하는 토니는 전형적인 취업설명회를 때려치우고 '스피드 데이트'를 하면 어떻겠냐고 제안했다.

말도 안 돼! 잘될 리가 없어, 제대로 된 방법을 찾아내려면 한 달은 걸릴 거야. 이것이 내 첫 반응이었다. 하지만 열린 마음으로 모든 것을 대하기로 했고, 솔직히 말하면 다른 좋은 계획도 없었기 때문에 우리는 스피드 데이트를 시도하기로 했다. 기본적인 준비부터 시작했다. 신문에 광고를 냈고, 지원자들이 재포스의 회사 소개 및 직업 안내를 들으러 왔다. 그 후 지원자들은 인터뷰를 위해 여섯 명의 재포스 직원들을 만났다. 재포스 직원 한 명당 5분의 시간이 주어졌다. 확실히 재포스와 맞지 않는 지원자들을 재빨리 솎아내고 남은 이들을 정식 인터뷰에 초대하자는 것이 우리의 의도였다.

완벽과는 거리가 멀었지만 일단 시작은 한 셈이었다. 거기서부터 과정을 매끈하게 다듬고 좀더 효과적이며 재포스답게 만드는 것은 실로 짜릿한 도전이었다. 한 해 동안 우리는 댄스음악과 음료, 간식 등을 설명회에 추가했다. 지원자들이 서로 이야기를 할 수 있게 하고, 회사 소개에 코미디 형식을 섞어 지원자들을 깜짝 놀래주었다. 우리는 지원자들에게 동료 지원자들을 상대로 자기소개와 함께 자신에 대한 재미있는 사실 하나를 말하게 하고(지원자들 중 뛰어난 리더들을 식별할 수 있는 좋은 방법), 또한 〈오프라 윈프리 쇼〉를 본따 '행운의 관객'에게 상(재포스 이름이 박힌 작은 기념품들)을 주기도 했다. 인터뷰/데이트 시간에는 구식 키친 타이머를 설치했다. 5분이 지나면 강력 진동과 함께 '바뀌요!'라는 합창이 울려 퍼져서 지원자들이 다음 인터뷰 담당자에게 옮겨갈 때임을 알 수 있었다.

성장 중인 채용팀이 취업설명회를 개선하고 좀더 효과적으로, 좀더 재미있게, 그리고 재포스 문화를 더 많이 반영하기 위하여 쏟는 노력에서 발산되는 에너지와 흥분은 압도적이었다. 그 분위기는 우리가 하는 모든 일에 바로 전염되었고, 지원자들이 긴장을 풀 수 있고 질문에 더욱 솔직하게 대답하며 개성과 독창성을 더 드러낼 수 있는 '테마 인터뷰' 등의 창안으로 이어졌다.

신입사원 오리엔테이션에서도 같은 분위기가 두드러졌다. 작성해야 하는 서류의 일환으로 신입사원들은 4주 기간의 신입사원 교육 동안 그들이 성취해야 하는 일(실질적으로는 교육 도중 해고를 당할 수 있는 이유들)에 대해 배우게 된다. 정보란 중요하고 서로 나눠야 하는 것이지만, 초장부터 기분 잡치는 일이긴 하다. 재포스라면 이런 경우 어떻게 하겠는가? 우리 팀에 있던 〈새터데이 나이트 라이브(미국 NBC 채널에서 토요일 밤에 방송하는 코미디 쇼— 옮긴이)〉의 충성 팬의 도움에 힘입어 우리는 쇼에 나오는 몇 명의 유명한 캐릭터들을 '빌려서' 코미디 쇼를 구성하여 침울한 정보를 매우 과장스럽고 웃긴 방식으로 신입사원에게 전달했다.

정말 많은 예가 있지만, 아무튼 5년이 지난 지금 내 팀의 모습, 그리고 재포스가 이룬 일을 볼 때 나는 나 자신이 매우 자랑스럽고 일에 보람을 느낀다. 사람이 기력을 소진하고 지겨움을 느끼며 도전의식을 느끼지 못하거나 일에 의해 억압되었을 경우, 원인은 일 자체가 아니라 그 일을 하는 환경과 일을 하는 데 적용되는 규칙일 경우가 많다.

당신의 직원이 위험을 감수하고 새로운 일을 시도하도록 허락하라. 성공하는 예도 있고 실패하는 경우도 있겠지만 그래도 괜찮다. 직원이 자신의 모든 것을 일에 쏟아붓도록 허용하라. 뛰어난 재능이 있는 소프트웨어 엔지니어가 끝내주는 음악가일 수도 있다. 직업 외의 열정을 표현할 기회를 직장에서도 허용하라.

월요일마다 출근이 두려운 이유는 집에 자신의 한 조각을 남기고 오기 때문이다. 자신의 모든 재능을 맘껏 직장에서 발휘해보라고 직원들을 부추기라. 남들처럼만 하는 데 그치지 않고 선을 넘으려 하며, 모험을 두려워하지 않는 이들, 독창적이며 열린 마음으로 새로운 것들을 시도하는 이들에게 상을 주고 어떤 일이 일어나는지 지켜보라.

보시다시피 모든 일은 해피엔딩으로 끝난다. 나는 여전히 채용 업무를 하고 있고, 매일매일 사람들을 인터뷰하지만 그 일이 정말 재미있어 견딜 수가 없다!

재포스 인터뷰 질문 샘플

지원자는 틀에서 벗어난 사고와 행동을 할 의향이 있다.

- "이전 직장에서 틀에서 벗어난 사고와 행동을 했던 예를 들어보세요."
- "직장에서 저질렀던 실수 중 가장 괜찮았던 실수는? 그 이유는?"
- "당신의 책임이 아닌 분야에서 문제점을 목격하고 솔선수범하여 그 문제를 해결했던 경우에 대해 이야기해보세요. 문제는 무엇이었고 어떻게 해결을 했나요?"

지원자는 평균 이상의 독창성을 지니고 있다.

- "자신이 보통 사람보다 더 독창적인가요, 덜 독창적인가요? 예를 들어 보세요."
- "재포스 출근 첫날, 당신이 해야 하는 일이 면접과 채용 과정을 좀더 재미있게 만드는 것이라면, 그날 여덟 시간 동안 무엇을 하겠어요?"

지원자는 문제를 해결하기 위해 위험을 감수할 의향이 있다.

- "예전 직장에서 위험을 감수했던 예를 들어보세요. 결과가 어땠지요?"
- "일을 제대로 수행하기 위해 규칙이나 방침을 어긴 적이 언제인가요?"

5. 성장과 배움을 추구한다

재포스는 직원이 개인적으로, 그리고 직업적으로 성장하는 것이 중요하다고 생각합니다. 지속적으로 자신에게 도전하고 자신을 밀어붙이는 것, 업무 과정에서 당신이 성장하고 있거나 무언가를 배우고 있다고 느껴지지 않는 그런 일에 갇히지 않는 것이 중요합니다.

모든 직원의 안에는 자신이 깨닫는 것보다 더 큰 잠재력이 있음을 우리는 믿습니다. 직원들이 그러한 잠재력을 발휘하도록 돕는 것이 우리의 목표입니다. 하지만 회사와 직원이 같이 노력해야 합니다. 잠재력을 해방시키기 위해서는 당신은 스스로에게 도전하고 자신을 밀어붙여야 합니다.

여러분이 재포스에서 일한 지 두 달 이상이 지났다면 이것 하나는 확실히 아실 겁니다. 재포스는 성장하고 있습니다. 우리는 새로운 도전을 두려워하지 않기 때문에 자랍니다. 그리고 우리가 자라고 있기 때문에 더욱더 많은 도전에 마주치고 있습니다. 끝없는 순환이지만 좋은 일입니다. 회사가 살아남을 수 있는 유일한 방법이지요. 하지만 때때로는 무섭고, 스트레스도 쌓이며, 혼란스럽기도 합니다.

문제를 하나 해결하면 바로 새로운 문제들이 팍팍 터지는 것 같을 때가 있습니다(어쩔 때는 문제가 해결되기도 전에 터지죠!). 하지만 그러한 현상은 우리가 앞으로 나아가고 있으며, 더 나아지고 강해지고 있다는 증거입니다. 우리와 경쟁하고 싶은 이라면 같은 과정을 거쳐야 합니다. 문제점들이란 결국 도로에 세워진 거리 표지판이나 마찬가지입니다. 하나의 표지판을 지날 때마다 우리는 앞으로 더 나아간 것이지요.

하지만 우리가 아무리 더 나아가도 할 일은 언제나 많을 것입니다. 우리의 일이 끝나는 일은 없을 것이며 우리가 '완벽한 결과'를 얻는 일도 없을 것입니다.

부정적으로 들린다고요? 그렇지 않습니다. 우리는 '완벽한 결과'를 얻기 위하여 최선의 노력을 할 것이고, 변화를 깨달았을 때에는 또다시 노력을 할 것입니다. 그것이 바로 성장의 순환입니다. 여러분 마음에는 안 들지도 모르겠지만 이 순환은 멈추지 않습니다.

쉽지 않습니다…… 하지만 우리가 열심히 하지 않는다면, 일거리가 없어질 것입니다. 경쟁자들이 우리를 밀어내지 못한 단 하나의 이유는 우리가 하는 일이 고되며 다른 누구보다도 우리가 그 일을 잘한다는 데 있습니다. 일이 쉬워지는 날이 온다면, 경쟁의 거대한 해일이 우리를 쓸어갈 날도 같이 옵니다.

우리가 무엇인지도 모르고 무작정 일을 하는 것처럼 보일 때도 있습니다. 사실은 그래요. 우리도 모릅니다. 좀 무섭죠? 하지만 우리가 일을 어떻게 하는 것인지 아는 사람도 전혀 없다는 사실을 위안으로 삼으세요. 어떻게 하는지 아는 사람들이라면 그들이 가장 인기 있는 온라인 신발가게가 되었겠죠? 물론 우리가 전에 한 일을 약간은 따라한 사람들도 있습니다. 하지만, 중요한 것은 세부사항입니다. 재포스에서 일하면서 배운 교훈이죠. 그리고 우리는 거기서 새로운 장을 열고 있는 것입니다.

우리가 하는 일에 전문가란 없습니다. 우리 말고는 없습니다. 우리는 우리 일을 하면서 전문가가 되어가고 있습니다. 그리고 우리 회사에 합류하는 사람들이 회사에 발휘하는 전문성은 새로운 것을 배우고, 적용하고, 이해하는 능력입니다. 그 과정에서 그들은 회사의 성장을 돕고 스스로를 키워가는 것입니다.

스스로에게 물어보세요. 나는 개인적으로 어떻게 성장하는가? 직업적으로는 어떻게 성장하는가? 나는 어제보다 오늘 더 나아졌는가? 당신의 동료와 부하직원들이 개인적으로 성장하는 것을 어떻게 지원할 수 있겠는가? 나는 스스로에게 도전하고 나 자신을 밀어붙이는가? 나는 매일 새로운 것을 배우는가? 가고자 하는 곳에 대한 나의 비전이 무엇인가? 어떻게 회사를 성장하게 할 수 있는가? 회사의 성장을 촉진하기 위하여 나는 최선을 다하고 있는가? 다른 이들이 성장이란 것을 이해하는 것을 돕고 있는가? 나는 회사의 비전을 이해하는가?

재포스 사람들 이야기

성장과 배움을 추구한다

모라 S.

6년 전 재포스에서 일하기 시작했을 때, 나는 이 일을 업으로 삼을 생각은 없었다. 당시 나는 샌프란시스코에 살면서 박물관 분야에서 전임 자리를 얻으려고 노력 중이었다. 일이 잘 풀리지 않아서 월세라도 벌기 위해 전화상담원직에 지원했다.

당시에는 전화상담원직이 그냥 일에 불과했다. 지금 그 일은 훨씬 더 의미가 있는 것으로 변했다.

두 가지 이유로 나는 재포스가 일하기 좋은 직장임을 바로 알아차렸다. 하루를 같이 보내는 동료들이 참으로 괜찮은 사람들이었고 고객 서비스에 대한 회사의 철학이 환상적이었다. 하지만 이 회사가 정말 특별한 곳임을 깨달은 것은 2004년, 내가 두 눈 질끈 감고 회사와 함께 라스베이거스로 옮겼을 때였다.

2006년, 재포스 핵심가치가 직원들에게 공표되었다. 회사의 문화가 독특하다는 것쯤은 이미 알고 있었지만 이제는 참고를 할 수 있는 것, 우리가 모두 참여하여 만든 것, 우리가 "그래! 이게 우리가 믿는 거야!"라고 말할 수 있는 것을 갖게 된 것이었다.

핵심가치는 그저 회사를 위한 것이 아니었다. 삶의 방식이었다. 핵심가치 모두가 좋았고 그에 동조했지만 나를 즉각 사로잡은 것은 다섯번째 가치인 '성장과 배움을 추구한다'였다.

당시 나는 재포스에서 2년 반을 근무한 상태였다. 그 짧은 기간 동안 나는 관리직으로 승진되었다. 나는 관리 쪽에는 경험이 없었고 관리직을 바라지도 않았다. 물론 지금은 회사가 나를 밀어붙인 것에 감사하고 있지만.

재포스는 나의 가치를 신뢰했다. 나 자신도 내게 특정 역할을 맡을 만한 능력이 있다고 생각하지 않던 때 재포스는 나를 믿어주었다. 덕분에 나는 급속도로 성장하고 배울 수 있었다. 개인적으로도, 직업적으로도.

핵심가치들이 발표된 후 나는 진지하게 내게 주어진 모든 '성장과 배움의 기회를 추구'하기 시작했다. 성장하고자 하는 직원들에게 너무나도 협조적인 환경, 새로운 발상을 했을 경우 '적용해봐도 되나요' 하고 물을 것도 없이 이미 '그냥 해보세요'라는 허락이 나 있는 그런 환경에서 일한다는 것이 얼마나 행운인지 깨달았다.

자신감이 솟구쳤고 회사의 리더라는 내 역할에 확신이 생기기 시작했다. 세미나 등에서 재포스를 대표하여 발표를 하는 등 스스로를 밀어붙였다. 5년 전에는 어림도 없었을 일이었다. 이제 나는 발표하는 것을 정말로 좋아한다.

재포스 사무실 안에서처럼 나는 사적인 삶에서도 배우고 성장했다. 다양한 목표들을 세웠고 집을 살 수 있었다. 어릴 때는 독서광이었지만 대학 진학 후 책에 흥미를 잃었던 나는 지금은 좋은 책들을 닥치는 대로 읽느라 정신이 없다.

나는 또한 건강한 생활습관을 회복했다. 하프 마라톤을 다섯 번이나 뛰었으며 12월에 있을 풀코스 마라톤(재포스가 후원한다!)에 도전하기 위하여 훈련 중이다. 아시아에 가서 스쿠버다이빙을 했고, 중앙아메리카에서는 화산에 올라 캠핑을 하며 옆 화산이 분출하는 것을 내 눈으로 직접 봤다. 끝내줬다!

어리바리했던 스물다섯 살이 지난 6년 동안 성장하고 변한 모습에 다시금 놀란다. 재포스는 내 성장에 큰 역할을 담당했다. 매일 걸어서 출근할 때마다 나는 배움에 대한 열망이 뜨겁다.

6. 적극적으로 의사소통하며 솔직하고 열린 관계를 구축한다

개방과 정직은 신뢰와 믿음으로 이어지기 때문에 최고의 관계를 낳는다고 우리는 마음속 깊이 믿고 있습니다. 관리자들과의 관계, 부하직원과의 관계, 고객(내부 및 외부)과의 관계, 공급업체와의 관계, 파트너와의 관계, 팀원들 사이의 관계, 그리고 동료와의 관계 등 우리는 모든 분야에서 탄탄하게 맺은 관계를 소중히 여깁니다.

솔직하고 열려 있고 탄탄하고 긍정적인 관계는 재포스를 다른 회사와 차별화하는 중대한 요소입니다. 탄탄한 관계로 인해 우리는 훨씬 더 많은 것을 성취할 수 있는 것입니다.

탄탄한 관계의 핵심요소는 감정적 유대감을 구축하는 것입니다. 관계에서 항상 성실함을 가지고 임하며, 상대에게 공감하고, 친절하고, 충실하며, 바른 마음가짐으로 관계를 소중히 대하는 것이 중요합니다. 신뢰를 구축하는 것은 매우 어려운 일입니다만, 일단 구축한다면 훨씬 더 많은 것을 이룰 수가 있습니다.

원활한 의사소통과 상대를 경청하는 자세는 모든 관계에서 중요합니다. 솔직하고 열린 의사소통은 모든 관계에 가장 필요한 기반입니다. 하지만 결국 중요한 것은 당신의 말이나 행동 자체가 아닙니다. 당신이 다른 사람들의 기분에 어떤 영향을 미치느냐가 가장 중요합니다. 사람이 자신이 맺은 관계에서 행복을 느끼기 위해서는 상대방이 개인적으로나 직업적으로 모두 자신에 대해 관심을 기울인다는 것을 느껴야만 합니다.

재포스는 사상과 의견, 출신배경에 존재하는 다양성을 적극 수용합니다. 관계들이 좀더 널리 퍼져 있고 다양할수록 당신은 회사에 긍정적인 영향을 끼치게 되고 당신의 존재는 회사에 더 소중해집니다. 관계 구축에서 효과적이고 열려 있으며 솔직한 의사소통은 매우 중요합니다.

재포스가 성장해가면서 의사소통의 역할은 점점 중요해집니다. 우리가 이룩하고자 하는 비전의 전체적 모습과 자신이 속한 팀이 어떻게 연결되어 있는지 모든 직원이 이해할 수 있어야 하기 때문입니다.

조직이란 존재에서 의사소통은 항상 약한 고리입니다. 의사소통이 아무리 잘되고 있어도 마찬가지입니다. 우리는 직원들이 언제나 각별한 주의를 기울여 항상 꼼꼼하고 완전하며 효과적인 의사소통이 되는 분위기를 조성하기를 바랍니다.

스스로에게 물어보세요. 사람들은 나와 일하는 것을 얼마나 즐기는가? 그들과의 관계를 어떻게 향상시킬 수 있을까? 매일 같이 일하는 동료들 외에도 회사를 통해 나는 어떤 관계를 맺을 수 있을까? 관계를 맺고 있는 사람들을 어떻게 하면 더 와우시킬 수 있을까? 어떻게 하면 더 솔직하고 열려 있는 관계를 만들 수 있을까? 어떻게 하면 모든 사람과 더 잘 소통할 수 있을까?

재포스 소통 방침

진실하게, 그리고 신중하게

7. 긍정적인 팀정신과 가족정신을 조성한다

우리는 우리의 문화에 역점을 둡니다. 우리는 팀이며 가족이기 때문이죠. 친절하고 따뜻하면서 신나는 환경을 조성하고 싶습니다. 발상과 의견, 관점의 다양성을 권장합니다.

훌륭한 리더들이란 스스로가 모범을 보이며 팀원들을 잘 따르는 동시에 잘 이끄는 사람들입니다. 대체적으로 최고의 발상과 결정은 아래에서, 즉 최전선에서 고객들과 여러 문제점에 가장 가까이 접하고 있는 이들에게서 온다고 믿습니다. 관리자의 역할은 장해물을 제거하고 부하직원이 성공할 수 있게 하는 데 있습니다. 최고의 리더들은 머슴이란 뜻입니다. 최고의 리더들은 자기가 이끄는 이들을 섬깁니다.

최고의 팀원들은 문제를 발견했을 때 팀과 회사의 성공을 위하여 주도적으로 일합니다. 최고의 팀원들은 회사의 문제를 자기 자신의 문제로 여기며, 장해물이 나타날 때마다 다른 팀원들과 협의합니다.

최고의 팀원들은 서로에게, 그리고 그들이 만나는 모든 이들에게 긍정적인 영향을 끼칩니다. 그들은 어떤 종류의 냉소주의도, 부정적 상호작용도 용납하지 않습니다. 최고의 팀원들은 자신들 사이에서, 그리고 자신들이 교류하는 모든 이들과 조화를 이루려고 노력합니다.

최고의 팀이란 구성원들이 함께 일을 할 뿐 아니라 사무실 밖에서도 같이 어울리는 팀입니다. 회사에서 나온 최고의 발상 중 다수가 직원들이 사무실 밖에서 허물없이 어울릴 때 탄생했습니다.

우리의 컬처북조차도 사무실 밖에서 별 생각 없이 하던 대화에서 비롯되었습니다.

하지만 우리는 팀 이상의 존재입니다. 우리는 가족입니다. 우리는 서로의 안위를 걱정하며 서로를 아끼고 서로를 돕기 위해 노력을 아끼지 않습니다. 서로를 믿고 신뢰하기 때문입니다. 우리는 함께 일하지만 함께 놀기도 합니다. 우리 사이의 유대는 다른 회사에서 흔히 보이는 전형적 '동료' 관계를 훌쩍 뛰어넘습니다.

스스로에게 물어보세요. 훌륭한 팀워크를 이루기 위해 나는 무엇을 할 수 있는가? 나는 어떻게 사람들이 주도적으로 일하는 데 기여하는가? 나는 어떻게 사람들이 회사의 문제를 자신의 것처럼 여기도록 만드는가? 가족인 동시에 팀으로 느끼기 위해 팀원과 할 수 있는 것에는 무엇이 있는가? 사무실 안팎에서 팀원들과 탄탄한 관계를 쌓기 위해 나는 무엇을 할 수 있는가? 나는 부서를 뛰어넘어 회사 전체에 팀정신과 가족정신을 불어넣고 있는가? 나는 긍정적인 팀정신의 모범이 되고 있는가?

재 포 스 사 람 들 이 야 기

긍정적인 팀정신과 가족정신을 조성한다

로빈 P.

비극적 상황으로 인해 나는 2007년 12월 남편을 잃었다. 아이들과 가족, 또는 나 자신에게 앞으로 어떤 일이 닥칠지 생각조차 할 수 없었다.

남편의 죽음을 처음 접했을 때 나는 멍해졌지만, 일단 전화부터 해야 했다. 참으로 이상하게도 내가 처음 전화를 건 상대는 가족이 아니었다. 내 회사인 재포스닷컴이었다. 그 순간 나는 내가 동료들과 재포스 문화에 얼마나 강한 유대감을 느끼는지 깨달았다. 재포스는 진정으로 집 밖의 집이었다.

넋이 나간 내 전화를 받은 부장님은 매우 안타까워하며 올바른 조언으로 나를 안정시켜주었다. 다른 것은 전혀 걱정할 필요가 없으니 나 자신과 가족을 보살피고 필요한 것이 있으면 밤낮을 가리지 말고 전화를 하라고 했다. 부장님이 자기 전화번호 여러 개를 나에게 몽땅 알려 주었을 때 나는 그녀의 말이 빈말이 아님을 알았다.

이전에도 재포스는 내게 큰 의미를 지녔지만 남편의 죽음 이후 재포스가 나를 위해 한 일들은 나를 감동시키고 겸허하게 만들었다. 회사에서는 빨리 복귀해야 한다는 강박을 갖지 말라고 거듭 강조했다. 심지어 남편 장례식에 음식까지 대주겠다고 했다. 친지들은 이런 식으로 직원 가족의 죽음에 대처하는 회사는 처음이라고 했다. 나는 그저 미소를 짓고는 말했다. "굉장하죠. 재포스는 이래요."

회사로 돌아왔을 때, 동료들의 반응에 확신이 서지 않아 불안했다. 하지만 내 초조감은 오래가지 않았다. 항상 누군가 내 옆에서 내 말을 들어주거나 위로의 말을 해주었다. 눈물을 흘리는 내 옆에 같이 앉아 있어주거나 나를 가만히 안아주었다. 동료들과 관리자들은 모두 내게 상처를 치유할 시간을 주었고 팀의 일원으로서 기여하고 기능할 수 있도록 힘을 주었다.

재포스라는 대가족이 내게 준 가장 귀한 선물은 지지와 우정이었다. 재포스는 내가 계속 삶을 살아가는 데 필요한 모든 것을 준 나의 피난처였고 내 상처를 아물게 해준 곳이었다.

8. 좀더 적은 자원으로 좀더 많은 성과를 낸다

좀더 적은 자원으로 좀더 많은 성과를 내는 것은 언제나 재포스에게 중요했습니다. 직원들이 서로 허물없이 지내는 와중에도 우리의 사업을 운영하는 것에는 언제나 집중하며 진지한 태도를 취합니다. 우리는 근면의 가치, 그리고 업무 완수를 위해 기울이는 노력의 가치를 믿습니다.

우리는 운영의 탁월성이 중요하다고 믿으며 우리가 하는 모든 것에 개선의 여지가 있음을 깨닫습니다. 우리의 일은 결코 끝이 없다는 뜻입니다. 경쟁(또는 미래의 경쟁)에서 계속 앞서기 위해서는 혁신을 거듭하고 현재의 운영에 점진적인 개선을 이루어나가며 좀더 효율적이 되고자 항상 노력해야 합니다. 좀더 잘할 수 있는 방법을 알아내고자 항상 애써야 합니다. 우리는 실수를 깨달음의 기회로 활용합니다.

발전을 하려면 긴장감을 절대로 놓쳐서는 안 됩니다. '이 정도면 좋아'로 만족해서는 안 됩니다. '좋다'는 '위대하다'의 적이며 우리의 목표는 위대한 기업이 되는 것에 머물지 않고 세계에서 가장 위대한 서비스 기업이 되는 데 있습니다. 우리만의 높은 기준을 세우고 그 기준 또한 뛰어넘으며, 경쟁자들과 우리 자신을 위해 계속 기대치를 높여갑니다.

스스로에게 물어보세요. 좀더 효율적으로 일을 하기 위해 나는 무엇을 할 수 있는가? 어떻게 우리 부서가 더 효율적일 수 있는가? 회사 전체는 어떻게 더 효율적이 될 수 있는가? 회사가 더욱 효율적이 되게 하기 위하여 나는 개인적으로 어떻게 기여할 수 있는가?

재포스 사람들 이야기

좀더 적은 자원으로 좀더 많은 성과를 낸다

바네사 L.

2007년, 경제적으로 어려운 상황을 겪고 있을 무렵 나는 재포스에 합류했다. 일을 구하러 직업소개소에 가자 나와 정말로 잘 맞을 만한 회사가 있다고 했다. 회사 문을 열고 들어선 순간 내 인생은 변화했다.

핵심가치가 어쩌면 이리도 간결하고 따르기 쉬우며 놀랍도록 깊은 인상을 주는지 감탄하던 기억이 난다. 10가지 중 나는 '좀더 적은 자원으로 좀더 많은 성과를 낸다'라는 덕목을 내 삶에 가장 많이 적용했다.

재포스에서 일을 한 후 처음 맞는 크리스마스. 내게는 가족도, 자동차도, 전화도, 돈도 없었고 휴가를 즐기기 위해 갈 곳도 없었다. 고집스럽게 들릴지도 모르겠지만 나는 혼자서라도 크리스마스를 축하하고 싶었다. 크리스마스 이브까지 매일 가게에 가 작은 재료들을 조금씩 사서 나를 위해 소박한 크리스마스 파티를 열겠다고 결심했다.

하지만 세일 중이던 얌(고구마와 비슷한 작물로 디저트 요리에 많이 쓰임— 옮긴이) 두 개를 39센트 주고 산 게 내 쇼핑의 전부였다. 크리스마스 이브에 나는 얌을 요리했다. 향신료도, 요리할 냄비도 없었다. 부엌을 뒤져 찾은 알루미늄 호일을 대신 사용했다.

찬장을 열자 마시멜로가 든 코코아 가루 한 봉지가 나왔다. 봉지 안을 살펴 마시멜로 알갱이들을 다 집어낸 후, 물에 헹궈 얌에 넣었다. 맛을 좋게 하기 위해서였다.

이렇게 완성된 얌 요리는 맛이 없었지만 다 먹어치웠다. 그런데 참으로 웃긴 것이, 그 순간 난 정말 믿을 수 없을 정도로 행복했다. 그날 밤 느낀 흡족함은 지금도 잊을 수 없다. 예전이라면 가족과 함께 식탁 가득한 음식을 나누었을 연말, 나 홀로 신세를 비관하며 울다 잠들 수도 있었겠지만 나는 그러지 않았다.

'좀더 적은 자원으로 좀더 많은 성과를 낸다'는 문구 덕분에 나는 힘겨운 시절을 헤쳐나갈 수 있었고 개인적인 면이나 직업적인 면에서 틀에 박히지 않은 생각을 할 수 있었다. 사는 데는 한 가지 방식만 있는 것이 아니다. 셀 수 없이 많은 방식이 있다. 그러한 방식을 찾고 창조하고 단행하는 데는 독창적이고 열린 마음이 필요하다.

재포스에 근무하면서 나는 이전 어느 때보다도 더 독창적이고 열정적이었으며 아이디어가 많았다. 재포스에서 장해물이란 막다른 길이 아니다. 환영해야 할 도전이다.

수년 전 이 핵심가치를 되뇌며 얌을 요리했던 그 시절을 되돌아보면서 나는 삶에서 발생하는 문제들이 내가 배우고 성장할 수 있는 고마운 기회라는 것을 새삼 깨닫는다. 그 시절 이후 나는 전화나 자동차, 집, 그리고 충분한 음식(물론 얌도 함께)을 다시 얻었다.

나를 행복하게 하는 것이 물질적인 소유가 아님을 알지만 이 한 가지는 인정할 수밖에 없다. 봉투에 든 냉동건조 마시멜로를 곁들인 얌을 요즈음도 잘 해먹는다!

9. 열정적이고 결연한 태도로 임한다

열정은 우리와 회사를 전진하게 하는 연료입니다. 우리는 열정과 결연함, 끈기, 그리고 긴장감을 소중히 여깁니다.

우리는 우리 일의 가치와 우리가 가는 방향의 올바름을 믿기에 영감을 얻습니다. 우리는 "안 돼요" "해봤자 소용없어요"라는 대답을 용인하지 않습니다. 그런 대답을 용인했다면 재포스란 회사는 애초에 시작조차 하지 못했을 것입니다.

열정과 결연함은 전염됩니다. 모든 일에 긍정적이며 낙관적인(그러나 현실적인) 자세를 가져야 합니다. 그런 이들은 같은 자세를 가지도록 다른 이들에게도 영감을 주기 때문입니다.

당신과 일하는 모든 사람들이 더 큰 꿈과 비전에 엄청난 영향을 끼친다는 사실이 정말 흥분되지 않나요? 그러한 영향을 매일 매일 당신은 눈앞에서 목격하고 있습니다.

스스로에게 물어보세요. 나는 회사에 열정을 느끼는가? 내 일에 열정을 느끼는가? 내 일과 내 동료를 사랑하는가? 나는 여기서 행복한가? 나는 영감을 얻는가? 나는 우리가 하는 일과 우리가 가는 방향을 신뢰하는가? 이곳은 나를 위한 곳인가?

재포스 사람들 이야기

열정적이고 결연한 태도로 임한다

닥터 빅

몇 년 전 나는 고객충성팀 소속의 상담원 한 명을 만났다. 21세의 젊은 그녀는 돈이 월세로 다 흘러나가는 것에 진저리를 치고 있었다. 그래서 그녀는 집을 사겠다고 마음먹었다.

그녀와 남편에게는 신용카드 고지서 및 각종 채무 고지서가 산처럼 쌓여 있던 상태라 돈이 별로 없었다. 미래의 집을 사기 위해 저축할 수 있는 돈이 고작 월 25달러. 하지만 더 중요한 것은 금액 자체가 아니라 일정 금액을 꾸준히 저축하는 습관의 확립이었다. 그래서 그들은 실행 가능한 금액부터 시작했다. 더 급진적인 계획이었다면 아마 도중에 그만두고 싶어졌을 것이다.

30일이 지난 후 그녀는 25달러는 너무 쉽다며 액수를 올리고자

했다. 새롭게 세운 저축 습관 또한 상당히 쉬워져서 부부는 자신들이 가지고 있는 다른 빚, 예를 들면 학자금 대출 등의 원금도 줄이기 시작해야겠다고 마음먹었다. 변화가 하룻밤 새 느껴지지는 않았지만 그들은 앞으로 나아가기 시작했고 재정상태가 점점 진전을 보이기 시작했다.

이따금 상황을 내게 알리던 그녀는 2년여가 흐른 어느 날 내게 와 채무를 모두 청산했고 새집을 방금 샀다고 말했다. 얼마 후에는 여가를 위한 보트까지 샀다고 한다.

즉각적인 성공은 아니었지만 계획을 성사시키고자 한 그녀의 열정과 결의는 지극히 인상적이었다. 그녀는 집을 사기까지의 과정에서 그들 부부의 미래와 인생의 통제권을 가진 것은 자기 자신임을 깨달았다. 그저 자신들에게 맞는 계획을 세워 끝까지 실행하는 것이 필요했던 것이다.

10. 겸손한 자세를 가진다

우리가 이제까지 빠른 속도로 성장해왔지만 우리 앞에는 언제나 극복해야 할 장해물이 있다는 것을 잘 알고 있습니다. 무슨 일이 있어도 우리는 모든 이들에게 존경의 마음을 가져야 한다고 믿습니다.

우리는 직원 개개인과 팀의 성공을 축하하지만 그렇다고 오만하지 않으며 우리가 받고자 하는 대접과 다르게 다른 이들을 대접하지도 않습니다. 대신 우리는 조용한 자신감으로 세상을 살아갑니다. 장기적으로 우리의 품격이 모든 것을 증명할 것이라고 믿기 때문입니다.

스스로에게 물어보세요. 나의 성취에 대해 이야기할 때 나는 겸손한가? 회사의 성취를 논할 때 나는 겸손한가? 공급업체가 나를 존중하는 것처럼 나도 존경의 마음을 품고 규모에 상관없이 그들을 동등하게 대하는가?

> 길고 어려운 말 말고 짧고 쉬운 말을 쓰는 사람이랑 얘기하는 게 더 재미있어.
> 그런 사람들은 그냥 "밥 먹을래?" 하고 얘기하거든.
>
> —위니 더 푸

■ ■ ■

우리가 10가지 핵심가치를 구축하던 당시 세웠던 목표 중 하나가 여느 회사와 다른 재포스만의 독특한 향기를 풍기는 핵심가치를 세우는 것이었다. 회사의 문화는 각기 다르지만 이상하게도 대부분 기업의 핵심가치들은 매우 비슷하게 들린다. 핵심가치로 회사를 구분하기란 상당히 어렵다.

당신 회사의 핵심가치 하나하나를 구글에서 검색해보면 그것이 독특한지 아닌지 잘 알 수 있다. 우리의 핵심가치를 구글에서 검색하면 재포스가 어느 시점에서는 반드시 뜨며, 대부분의 경우 우리 회사 이름이 제일 먼저 뜬다.

하지만 중요한 것은 구글 검색의 결과가 아니다. 중요한 것은 핵심가치 하나하나가 직원들의 일상언어와 사고방식에 자연스럽게 녹아들게 하는 것이다. 준수 가능한 핵심가치가 회사 경영에 제대로 녹아든 경우 회사 전체 조직이 올곧게 다듬어지며 직원들이 쉽게 결정을 내릴 수 있게 된다.

다른 회사들이 재포스의 핵심가치를 차용해야 한다고 말하는 것이 아니다. 오히려 큰 실수가 될 가능성이 크다. 우리의 핵심가치는 우리에게 맞는 덕목일 뿐이다.

『좋은 기업을 넘어 위대한 기업으로』와 『절친 리더십*Tribal Leadership*』과 같은 책에서 저자들은 위대한 기업과 그저 괜찮은 기업을 분류하는 특성에 대해서 이야기한다. 그들이 찾아낸 가장 중요한 요소 중 하나가 탄탄한 기업문화였다. 핵심가치란 실질적으로 기업문화의 공식적 정의라고 보면 된다.

사실 당신 회사의 핵심가치가 '무엇'이냐는 그리 중요한 게 아니다. 중요한 것은 당신이 핵심가치라는 것을 가지고 있다는 사실, 그리고 그 핵심가치를 준수하겠다는 다짐이다. 핵심가치가 조직 전체의 기본사고에 확실히 자리 잡으면 회사가 똑바로 방향을 잡게 된다는 점이 중요한 것이다.

당신의 개인적인 핵심가치는 당신이 누구인지를 정의하며 회사의 핵심가치는 궁극적으로 회사의 특성과 브랜드를 정의하게 되는 것이다.

개인에게 성격이란 운명이다.

기업에게 문화란 운명이다.

조직을 위하여 준수 가능한 핵심가치를 창조하는 방법에 대해 더 알고 싶다면 이 책 부록에서 소개된 링크들을 참조하라.

재포스 사람들 이야기

공급업체와의 관계

프레드

재포스의 성공을 불러온 핵심요소 중 하나가 공급업체와의 원만한 관계다.

그러한 관계가 아니었다면 우리는 지금의 자리에 있지 못할 것이다. 좀더 폭넓은 이해를 위하여 처음부터 이야기하겠다. 일단 내 배경부터 이야기하겠다.

워싱턴 주 벨뷰에 위치했던 노드스트롬 백화점 남성화 부서에서 내 소매업 인생이 시작되었다. 8년 동안 나는 차근차근 승진하여 노드스트롬의 가장 큰 지점 중 하나인 샌프란시스코 지점 바이어 자리까지 올랐다. 그곳에서 나는 다양한 스타일의 바이어들과 일하며 많은 공급업체와 거래를 했다. 추악하고 대립적인 관계도 보았으며 긍정적이고 협조적인 관계도 보았다. 사람들의 생각과는 달리, 정상에 오르는 것은 언제나 착한 이들이었다.

1999년의 운명적인 그날, 닉이라는 사람의 전화를 받았던 그날 나는 여전히 노드스트롬에 근무하고 있었다. 닉과 토니, 알프레드와 함께 멜 식당에 가서 점심식사를 하며 신발 공급업체들이 온라인으로 신발을 파는 직접판매(생산자 직송 판매) 방식의 잠재력에 관하여 이야기를 나누었다. 그러한 방식은 당시에는 새로운 발상으로 어느 정도의 위험성을 내포하고 있었다. 노드스트롬은 안정된 회사였고 내 직업도 좋았지만 도박사적 기질을 품고 있던 나는 무언가 새로운 것을 바닥에서부터 구축할 수 있는 기회에 모든 것을 걸기로 결정했다. 나는 믿음을 안고 뛰어들었다.

성공하기 위해서는 공급업체들과 탄탄하고 긍정적인 파트너십을 맺어야 함을 나는 처음부터 알고 있었다. 노드스트롬에서 나는 바이어들이 매일 공급업체를 괴롭히면서 단기적인 성과를 위하여 자신의 권한을 악용하는 것을 보았다. 그런 바이어들은 궁극적으로는 실패했다. 반면 공급업체들과 긴밀히 제휴하여 그들을 존중하고 장기적인 기회를 창조한 바이어들은 항상 최고의 성과를 거뒀다. 나는 일을 시작한 초기부터 시간을 초월하는 관계와 기회를 창조하겠다고 결심한 바 있었는데, 내가 키워온 많은 관계에 의지할 수 있다는 사실은 실로 행운이었다.

공급업체를 적으로 간주하는 것이 이 산업에서 가장 흔한 접근방식이다. 업체를 존중하지 말 것, 그들이 남긴 전화 메시지에 답하지 말 것, 약속에서 기다리게 할 것, 그들이 식사대금을 치르게 할 것, 큰 소리로 역정을 내고 책임을 그들에게 미루며 학대할 것, 마지막

한 푼까지 쥐어짤 것. 자신과 거래하는 공급업체가 경쟁업체에 제품을 팔자 너무 화가 나 자기의 바지를 끌어내리고 공급업체 직원에게 엉덩이에 키스를 하라고('Kiss my ass'라는 영어 표현에는 '비위를 맞춘다'라는 뜻이 있음—옮긴이) 요구한 바이어가 있을 정도로 바이어의 횡포는 상당했다.

이런 식으로 일을 할 필요가 없다는 것을 사람들은 왜 깨닫지 못하는 것일까? 결국 바이어나 공급업체나 같은 것을 바란다. 고객을 소중히 여기고 사업을 성장시키며 이윤을 남기는 것을 바란다. 한편만이 승자가 된다면 장기적으로는 양자가 모두 손해다. 공급업체가 이윤을 남기지 못하면 연구개발에 투자를 할 돈이 없게 되고, 시장에 내놓은 제품이 고객을 구미를 당길 수 없게 되어 소매상 또한 손해를 입게 된다. 고객이 사고 싶어하지 않기 때문이다. 양측이 나눌 수 있는 이윤에 한계가 있기 때문에 사람들은 비용을 절감하려 하거나 공격적으로 협상을 한다. 그러나 이러한 '죽음의 순환'은 결국 대다수의 소매업체들의 실패로 이어진다.

나는 공급업체들과 리스크를 함께 부담하고 보상을 함께 나누는 협력관계를 창조함으로써 재포스를 기존의 소매업체와 다른 존재로 만들고 싶었다. 우리가 목적을 달성하면 양측 모두가 이익을 얻는다는 사실을 파트너들이 깨닫고 우리와 같은 비전을 따르고 책임을 나누고자 할 때 진정한 동맹관계가 맺어진다는 것을 배웠다. 이러한 접근방식은 양측을 한편이 되게 해줄 뿐 아니라 사람들이 아침에 눈을 뜰 때부터 자신이 하는 일에 열정이 차 있는 문화와 환경을 창조한다. 사람들에게 권한을 넘겨주고, 업무의 주도권을 부여하여 자부심과 주인의식을 느끼게 한다. 사람들은 자신의 기여가 의미 있다고 여길 때 좀더 일하고 싶어한다.

재포스가 다양하게 적용하는 이 파트너십은 사실 '네가 남에게 바라는 대로 남에게 해주라'라는 황금률에서 비롯된 것이다. 재포스를 방문하기 위해 공급업체 직원이 비행기를 타고 라스베이거스에 도착하면 공항에서 대기하던 재포스 셔틀버스에 태워 사무실로 데려온다. 사무실에 도착하면 바이어들이 환영 인사를 하며 업체 직원의 어깨에서 샘플 구두가 든 가방을 빼앗아 들고 회의실로 나른다. 업체 직원이 재포스를 처음으로 방문하는 경우에는 사무실 투어를 제안한다. 음료와 스낵 등 기본적으로 편안한 환경을 만들 수 있는 모든 것을 제공한다. 재포스의 환대는 산업의 관행과는 완전히 동떨어져 있지만 내가 업체 직원이라면 마다할 것 같지는 않다.

비슷한 방식이 업체와의 의사소통에도 적용된다. 업체가 전화를 걸어 메시지를 남기면 우리는 당일 답신 전화를 해주려고 노력한다. 이메일은 몇 시간 안에 답장을 보내려고 노력한다. 우리는 의사소통의 중요성을 잘 알고 있기 때문에 파트너들이 연락을 취하고자 하면 재빨리 응답하려고 노력한다. 우리 고객들이 우리에게 기대하는 이러한 자세를 공급업체들도 기대할 자격이 있다.

사업의 규모 때문에 우리는 경영에 도움이 필요할 것이라는 사실을 일찍이 깨달았다. 고객에게 제공하는 그 수많은 스타일과 사이즈를 관리하는 데 필요한 만큼의 바이어들을 모두 고용할 여력이 우리에게는 전혀 없었다. 그날 오후를 나는 아직도 잊을 수 없다. 나는 의자를 휙 돌려 토니를 향해 우리 바이어들이 볼 수 있는 회사의 판매자료를 공급업체에게도 주면 어떻겠냐고 물었다. 소매업체가 정보를 독차지하고 비밀에 붙인 채로 공급업체를 압박하는 협상 수단으로 사용하는 것이 업계의 관례였다. 공급업체가 소매업체의 실적을 안다면 더 많은 돈을 요구할 수도 있다고 생각하여 정보를 주려 하지 않는 것이다. 하지만 우리가 사업에서 진정한 투명성을 확립한다면 우리도 도움을 받을 뿐 아니라 그들도 혜택을 입을 것이다.

내가 질문을 던진 지 얼마 안 되어 토니가 내게로 몸을 돌려 말했다. "이런 걸 생각하고 있었던 거예요?" 요즈음 '엑스트라넷(extranet, 회사 내부에서 정보를 검색하고 교환할 수 있게 하는 인트라넷과 달리, 협력업체나 고객도 이용할 수 있도록 외부로 개방된 전산망—옮긴이)'이라고 부르는 것의 시초를 그가 고안한 것이다. 우리가 이야기했던 것과 똑같았다. 엑스트라넷을 통해 공급업체들은 우리 사업을 완전히 들여다볼 수 있었다. 재고 상황, 매출, 이윤까지. 그들은 우리 바이어들에게 주문을 제시하고 승인을 받을 수 있었다. 우리 회사의 크리에이티브 팀과 의견을 나눠 웹사이트에 있는 자기 브랜드 부티크에 변화를 줄 수도 있었다. 실로 그들은 우리 가게의 열쇠를 받아든 셈이었다.

우리가 왜 이런 짓을 하느냐고? 재포스에서 일하는 바이어는 보통 50개의 브랜드를 관리한다. 하지만 이러한 투명성을 통해 50개의 또 다른 시선이 우리 사업의 경영을 도와주고 있는 것이다. 게다가 공급업체들은 그들이 하는 일에서는 전문가이다. 브랜드 직원보다 그 브랜드를 잘 아는 바이어란 없다고 보면 된다. 우리가 사업을 더 잘 해나가려고 하는 것인데 그들의 지식을 활용하지 않을 이유가 없다. 업체들이 우리가 제공하는 도구를 이용하여 쉽게 접속할 수 있게 되면 자신의 사업 관리에 관해 더 많은 권한을 얻을 것이고 따라서 다른 소매업체보다 우리를 돕는 데 더 많은 시간을 쓸 것이다. 우리 팀의 성공은 바이어와 공급업체들 양측 모두에 달려 있다고 할 수 있었다.

재포스는 협상방식 또한 약간 다르다. 우리는 공급업체들에게 호통을 치지 않고 협력한다. 우리가 결제일을 여유 있게 정하고 싶으면 지급 기일에 맞춰 다양한 판매 계획을 제시한다. 우리 사업과 우리가 부담할 수 있는 리스크, 그리고 사업의 성장속도에 가장 적합한 안을 함께 결정한다. 우리는 마케팅 또한 유사한 방법으로 접근한다. 우리와 공급업체 브랜드의 공통 목표, 그리고 그것을 달성하는 방법에 대해 협력한다. 협상이 팔씨름 같아야 할 필요는 없다. 양측이 자신들의 위치와 목표에 대해 솔직하다면, 양측의 목표 달성을 위한 공평한 방법을 찾아낼 수 있어야 한다.

공급업체들의 성실한 참여와 열정 없이는 회사의 성공이 있을 수 없었음을 알기 때문에 우리는 감사한 마음을 작게나마 표현하려고 한다. 우리는 매년 하드록 호텔의 수영장이나 팜스(The Palms, 라스베이거스의 유명 카지노 리조트—옮긴이)에 위치한 레인 나이트클럽을 빌려 '공급업체 사은 파티'를 주최하고 공급업체 관계자들(1천 명이 넘는)을 모두 초대한다. 업체와 재포스 식구를 합치면 3천 명이 넘는 인원이 파티에 참석한다. 세계제화협회 세미나가 열리는 시기에 맞춰 파티를 잡는데 사람들이 우리 파티가 세미나의 꽃이라고 칭찬해줄 때 기분이 좋다. 음식과 음료, 그리고 엽기적 오락거리(발레복을 입은 염소들, 무희들, 난쟁이들, 불을 먹는 사람들 등 인간으로서 생각해낼 수 있는 건 다 해봤다) 등을 제공하며 업체가 우리에게 얼마나 큰 의미를 지니는지 그들이 깨달아주기를 바란다. 파티 첫해에는 업체 관계자들이 너무나 감동하여 몇 달 동안이나 파티 얘기를 해댔다. 이제 파티는 상당한 명성을 얻어 우리와 일하지 않는 업체들이나 다른 소매업체들까지 몰래 들어와서 즐기려고 할 정도다.

우리는 다른 방법으로도 감사함을 표시하려고 한다. 한 브랜드가 일정 매출을 기록하면 우리는 '우리 브랜드는 재포스닷컴에서 100만 달러어치를 팔았어요'라는 문구가 박힌 티셔츠를 제작하여 업체에 선사한다. 업체들과 식사를 하면 식사비는 항상 우리가 내려고 한다. 소매업계에서는 거의 볼 수 없는 현상이지만, 고객을 와우시키는 것만큼 업체도 와우시키려는 우리의 방식이다. 저녁식사에서 우리가 계산서를 집어들려면 그것을 막으려는 업체들과 몸싸움을 해야 할 정도가 되었다. 얼마 전 우리가 롭 슈머츠(미국 유명 제화업체 스티브 매든Steve Madden의 브랜드 디렉터—옮긴이)와 스티브 매든(미국 유명 제화업체 스티브 매든의 창업자—옮긴이)과 저녁식사를 하러 갔다.

지난번 식사에서 우리가 계산을 한 것에 너무나 충격을 받은 그들은 미리 식당에 전화를 하여 자신들이 계산을 할 것이며 우리가 대신 계산을 하려고 속임수를 쓸 것이니 조심하라고 경고를 했다고 한다. 이럴 수가! 우리가 이렇게 당하는 것은 정말 흔하지 않은 일이다!

매달 마지막 일요일 재포스는 골프 대회를 개최하고 업체 사람들을 초청하여 게임을 한다. 사무실보다 골프장에서 더 많은 일이 이루어진다는 말이 있다. 그 말도 맞는 것이, 오클리(Oakley, 미국의 안경 제조업체—옮긴이)의 직원과 골프 한 라운드를 마친 후 대화를 하다가 우리는 패션안경 제품을 팔게 되었다. 오늘날 재포스의 패션안경 분야는 온라인 판매점에서는 가장 큰 규모 중 하나를 자랑하지만, 공급업체들과 사무실 밖에서 관계를 구축하지 않았다면 빛을 보지 못했을 수도 있다.

우리가 맺는 관계는 소매업계에 국한되어 있지 않다. UPS와의 오랜 관계는 우리의 고객들을 와우시킬 수 있는 새롭고 독특한 방법을 함께 찾는 파트너십으로 발전했다. UPS는 처음부터 우리 성장의 중요한 부분이었으며 사업 초반 우리가 보잘것없는 고객이었던 시절에도 우리를 존중해주었다. 오랫동안 우리를 담당한 UPS 직원 알렉스는 우리의 서비스를 향상시킬 새롭고 혁신적인 방법을 찾기 위해 우리 대신 쉬지 않고 일한다. 그와 UPS는 시간을 투자하여 우리 문화에 흠뻑 젖어들었고 그는 이제 우리 담당일 뿐 아니라 친구이기도 하다.

업체들의 이름을 일일이 대기에는 그 수가 너무 많지만, 웰스 파고를 지나칠 수는 없다. 웰스 파고와 파트너가 될 수 있어 얼마나 다행이었는지! 남들이 우리를 믿어주지 않던 시절, 웰스 파고는 우리 성장의 아주 중요한 시점에 여신 한도를 승인해주었다. 그들은 우리와 항상 함께 일하며 우리 사업을 구축했고 시간을 투자하여 우리들과 사적인 관계를 텄다. 열정적인 자세로 우리 사업을 이해하기 위해 노력했다.

우리가 업체들과의 관계 구축에 집중함으로써 얻은 이득은 끝이 없다. 업체들은 사업 계획을 세우는 것을 도와주며 필요한 시기에 좋은 제품을 충분히 확보할 수 있게 점검해준다. 재고가 모자랄 때도 최고 인기제품을 공급해준다. 가끔은 재포스에서만 볼 수 있는 독특한 제품을 제공하기도 한다. 그들은 우리 마케팅팀과 연계하여 우리가 적절한 위치에서 적절한 광고를 기획할 수 있게 돕는다. 그들이 제품군의 방향을 잡는 과정에 우리도 관여할 수 있다. 실제로, 엑스트라넷의 가장 큰 혁신 중 하나는 클락스(Clarks) 직원 톰의 제안에서 비롯되었다. 톰이 다양한 스타일의 구두 사진이 엑스트라넷에 있다면 훨씬 좋겠다고 말을 했을 때 순간 우리의 머릿속에 전구가 반짝 켜졌다. 오늘날 엑스트라넷이 가진 이 기능은 업체들뿐 아니라 우리 구매팀에도 엄청난 도움이 되고 있다!

우리가 업체들과 맺은 관계 때문에 다른 업체들도 우리와 제휴하고 싶어 안달이다. 다른 온라인 상점에서는 찾을 수 없는 브랜드들을 우리는 다수 보유하고 있는데 지난 10년 동안 이 산업에서 꾸준히 쌓아온 신뢰 덕분이다. 우리가 브랜드의 품위를 유지하는 데 최고의 기준을 적용한다는 사실을 각 브랜드들이 인지하고 있기 때문에 우리와 같이 일하는 것에 두려움을 느끼지 않는다.

나는 업체들을 친구로 생각한다. 이 점은 매우 중요하다. 우리는 같이 있는 것을 즐기며 회사 밖에서도 시간을 함께 보내고 서로를 진심으로 아낀다. 우리는 우리의 관계를 존중하고 소중히 여기며 상대의 성공을 원한다. 내가 함께 일하는 사람들 중 다수가 내가 일을 처음 시작했을 때부터 알아온 사이이다.

노드스트롬을 떠나 재포스를 출범시키고 브랜드 업체들을 끌어들이려 한 것은 위험한 시도였다. 당시 우리는 누구도 들어보지 못한 낯선 회사와 함께 어느 누구도 성공하리라 생각하지 않은 경로를 밟고 있었다. 하지만 업체들은 수년에 걸쳐 나와 쌓아온 관계 때문에 재포스를 지지했고 몸 바쳐 돕기도 했다. 그들이 재포스에 가지고 있는 믿음과 우정이 아니었다면 오늘날의 재포스는 없었을지도 모른다. 이러한 관계들은 우리 사업의 가장 소중한 일부였으며 앞으로도 계속 그러할 것이다.

정리해고

2008년은 아수라장 같은 해였다. 재포스 안팎에서 우리는 최고 절정도 맛보았지만 바닥의 바닥을 치기도 했다.

이전 해의 재정적 성과를 축하하며 2008년이 시작되었다. 2007년 영업이익 목표를 초과달성했기 때문에 우리는 연봉의 10퍼센트에 해당하는 비정기 성과급을 지급하며 직원 전체를 깜짝 놀래주기로 했다. 목표 초과달성에 대한 회사의 감사 표시였다.

그해 후반, UPS가 알프레드와 나를 베이징으로 초대했다. 올림픽 관전은 잊을 수 없는 경험이었다.

그러더니 주식과 부동산 시장이 무너졌다. 2008년이 끝나가며 세계경제가 가라앉자 우리의 성장도 둔화되었다. 우리는 계속 성장하고 있었지만 벌어들이는 수익에 비해 비용이 너무 높았다. 이보다는 빠른 성장을 계획했던 우리는 재포스가 인원을 너무 많이 채용했다는 사실을 깨달았다. 상황이 어떻게 이리 빨리 바뀔 수 있는 것인지 입이 다물어지지 않았다.

모든 직원에게 깜짝 보너스를 준 지 겨우 8개월 만에 우리는 직원의 8퍼센트를 정리한다는 힘든 결정을 내렸다. 우리가 내린 결정 중 가장 곤혹스런 결정 중 하나였다.

다른 기업들이 하는 것처럼 정리해고를 '전략적 구조조정' 등의 이름으로 속이려 드는 대신 우리는 우리의 핵심가치에 충실하여 솔직하게 속을 열어 보였다. 우리 직원들에게만이 아니라 언론에게도 마찬가지였다.

나는 다음의 이메일을 전직원에게 보내고 회사 블로그에도 공개했다.

날짜: 2008년 11월 6일

발신: 토니 셰이

수신: 재포스 전직원

제목: 업데이트

재포스 직원 여러분

오늘은 재포스의 모든 분들께 힘들고 감정적인 날이었습니다. 우리는 약 8퍼센트의 직원을 정리한다는 어려운 결정을 내렸습니다. 이 조치는 재포스의 거의 모든 부서에 영향을 미칠 것입니다. 또한 우리는 네바다와 켄터키 주에 위치한 오프라인 아울렛 중 몇 곳의 폐점을 검토 중입니다.

지난 9년 반 동안 내린 결정 중 가장 힘든 결정에 속합니다만 회사의 장기적인 건강을 위해서는 옳은 결정이라고 믿습니다. 이제 그 이유를 설명하겠습니다.

경제적으로 힘든 시기가 우리 앞에서 기다리고 있다는 것을 예측할 정도로 심안이 있었던 세쿼이어 캐피털이 우리의 투자자라는 점은 정말 행운이라고 생각합니다. 10월 7일 세쿼이어는 재포스를 포함, 자신들이 후원하고 있는 회사들을 모두 소집하여 회의를 열고 매우 명료한 메시지를 전달했습니다. 비용을 최대한 절감하고 가능한 한 빨리 수익성과 현금흐름 면에서 흑자로 돌아서라고 말입니다. 제이슨 칼라카니스는 또한 '죽음의 순환'을 피하는 것에 대해 훌륭한 이메일을 썼습니다. 일독을 강력히 권합니다.

다행히도 재포스는 다수의 다른 회사들보다는 훨씬 나은 위치에 있습니다. 우리는 여전히 성장하고 있으며 이미 수익성 및 현금흐름 면에서 흑자를 기록하고 있습니다.

우리는 또한 다행히 웰스 파고와 US 뱅크, 그리고 키뱅크(KeyBank)에서 제공하는 회전 한도 여신을 보유하고 있습니다. 그 덕분에 우리에게는 상당한 재정적 여유가 있습니다. 그러나 현재의 경제적 불확실성을 고려할 때 채무에 의한 자금 유입은 줄이는 것이 현명하다고 봅니다.

우리는 뒤늦게 반응을 보이는 것보다는 먼저 치고 나가는 것이 회사를 위해 옳은 일이라고 판단했습니다. 우리는 수동적으로 기다리다 비용 삭감을 강제 당하기보다는 우리 직원들을 제대로 보살피기 위하여 주도적으로 나서 비용의 일부를 삭감하기로 한 것입니다.

우리는 여전히 성장 중이며 이미 흑자를 내고 있기 때문에 우리 규모의 회사들 대부분이 취해야 하는 것처럼 극단적인 조치는 취할 필요는 없습니다. 지난해 우리는 8억4천만 달러의 총매출을 기록했고 올해에는 10억 달러 정도를 기록하리라 예상하고 있습니다.

그러나 2007년 말 2008년 계획을 처음 잡았을 때 우리는 10억 달러를 초과하는 총매출을 예상하고 있었습니다.

이런 다양한 이유 때문에 우리는 직원의 8퍼센트를 줄이게 되었습니다만, 뒤늦은 처리가 아닌 준비 차원의 조치이므로 우리는 직원을 보살필 수 있습니다. 다른 기업들 대부분이 정리해고시 지급하는 기준인 2주 치 급여(혹은 무지급)보다 더 많은 금액을 지급할 수 있게 되었습니다.

우리는 떠나는 직원들 각각에게 연말까지의 급여(약 2개월 치)를 지급할 것이며, 재포스에서 3년 이상 재직한 직원들에게는 추가의 금액을 약속합니다.

또한, 우리가 평상시 직원들에게 의료보험과 치과보험, 안과보험 100퍼센트, 배우자 및 가족에게는 50퍼센트를 지원한 것을 감안하여 재포스를 떠나는 직원들을 위해 최고 6개월까지의 COBRA 보험료(직장을 잃은 경우 최장 18개월 동안 기존 직장이 제공했던 의료보험을 이용할 수 있게 한 미국의 제도. 단 고용 당시 회사가 지원했던 비용을 개인이 100퍼센트 부담해야 함—옮긴이)를 대신 내주기로 했습니다.

정리해고되는 직원들을 위한 이러한 비용들 때문에 2008년 우리 회사의 비용은 오히려 늘어날 것으로 예상합니다만 직원들을 위해서 해야 하는 일이라 생각합니다. 이번 조치로 우리는 2009년 경제의 잠재적 영향에 대처할 수 있는 재정적인 유연성을 훨씬 더 많이 확보할 수 있는 위치에 서게 될 것입니다.

전자상거래의 성장은 1년 전에 비해 둔화되었습니다만, 이렇게 힘든 경제적 상황 속에서도 전자상거래 시장 자체는 여전히 성장 중이라는 좋은 소식도 있습니다.

신발 부문에서 우리는 온라인 시장 점유율 1위를 기록하고 있습니다. 시절이 수상할 때는 전반적으로는 성장이 둔화되더라도 시장의 최강자는 시장 점유율을 더 높일 수 있는 기회를 가집니다. 과거의 기록을 보면 우리는 전자상거래 시장 전체보다 더 빠른 속도로 성장해왔고 그 추세가 2009년에도 이어질 것으로 예상합니다.

남은 2008년과 2009년에는 계속적으로 이전 해보다 더욱 성장할 것으로 예상합니다. 사업과 재무상태를 관리하는 데 상황을 뒤쫓지 않고 주도적으로 헤쳐나간다면 수익성과 현금흐름 면에서 계속 흑자를 기록할 것이라는 것이 현재 예측입니다.

오늘, 재포스를 떠나야 하는 직원들도, 남은 직원들도 눈물을 많이 흘렸습니다. 우리가 가족과 같은 문화를 가졌기 때문에 다른 회사에 비해서 오늘 같은 상황은 감정적으로 훨씬 더 견디기 어렵습니다.

직원 몇 분이 회사의 상황에 대해 트위터를 해도 되냐고 물어보셨습니다. 우리의 트위터 방침은 예전과 다름이 없습니다. 진실하되 신중하세요.

모두에게 힘든 시간이며 이 이메일을 읽은 여러분이 많은 질문을 하리라 생각합니다. 여러분 자신의 일이나 부서에 대해 궁금한 점이 있다면 부서장에게 질문하세요. 다른 질문이나 의견, 또는 생각이 있다면 주저하지 말고 제게 이메일하세요.

CEO 토니 셰이

주말이 지난 후 나는 남은 직원들에게 후속 이메일을 보냈다. 이 이메일 역시 우리 회사 블로그에 공개되었다.

날짜: 2008년 11월 11일

발신: 토니 셰이

수신: 재포스 전직원

제목: 앞으로 나아가며

재포스 가족의 8퍼센트를 떠나보낸 지난주는 모두에게 매우 힘든 시간이었습니다. 그러나 정리해고 발표 후인 목요일 밤과 주말에 걸쳐 재포스의 현 직원들과 전 직원들이 모여 같이 술을 마셨다는 이야기에 가슴이 따뜻해지기도 했어요.

지금 우리가 처한 경제적 상황은 우리가 살면서 마주친 그 어떤 상황과도 같지 않습니다. 지금은 예외적인 시기이며 미국은 아직 위기에서 벗어나지 못했습니다. 우리가 현재의 경제 주기에서 바닥을 치고 오르기 전에 2, 3백만의 미국인들이 직장을 잃을 것으로 많은 사람들이 예측하고 있습니다.

상황이 너무나 나빠 보입니다. 그러나 제가 살면서 배운 게 한 가지 있다면 상황이란 결코 눈에 보이는 것만큼 나쁘지도 좋지도 않다는 것입니다. 이런 시각은 주로 '나쁜 일' 또는 '좋은 일'이 있고 나서 한참 후에 생깁니다.

이번은 사실 재포스의 두번째 정리해고입니다. 재포스가 탄생한 지 9년 반, 첫번째 정리는 초창기에 이루어졌습니다. 경제 악화와 자금 모집의 실패로 직원의 절반 정도를 떠나보내야 했습니다. 당시에는 여전히 적자였습니다.

그러나 초기의 정리해고 덕분에 남아 있는 팀은 더욱 강해졌습니다. 당시 우리에게는 자금이 부족했기에 새 고객을 끌어들이는 대신 기존의 고객을 상대하는 데 집중해야만 했습니다. 첫번째 정리해고는 결과적으로 재포스가 신발을 파는 회사에서 고객 서비스와 기업문화에 초점을 맞춘 회사로 변모하는 계기가 되었습니다. 그에서 비롯된 도미노 현상은 현재의 우리를 있게 했습니다.

앞으로 나아가는 우리에게 비슷한 기회가 기다리고 있습니다. 우리는 이 기회를 활용하여 우리의 문화를 유례없이 탄탄하게 다질 수 있습니다. 남아 있는 직원들 모두의 참여와 노력을 필요로 하지만 우리가 이제까지 온 길을 볼 때 우리는 할 수 있습니다.

우리에게는 또한 회사를 유례없이 건강한 재정상태로 만들 기회가 있습니다. 우리는 수익과 이윤, 그리고 현금흐름을 창출하는 혁신적이고 독창적인 방법들을 찾아내고 있습니다. 회사에 가장 큰 이득을 가져오는 순서에 따라 적용 순위를 정할 것입니다.

1월 1일 후 또 다른 정리해고가 있을 것인가 하는 질문이 들어왔습니다. 현재로서는 계획이 없습니다. 지난주 우리가 8퍼센트의 직원을 정리한 이유는 이번의 해고를 통한 비용 삭감이라면 2009년을 무리 없이 헤쳐 나갈 수 있을 것이라고 현재의 재정 예측에 기반하여 판단했기 때문입니다. 지난주 이메일에서 언급했듯이 우리의 정리해고는 2009년에 이윤과 현금흐름 면에서 흑자를 유지하기 위하여 사전대책으로서 계획된 것입니다.

2009년의 비용을 줄이며 우리를 더 단합하게 하는 일환으로 우리는 흩어진 직원들을 이전시켜 전직원이 2280 또는 2290 건물에 자리 잡게 할 것입니다. 두 건물은 바로 붙어 있죠. 2주 후에는 이사가 완료될 것입니다.

바쁜 연말이 다가옵니다. 자기 일을 열심히 수행하느라 바쁘겠지만 예전보다도 더 서로를 생각하도록 의식적으로 노력합시다. 여러분의 부서뿐 아니라 다른 부서들, 그리고 회사 전체를 통해 서로 도웁시다.

재포스는 제 회사도 아니며 투자자의 회사도 아니라는 점, 기억하십시오. 이 회사는 우리 모두의 것이며 우리가 어디로 향할지는 우리 모두에게 달려 있습니다. 앞으로 전진하며 회사의 역사상 가장 강력한 팀으로 거듭날 수 있는 힘이 우리 한 명 한 명에게 있습니다.

세계 만방에 재포스의 힘을 보여줍시다.

CEO 토니 셰이

정리해고에 대해 입을 다무는 대신 공개적으로 투명하게 밝혔기 때문에 우리는 집중적으로 언론의 조명을 받았다. 너무나 어두운 시기를 대중의 눈앞에서 보내는 것은 우리 문화를 진실로 시험에 들게 했다. 하지만 이러한 역경을 딛고 우리 직원들은 파도를 헤치며 앞으로 나아가는 법을 찾아냈다.

우리 모두가 다 함께 똘똘 뭉쳐 팀정신과 가족정신을 잃지 않도록 최선을 다한 것에 감사하고 또 감사한다. 나는 정말 우리 직원들이 자랑스럽다.

또한 우리가 다시는 그런 일을 겪지 않기를 간절히 바란다.

파이프라인

많은 기업들이 사람이야말로 가장 중요한 자산이라고 입버릇처럼 말한다. 하지만 그러한 접근방식에는 몇 가지 문제가 도사리고 있다. 첫째, 직원이 회사를 떠나면 자산을 잃게 된다. 둘째, 직원이 가진 기술이 입사 초기 수준에 머무르는 경우 회사가 성장하면서 회사가 직원을 추월하게 된다. 다수의 회사는 회사 밖에서 경력자를 영입하는 것으로 문제를 해결하려 하지만 그 후 또 다른 문제가 발생한다. 새로운 직원이 기질적으로 회사에 맞지 않는 경우가 종종 있기 때문이다.

재포스의 철학은 다르다. 직원 개개인을 자산으로 간주하기보다 부서마다 대졸급 신입사원부터 부장급 및 이사급까지 망라한, 다양한 수준의 기술과 경력을 가진 인재의 '파이프라인'을 자산으로서 구축하는 데 역점을 둔다. 우리의 비전은 경력직보다는 대졸 신입을 채용하되, 어느 직원이라도 5년에서 7년 사이 부장급으로 성장할 수 있도록 회사가 모든 교육과 멘토 역할을 제공하는 것이다. 아직 완성하지 못한 계획이지만 미래에 시행할 것을 생각하면 정말 흥분된다.

개인적으로나 직업적으로 계속 성장하고 배우지 않는 직원이 10년 후 회사에 남아 있을 가능성은 거의 없다. 재포스의 목표는 우리 직원들이 자신의 일을 직장이나 경력으로 생각하기보다는 사명으로 여기게 하는 것이다.

우리의 파이프라인 전략은 2004년 라스베이거스로 처음 이주했을 때 태동했다. 라스베이거스는 콜센터 인원을 채용하기에는 더없이 좋은 곳이었다. 그러나 수년의 경력을 가진 상품기획자나 바이어를 뉴욕이나 로스앤젤레스에서 라스베이거스로 오라고 설득하는 것은 상당히 힘들었다. 그래서 우리는 인재를 직접 양성하고 훈련시키기로 했다.

오늘날 우리 상품기획부의 거의 모든 신입이 무경력 어시스턴트이다. 우리는 3년 과정의 상품기획자 개발 프로그램을 운영하고 있다. 이 프로그램을 통해서 어시스턴트들은 교육을 받고, 자격증을 따고, 할당 제품에 대해 폭넓은 책임을 부여받으며 관리자 및 리더 역할을 위한 훈련도 받게 된다.

경력 없는 신입사원들에게 우리가 원하는 것은 소속 팀이 관할하는 제품군에 열정을 느껴달라는 것뿐이다. 고급여성복 팀에는 패션 잡지를 즐겨 읽는 사람들을 채용한다. 러닝용품 팀은 마라톤을 뛴 사람들을 채용한다. 야외용품 팀은 주말마다 정기적으로 등산이나 캠핑을 가는 사람들을 채용한다.

3년 동안 상품기획 어시스턴트들은 우선 어시스턴트 바이어로, 그 후에는 정식 바이어로 승진한다(3년 후에는 수석 바이어나 디렉터, 나중에는 부서장급으로 승진할 수 있다).

상품기획부 내에서 적용한 우리의 파이프라인 철학은 놀라울 정도로 성공적이었고 우리는 비슷한 프로그램을 사내 전 부서로 확장하기 위해 지난해 동안 많은 노력을 기울였다.

부서마다 독특한 교육 프로그램이 따로 있지만 우리는 모든 부서에 각종 교육과목을 제공하는 '파이프라인' 팀을 가지고 있다. 그중 다수는 소속 부서와 상관없이 승진을 하기 위해서는 반드시 수강해야 하는 과목들이다.

모든 부서의 파이프라인이 차면, 한 개인이 회사를 떠나더라도 파이프라인 내에서 그의 바로 앞에 있던 사람과 바로 뒤에 있던 사람이 떠난 사람의 임무를 이어받게 된다. 이렇게 일개 개인이 아닌 파이프라인이 회사의 진정한 자산이 되는 것이다.

우리는 이러한 파이프라인의 개념을 대졸 신입사원이 재포스에 합류하기 4년 전까지로 확대할 계획 또한 세우고 있다. 더욱 장기적인 계획이다. 우리 채용팀이 대학 신입생들과 관계를 맺기 시작하여 학생들에게 재포스 여름 인턴십의 기회를 제공한다면, 학생들이 학교를 졸업할 즈음에는 우리도 학생들도 재포스가 그들에게 맞는

파이프라인 팀이 제공하는 교육과목

- 4주 코스 신입사원 연수(전화 응대 포함)
- 재포스 역사
- 재포스 문화
- 의사소통 1
- 의사소통 2
- 의사소통 3
- 코칭 1
- 재포스 도서관: 『우체부 프레드』와 『펄떡이는 물고기처럼』
- 재무관리입문
- 행복학 101
- 절친 리더십
- 1주 과정 켄터키 신병훈련소
- 신임 매니저 오리엔테이션
- 실적 향상
- HR 101
- HR 102
- 리더십의 필수요소
- 재포스 도서관: 『스틱』
- 재무관리 2: 계획 과정
- 연설
- 딜리버링 해피니스
- 마이크로소프트 오피스 중급 과정
- 문법과 작문 1
- 문법과 작문 2
- 스트레스 관리
- 시간 관리
- 투어로 와우시키기
- 고객충성 기술 재교육
- 승진관리 워크숍

선택인지 상당히 잘 알게 될 것이다.

이러한 11개년 파이프라인이 구축된다면(재포스 입사 전 4년+재포스 입사 후 7년), 우리는 다른 모든 회사에 앞서는 상당한 장기적 경쟁력을 보유하게 될 것이다. 우리의 브랜드와 문화를 성장시키려는 계속적인 노력과 더불어 우리의 BCP(브랜드, 문화, 파이프라인) 전략은 재포스가 장기적으로 지속되며 성장하는 사업체가 되기 위해 필요한 기반을 제공할 것이다.

피가 되고 살이 되는 트윗!

누구나 자기만의 에베레스트 산이 있다. 우리는 그 산에 오르기 위해 이 세상에 왔다.

– 휴 맥클라우드

우선순위의 일이 세 가지를 초과한다면 우선순위의 일이 없는 것이나 마찬가지다.

– 짐 콜린스

네가 이야기를 하고 있는데 상대가 듣고 있지 않다면, 인내심을 가지고 기다려봐. 그의 귀에 뭔가 끼어 있는 것인지도 모르니까.

– 위니 더 푸

배움의 길은 나날이 쌓아가는 것이며 도(道)의 길은 나날이 덜어내는 것이다.

– 노자

어젯밤 내 차에 도둑이 들었다. 가져갈 만한 것도 없었으니 오히려 지금은 차가 깨끗해졌다. 매달 한 번은 도둑을 맞아야겠다.

– 무명

3.
PROFITS PASSION PURPOSE

돈 열정 사명

6장

저 높은 곳을 향하여

PR과 공개 강연

아마존과의 합병이 발표되기 전 2년여 동안 재포스는 언론의 관심을 점점 더 받게 되었다. 사람들은 우리가 PR 활동을 강화한 모양이라고 생각했지만 전혀 사실이 아니었다. 우리는 그저 이제까지 했던 일을 계속하고 있었다. 우리의 문화를 공고히 하는 동시에 고객 만족도를 지속적으로 향상시키고 있었다.

재미있는 것은, 언론의 관심이 신입사원 연수 중 그만두는 사람에게 돈을 주었다든가, 가끔 가다 고객들에게 꽃을 보냈다든가, 우리가 몇 년 전에 시도했던 일들에 쏠렸다는 사실이다. 우리는 우리가 하던 일을 뉴스나 블로그에 싣고자 한 적이 없다. 하지만 가끔 기자나 파워블로거가 우리에 대해 언급한 것이 산불처럼 번져나갔다. 우리 자신도 다른 사람들만큼이나 우리의 유명세에 놀랐다. 우리 측에서 계획한 것이 아니었기 때문에 놀랄 수밖에 없었다.

우리가 제품이나 서비스에 신경을 써 사람들을 계속 와우시키는 데 초점을 맞춘다면 결국 언론이 알아서 찾아낸다는 좋은 교훈이었다. 회사가 본연의 업무를 충실하게 하면서 자연스럽게 재미있는 이야깃거리를 자아낸다면 언론에 줄을 대려고 고생할 필요가 없는 것이다.

언론 보도가 잦아지자 다양한 세미나와 관련 산업 행사에서 강연 요청이 들어오기 시작했다. 2005년에 열린 '제화 뉴스 CEO 회담'에서 처음 공개 강연을 했다. 강연을 마칠 때까지 극도의 불안과 초조에 시달렸다. 대중 앞에서의 강연 경험이 일천했기 때문이다. 이런 내가 굳이 강연 요청을 받아들인 이유는 우리가 여전히 관계를 맺으려고 애쓰고 있던 많은 신발업체들에 재포스를 알릴 수 있는 좋은 기회라고 생각해서였다.

나는 강연 내용을 미리 작성하여 한 달 동안 외우면서 연습을 거듭했다. 강연 전날 밤에는 잠을 설쳤다. 강연은 그럭저럭 괜찮았다. 마침내 두 발 뻗고 잘 수 있다고 생각하니 마음이 놓였다. 강연 자체를 즐기지는 못했지만 우리 사업에 매우 긍정적인 영향을 끼쳤기 때문에 강연하길 잘했다고 생각했다.

이듬해 몇 차례의 강연 요청이 띄엄띄엄 들어오기 시작했다. 나는 괴로워하면서도 요청을 모두 받아들였다. 내 강연이 우리 사업과 브랜드 구축에 도움이 될 것이기 때문이었다. 또한 나는 강연이 개인적으로 그리고 직업적으로 성장할 수 있는 기회라고 생각했다. 공개 강연 또한 다른 일들처럼 정기적인 연습을 필요로 하는 단순 기술에 불과한 것이었다. 강연을 할 때마다 연습하는 셈 쳤다.

강연을 시작한 첫해에는 강연 전 부지런히 내용을 써서 외웠다. 시간이 많이 소요되었고 강연 전날은 어김없이 잠을 설쳤다. 강연 중 문장 하나 또는 문단 하나를 통째로 빼먹는 실수를 종종 저질렀는데 그럴 때마다 흠칫 당황하여 전날 밤 연습했던 대사를 기억하기 위해 연단 위에서 머리를 열심히 굴리곤 했다.

강연이 거듭되면서 내 실력도 나아졌다. 하지만 나는 여전히 강연 자체를 즐기지는 못하고 있었다. 내 강연이 재포스 브랜드를 구축하는 데 도움이 되고 있었지만 강연을 할 팔자는 아닌가보다 하고 생각했다. 첫 강연을 한 지 1년이나 지난 뒤에도 나는 강연이 너무나 괴로웠다.

그러던 어느 날, 깨달음이 강림했다.

청중들은 내가 강연 내용을 미리 적어두었다는 사실을 몰랐다! 내가 문장 하나, 문단 하나, 아니 한 부분을 몽땅 잊어버린다 해도 알 사람이 없었다.

사람들은 내 강연 내용을 좋아했다. 그러나 강연 후 청중들이 항상 언급하는 것은 강연 내용 전반에 관한 것이 아닌 다음 두 가지였다. 첫째는 내 개인사에 대한 부분이 아주 재미있었다는 것이었고, 둘째는 언론을 통해 재포스를 접하는 것과 내 이야기를 직접 듣는 것 사이에는 하늘과 땅 만큼의 차이가 있다는 것이었다. 회사의 문화와 고객 서비스, 그리고 재포스를 향한 나의 열정이 확실하게 느껴졌다고 했다.

깨달음을 얻은 나는 다음 강연이 들어왔을 때 이제까지와는 정반대의 접근방식을 취했다.

내용을 외우지도, 연습을 하지도 않기로 한 것이다. 되는 대로 해보고 결과를 볼 작정이었다. 상황에 따라 슬쩍 끼워놓을 만한 일화도 많았고 내가 열정을 느끼고 잘 아는 주제들, 예를 들면 고객 서비스와 기업문화 등에 대해서만 이야기한다면 강연 시간을 충분히 채울 수 있을 것이었다.

마침내 연단에 올랐다. 처음 1, 2분은 청중과 회의장에 적응하느라 여전히 쭈뼛거렸지만 곧 시간은 쏜살같이 흘러갔다. 청중들은 이전보다 훨씬 더 긍정적인 반응을 보였다. 미리 외운 원고를 읊는 대신 상황에 맞춰 이야기를 하면서 나는 이따금 예상하지 못했던 웃음까지 이끌어내는 데 성공했다.

후에 나는 내가 '몰입'의 경지를 맛보았다는 사실을 알게 되었다. 미하일 칙센트미하이라는 연구자는 같은 제목의 저서에서 '몰입'의 경지란 시간 감각과 자의식, 심지어 자기 자신까지 잃는 행복의 상태라고 했다. 내가 맛본 것이 정확히 그것이었다.

그날 이후 나는 내가 하는 강연마다 같은 공식을 적용했고, 강연에 대해 우려하던 점들이 대부분 저절로 해결된다는 사실을 알았다. 나는 다음의 기본규칙을 강연에 적용했다.

1) 열정적일 것
2) 개인사를 나눌 것
3) 진실할 것

별 열정을 느끼지 못하는 주제에 대한 강연을 승낙하는 실수를 한 번 저지른 적이 있다. 속속들이 아는 내용이었지만 열정적이지 못했기에 그날의 강연은 그저 그랬다. 좋은 교훈이었다.

이제는 강연에 초청될 때마다 오로지 일정 주제에 대해서만 이야기할 수 있으며 그 주제가 세미나 전체의 주제에 맞지 않을 수도 있다고 미리 통보한다. 결정은 세미나 주최측이 내리게 둔다. 대부분의 경우 주최측은 상관없다고 했지만 곤란하다는 말을 들은 적도 종종 있었다.

후자의 경우 나는 일관되게 대응을 했다. 세미나 측에서 억만금을 준다 해도, 재포스를 대중에게 알릴 엄청나게 좋은 기회라 해도 변함이 없었다.

나는 공손하게 강연 요청을 거절했다.

통찰

점점 더 많은 강연 요청이 재포스에 들어옴에 따라 우리는 다양한 부서의 사람들을 보내기 시작했다. 우리 컬처북을 꾸밀 때 그랬던 것처럼 다양한 직원들이 자신의 개인사를 나누고 자신이 직접 꾸민 발표문과 자신만의 관점을 제시했다. 지금도 재포스에는 파워포인트 표준 양식이 없다.

다양한 강연과 발표는 나로서는 도저히 상상할 수 없었던 결과를 많이 낳았다. 블로그와 언론에 많이 언급되는 것 이외에도 여러 군데의 다양한 세미나 주최 조직을 알게 되었고 토니 라빈스 행사이나 TED인디아(TEDIndia, TED는 Technology테크놀로지, Entertainment오락/연예, Design디자인의 약자이다), 음악축제 및 세미나인 SXSW(South by Southwest), 그리고 Inc.500(Inc.는 뉴욕에 위치한 월간 잡지사로 'Inc. 500'이라 하여 미국에서 급성장 중인 사기업 500곳을 매해 선정한다—옮긴이) 세미나 등에서 강연을 했다. SXSW에서는 달라이 라마도 함께 강연을 했다! 짐 콜린스나 세스 고딘, 그리고 칩 콘리 등 우리가 존경하며 재포스에 저서가 비치되어 있는 저자들도 많이 만났다. 공개 강연의 여파로 다양한 기업에 속한 모든 직급의 사람들이 재포스 투어를 하고 싶어했다. 이러한 만남을 통해 우리는 좋은 관계들과 사업 기회를 창출했다. 강연이 아니었다면 불가능했을 일이었다.

우리는 강연이나 발표를 할 때마다 우리의 핵심가치를 적용한다. 강연을 통해 재포스의 선전에 몰두하기보다는 우리가 어떻게 일을 하는지에 대해 가능한 많이 공유하면서 청중들이 '성장과 배움을 추구하는 것'을 도우려고 노력한다. 또한 '적극적으로 소통하고, 솔직하고 열린 관계를 구축한다'라는 핵심가치와 연계하여 우리는 각종 재무 수치와 세부 정보를 기꺼이 공개한다.

이런 과정에서 우리는 예상하지 못했던 엄청난 깨달음을 얻었다. 우리는 실로 다른 회사들과 다른 사람들의 삶을 변화시키고 있었다. 우리가 재포스보다 훨씬 더 큰 존재의 일부가 될 수 있다는 생각이 천천히 우리 안에 스며들었다. 타 기업과의 차별화를 통해서뿐만 아니라 '다른' 기업들이 일을 하는 방식을 바꾸도록 도움으로써 세상을 바꿀 수 있다는 사실을 깨닫게 되었다.

재포스 강연 후 삶의 방식을 바꾸었다는 사람들의 이야기, 핵심가치를 시행하고, 고객 서비스에 더 집중하며 기업문화와 직원의 행복에 더 신경을 쓰는 등 경영의 방식을 바꾸었더니 회사의 재무성적까지 덩달아 좋아졌다는 기업들의 이야기를 들을 때마다 참으로 흐뭇했다. 우리는 지금도 재포스로 인해 사업의 운영방식을 바꾸게 되었다는 이야기를 자주 듣는다. 재포스를 흉내 내기 위해서가 아니라 핵심가치에 기반하여 운영되며 모든 사람의 행복에 초점을 맞추기까지 하는 회사의 실제 사례에 고무되어 운영방식을 바꾼 것이다. 단지 이론에 그치는 것이 아니라, 이윤과 열정과 사명을 합하는 방법을 직접 목격한 것이다.

다양한 피드백을 받고 이야기를 들은 우리는 '재포스 인사이트(Zappos Insights, 재포스의 생각 · 의견 · 관점이라는 의미가 있음—옮긴이)'라는 온라인 동영상 잡지 서비스와, 이틀간 진행되는 집중 세미나인 '재포스 인사이트 라이브(Zappos Insights Live)'를 개발했다. 두 프로그램 모두 사업가들이나 자리를 잡은 사업체들이 자기 회사를 개선하는 데 도움을 주기 위해 고안되었다. 강력한 문화와 자기들만의 핵심가치를 구축하는 방법을 배우는 데 많은 사람들이 참여하여 각별한 관심을 보이고 있다.

이러한 부가 서비스를 제공하기 시작하면서 우리는 서서히 더 큰 대중운동의 일부가 되어가고 있음을 깨달았다. 이제 우리의 핵심은 더 이상 재포스에 머무르지 않았다. 우리는 세상을 변화시키는 데 일조하고 있었다.

합의

더 높은 목표를 지닌 비전이 중요하다고 생각한 것은 우리가 처음이 아니다. 탄탄한 기업문화와 핵심가치가 중요하다고 생각한 것 또한 우리가 처음은 아니다. 이 두 가지 생각은 모두 『좋은 기업을 넘어 위대한 기업으로』와 『절친 리더십』에서 강조되고 있으며 이 책들이 출판되기 훨씬 이전부터 존재해왔다.

하지만 사무실 투어와 컬처북, 공개 강연과 발표, 재포스 인사이트, 재포스 인사이트 라이브, 트위터, 그리고 우리 블로그들을 통해 우리는 이러한 생각들을 실제로 구현했다는 독특한 위치에 서 있었다. 10년이 채 되지 않는 기간에 10억 달러의 총매출을 기록한 사업을 바닥에서부터 일구어낸 우리는 탄탄한 핵심가치를 경영에 단단히 접목시켰다. 솔직하고 열려 있고 성장과 배움을 추구하는 문화에 맞춰 우리는 몇 년 동안 축적해온 기업 지식과 학습을 독차지하기보다는 함께 나누었다.

이러한 행동들이 궁극적으로는 재포스 브랜드를 구축하고 세상을 개선시킬 수 있다는 우리의 믿음에 대해 재포스에 투자지분을 가지고 있는 사외이사진은 시큰둥한 반응을 보였다. 그들은 주로 IT산업 또는 제조업 출신으로 소매업이나 브랜드 구축에 대해서는 잘 몰랐다. 이사진 중 일부는 우리가 왜 재포스 인사이트 서비스를 제공하는지 또는 왜 우리가 트위터를 적극 활용하는지 (부록에 '어떻게 트위터가 당신을 더 행복하고 나은 사람으로 만들어줄 수 있는가'라는 주제에 대해 내가 쓴 블로그의 링크가 있으니 참조 바란다) 완전히 이해하지 못했고 우리가 구축하고 있는 브랜드, 문화, 파이프라인이 가치 있다고 믿어주지도 않았다. 우리의 노력이 '토니의 사회적 실험'에 불과하다며 묵살한 이사들도 있었다.

사외이사진들은 대체로 우리가 그저 전자상거래 사업을 잘해 경영실적을 올리는 데 집중하기를 원했다.

이해할 수 있었다.

2005년, 세쿼이어가 재포스에 처음 투자했을 때 잡은 목표는 서비스 중심의 전자상거래 기업 구축이었다. 세쿼이어가 다른 회사들에게 5년의 시간을 주었던 것으로 보아 재포스의 경우에도 5년 안에 투자를 회수한다는 출구 전략(상장이나 합병 등의 형태로)을 세웠을 것으로 짐작한다. 우리가 하고 싶어하는 여러 가지 일들은 '장기적' 전략의 일환이면서 전자상거래와는 직접적인 연관이 없었기 때문에 세쿼이어의 투자 목표에는 부합하지 않았다. 다른 기업들이 강력한 문화나 자신들만의 비전을 창조하는 것을 재포스가 돕게 하려고 세쿼이어가 투자한 것은 물론 절대 아니었다.

하지만 나는 우리가 재포스를 뛰어넘어 세상에 훨씬 더 큰 영향을 미치기 위하여 하는 일에서 크나큰 잠재력을 보았다. 따라서 그런 일을 포기하지 않겠다고 선언했을 때 아마도 이사진은 내 해고 결의안을 상정, 결의하고 싶었을 것이다. 세쿼이어 투자의 5주년 기념일이 빠르게 다가오고 있었다. 알프레드와 프레드, 나는 회사를 팔고 싶지 않았고 청산시 잔여재산 분배 우선권이 개입된 복잡한 자본구조 탓에 경제적 격변의 시기에 상장을 시도하는 것 또한 불가능했다.

2009년 초, 우리는 『포천*Fortune*』 지의 '일하기 가장 좋은 기업 100'에 선정되었다. 그해 처음 이름을 올린 회사들 중에서는 우리 순위가 가장 높았다. 우리는 흥분했다. 순위에 드는 것이 회사 초기에 세웠던 내부적 목표였던 데다, 바로 한 달 전에는 목표보다 앞서 총매출 10억 달러를 달성했기 때문이다.

하지만 이사진과의 관계는 교착상태에 빠져 있었다. 이사진은 출구를 필요로 했고 재포스 사람들은 떠나고 싶어하지 않았다. 우리는 장기적으로 회사를 성장시키고 싶었다. 다행히 내게는 충분한 수의 투표권이 있어서 사외이사진이 회사의 매각을 강제하는 것을 막을 수 있었다. 그러나 사외이사진 또한 원한다면 나를 해고한 후 기업 문화는 도외시하고 오로지 전자상거래를 통한 이윤 극대화에 관심을 쏟을 새 CEO를 고용할 정도의 이사회 지분을 가지고 있었다.

기업문화가 바닥을 쳤던 링크익스체인지 시절, 나는 '합의의 중요성'에 대해 배웠다. 강력한 문화와 준수 가능한 핵심가치는 직원들 사이에서 합의를 이끌어내기 때문에 중요하다. 이번에는 직원뿐만이 아닌, 주주와 이사회와의 합의 또한 매우 중요하다는 교훈을 얻었다.

알프레드와 프레드, 나는 이사회와 겪고 있는 합의 문제를 어떻게 해결할 것인지에 대해 논쟁을 벌였다. 우리는 회사를 팔고 다른 사업으로 옮겨가고 싶지 않았다. 우리에게 재포스는 경력을 쌓기 위한 직장 같은 것이 아니었다. 사명이었다. 포기하기에는 감정적인 투자를 너무 많이 했던 것이다. 우리는 훨씬 더 험난한 위기도 이겨낸 적이 있었다. 이번 문제도 해결방법만 찾으면 됐다. 우리는 마침내 결론에 도달했다.

이사회의 지분을 사들이기로 했다.

투자자나 사외이사진을 구할 때 꼭 점검해야 할 사항 10가지

1. 투자자가 반드시 필요한가? 성장 속도를 늦춤으로써 자금 모집을 하지 않을 수는 없는가?
2. 투자자들이 얼마나 적극적으로 경영에 관여할 것인가? 투자자들이 얼마나 적극적으로 관여하기를 원하는가?
3. 투자자들이 자금 외의 어떤 가치(인맥, 조언, 경험 등)를 제공할 수 있는가?
4. 투자자들의 출구전략은 몇 개년 계획으로 이루어져 있는가?
5. 재정소득 외 투자자가 투자로부터 얻고자 하는 것이 있다면 무엇인가? 그들은 투자 목표의 우선순위를 어떻게 정하는가?
6. 투자자와 사외이사진은 회사의 비전과 미션에 동의하는가?
7. 회사의 비전이 빨리 실현될 수 있다면 그들은 이익 감소를 용납할 것인가?
8. 투자자와 사외이사진의 사고방식은 얼마나 유연한가?
9. 누가 투자자 그룹을 지배하는가? 이사회는?
10. 투자자와 이사진의 핵심가치가 회사의 핵심가치와 일치하는가?

아마존

사외이사의 지분을 사려면 약 2억 달러의 비용이 필요할 것으로 예측한 우리는 다른 투자자를 찾아나섰다. 2009년 초, 우리는 다양한 사모펀드와 벤처 투자자들, 부유한 가족 사업가들, 그리고 재력가들을 접촉하기 시작했다. 그들에게서 모집한 자금으로 세쿼이어 및 다른 주주와 이사진에게서 회사의 지분을 사들인다는 것이 우리의 계획이었다.

우리가 다양한 투자자 후보들을 만나는 동안 아마존닷컴이 접촉을 해왔다. 근 몇 년간 우리는 아마존과 대화 창구를 터놓고 있었다.

아마존의 설립자이자 CEO인 제프 베조스가 내게 처음 연락을 한 것이 2005년. 그때 그는 라스베이거스의 사무실을 방문했다. 그가 오기도 전에 우리는 그에게 회사를 팔 생각이 없다고 이야기했다.

날짜: 2005년 8월 16일
발신: 토니 셰이
수신: 제프 베조스
제목: 아마존/재포스 목요일 회동

잘 있었어요, 제프?
목요일에 드디어 만나게 되겠군요. 기대됩니다.

만나기 전에 확실히 해두고 싶은 게 있는데요. 현재 시점에서 우리는 재포스를 독립된 회사로서 계속 키울 계획입니다. 하지만 제휴 기회를 모색하는 것은 언제나 환영입니다. 목요일에 제프의 생각을 듣기를 고대하고 있습니다……

2009년 초반 우리가 아마존과 이야기를 재개했을 때 양측 모두가 몇 년 전과는 다른 관점을 가지고 있는 듯했다. 아마존은 우리가 독립된 개체로서 경영을 계속해나가며 재포스 문화와 사업을 우리 뜻대로 구축하겠다는 주장에 전보다는 긍정적 입장인 것 같았다. 우리의 발전 행로를 주시하던 아마존은 사업에 대한 우리 접근방식이 효과가 있음을 확인한 것이었다. 재포스에게 가장 중요한 것은 아마존의 광대한 자원을 활용하면서 직원들과 고객들을 위해서 현재 우리가 하는 일을 계속하는 것이었다.

우리에게 아마존과의 합병이란 회사 매각이 아닌 좋은 결혼과 같았다. 두 회사 모두 고객 중심의 경영에 집중하고 있었다. 단, 접근방식은 달랐다. 재포스가 '고감도(high-touch)'의 고객 중심이라면 아마존은 '첨단기술적(high-tech)' 고객 중심이었다.

이사진의 지분을 사들여 투자자를 교체하는 것이 우리의 원래 계획이었지만 생각하면 할수록 아마존과 힘을 합치는 것이 그럴듯하게 보였다. 합병을 하면 모든 이해당사자들이 100퍼센트 같은 선에 서게 될 것이었다. 우리가 현재 사외이사진과 겪고 있는 문제가 단숨에 해결될 일이었다.

아마존에 의한 인수 시나리오를 처음에는 꺼렸지만 마이클 모리츠 덕에 생각을 바꾸었다. 그는 합병 시나리오가 이사진과 회사에 모두 이득이 될 수 있고 주주와 직원 들에게도 최고의 결과를 도출할 수 있을 것이라며 우리를 설득했다(그리고 그가 옳았음이 증명됐다).

처음이 아마존은 현금으로, 말 그대로 재포스를 '사들이려고' 했다. 다른 기업들을 거의 그런 방식으로 인수했기 때문이다. 하지만 알프레드와 프레드와 나는 그 방식이 마땅치 않았다. 우리 생각에 그 방식은 회사의 매각이나 다름없었고, 회사의 매각은 우리의 목표가 아니었다. 우리는 재포스 브랜드와 사업, 문화를 계속 발전시키고 싶었다. 또한 우리는 우리가 회사를 소유하고 있다는 느낌을 계속 가지고 싶었다.

그래서 우리는 주식만을 이용한 인수 방안을 거세게 밀어붙였다. 이 방안은 간단했다. 재포스 주주들이 재포스 주식을 아마존 주식으로 교환하면 끝이었다. 이 방식이 우리가 그리던 '결혼'의 정신에 더 부합했고 부부가 공동 은행계좌를 가지는 것과 비슷했다.

이후 몇 달에 걸쳐 서로에 대해 더 잘 알게 되면서 서로의 존재와 사업에 대한 상호적 신뢰와 존경이 점차 커져갔다. 마침내 서류에 서명을 하는 단계에 이르렀을 때 우리는 기뻐서 펄쩍펄쩍 뛰고 싶을 정도였다. 아마존은 모두를 행복하게 하는 윈-윈의 해결책이었다. 아마존에게도 좋고, 이사진과 주주에게도 좋았으며, 재포스 직원들에게도 좋았다. 우리는 우리 마음대로 재포스의 문화와 사업을 꾸리고 장기적인 비전을 향해 계속해서 전진할 수 있을 것이었다. 아마존이 아니었다면 이사진과의 합의 문제를 해결할 수 있었을까? 계속 교착상태에 머물렀을지도 모른다. 하지만 이사진과의 문제는 새옹지마였다. 지금은 나쁘게 보이는 것이 언제 좋은 결과를 낼지 모른다는 인생의 교훈을 여실히 보여주는 예였다.

서류에 서명하는 날까지 몇 달 동안 직원들에게 입을 열 수 없다는 사실이 합병과정에서 제일 견디기 힘들었다. 침묵을 지키고 싶지 않았지만 아마존이 상장기업이었기 때문에 우리는 SEC(미국 증권거래위원회—옮긴이)의 법규정에 의거하여 입을 다물고 있을 수밖에 없었다.

제프 베조스가 라스베이거스로 날아와 법적인 서류에 서명을 하기 직전 우리 집에서 알프레드와 프레드와 나를 만났다. 제프를 위해 나는 뒤뜰에서 햄버거를 구웠고 함께 두어 시간 동안 담소를 나눴다. 그날 밤늦게, 프레드와 나는 어쩌다보니 음반 스튜디오에서 스눕독(미국의 유명한 흑인 래퍼—옮긴이)과 만나 두 시간 동안 함께 떠들고 놀고 있었다! 밤이 저물 무렵 프레드와 나는 서로의 얼굴을 쳐다보며 웃음을 멈출 수가 없었다. 그날은 정말 현실 같지 않았다.

2009년 7월 22일. 서류에 서명을 하고 합병 사실을 우리 직원들과 세계에 고하기로 한 날이었다. 주식시장이 마감하고 예정된 발표시간이 되기까지 나는 좌불안석이었다. 아마존과 잘 협의하여 타이밍을 완벽하게 잡아야 했다. 두 시간이라는 제한된 시간 동안 우리는 재포스 직원들, 재포스 관련업체들, 아마존 직원들, 아마존 관련업체들, 아마존을 접촉하는 언론, 재포스를 접촉하는 언론, 우리 고객들, SEC, 우리 사외이사진, 우리 투자자들, 그리고 일반 대중에게 모두 소식을 전해야 했으므로 그 과정을 완벽하게 미리 조정해놓아야 했다. 달나라 행 로켓을 발사할 때도 이렇게 떨릴까?

마침내 발표를 하기로 한 시간이 되었고 나는 다음 이메일을 우리 직원들에게 보냈다.

날짜: 2009년 7월 22일
발신: 토니 셰이
수신: 재포스 전직원
제목: 재포스와 아마존

20분 정도 시간을 잡아 이 이메일 전체를 자세히 읽어주세요(가끔 딱딱하고 형식적인 어투가 나오는 것을 이해해주세요. 법률 문제 때문에 그렇게 쓴 것입니다).

오늘은 재포스에게 역사적인 날입니다.

오늘 아침, 재포스 이사회는 '확정 매매 계약서' 라고 하여 재포스의 현 주주와 투자자들(100명이 넘는)이 자신들의 재포스 주식과 아마존 주식을 교환하기로 동의하는 계약을 승인하고 서명했습니다. 교환이 끝나면 아마존은 재포스의 유일한 주주가 될 것입니다.

다음 며칠 동안 언론에는 '아마존, 재포스 인수' 또는 '재포스 아마존에 매각' 등의 헤드라인이 눈에 띌 것입니다. 틀린 표현은 아니지만 이 거래의 정신을 제대로 나타내는 표현도 아닙니다(저는 개인적으로 '재포스와 아마존, 눈이 맞았다' 라는 표제가 더 좋을 것 같습니다).

우리는 이제까지와 동일하게 재포스를 운영할 계획입니다. 우리의 브랜드와 문화, 그리고 사업에 가장 적합하다고 믿는 방식으로 말이죠. 현실적인 측면에서 본다면 회사는 그냥 있고 우리가 현 주주와 사외이사진을 새로 바꾸는 것과 마찬가지입니다. 엄밀히 따지면 법적인 구조는 좀 다르겠지만요.

우리는 지금이 아마존과 손을 잡을 적절한 시점이라고 생각합니다. 서로의 강점을 이용하여 우리의 장기적 비전을 향해 더욱 빠르게 움직일 수 있는 거대한 기회이기 때문입니다. 고객 및 직원, 그리고 업체들에게 행복을 배달한다는 재포스의 비전은 변하지 않습니다. 그저 목표에 더 빨리 도달하고 싶을 뿐입니다.

우리는 다음 세 가지 이유 때문에 열광하고 있습니다.

1. 재포스 브랜드와 문화의 성장을 획기적으로 가속화시킬 수 있는 거대한 기회가 있다고 믿으며, 아마존이 그 기회를 실현하기 위한 최고의 파트너라고 믿습니다.
2. 아마존은 우리가 재포스 브랜드와 독특한 문화를 지닌 독립된 개체로서 우리의 비전을 키워나가는 것을 지지합니다.
3. 우리는 (재포스처럼) 진정한 장기적 방향을 생각하는 주주와 파트너와 함께하고 싶습니다. 또한 우리의 현재 주주들과 투자자들에게 최고의 수익을 돌려주고 싶습니다.

이 세 가지의 이유에 대해서는 뒤에서 더 자세히 언급하겠습니다만, 이 시점에서 여러분이 궁금해 못 견디겠다고 느끼고 있을 법한 세 가지 관심사에 대해서 일단 답을 하겠습니다.

가장 뜨거운 관심사 셋

Q. 내 일자리는 어떻게 되죠?

앞에서 언급한 바와 같이 재포스는 독립된 회사로서 계속 운영될 계획입니다. 법률 용어를 사용한다면 재포스는 아마존의 '전액 출자 자회사'가 됩니다. 여러분의 일자리는 한 달 전과 마찬가지로 안전합니다.

Q. 재포스 문화가 바뀔까요?

재포스 문화는 독특하고 항상 진화하고 변화하죠. 우리 핵심가치 중 하나가 바로 '변화를 적극적으로 수용하고 추진한다'이니까요. 우리 문화가 어떻게 되는가는 우리에게 달려 있습니다. 언제나 그랬죠. 전과 마찬가지로 우리의 운명과 우리 문화가 진화하는 방식은 우리가 이끌 겁니다.

아마존이 우리에게 관심을 가졌던 중요한 이유 중 하나가 우리의 문화와 우리 사람들, 그리고 우리 브랜드에서 커다란 가치를 보았기 때문입니다. 우리가 계속해서 고유의 문화를 키우고 계발하는 것이 아마존이 바라는 점입니다(그리고 아마 우리 문화가 약간은 그들에게 전파될지도 모르죠).

우리 측의 요청 없이는 아마존 사람이 재포스를 운영하는 일은 없습니다. 하지만 아마존은 경험이 많고 다양한 분야에서 전문성을 지니고 있습니다. 그래서 우리는 그들의 지식과 전문성, 그리고 자원, 특히 기술적 자원에 접근할 수 있는 기회를 얻은 것에 매우 흥분하고 있습니다. 재포스 브랜드와 문화, 그리고 사업을 오늘보다도 더 강하게 만드는 것이 핵심입니다.

Q. 토니나 알프레드, 프레드가 회사를 떠나나요?

아니요. 떠날 계획은 없습니다. 우리는 재포스의 잠재력이 진실로 발휘되기 시작하는 시점에 이르렀다고 믿고 있으며 우리의 미래에 대해서, 그리고 아마존을 새로운 파트너로 삼아 재포스에서 성취할 것들에 대해 생각하며 흥분한 상태입니다. 우리가 많은 일을 더 빨리 하고 싶다는 것이 이번 일의 이유이기도 합니다.

이 이메일 끝에 추가 Q&A 섹션이 있습니다만 일단 가장 급한 불을 먼저 끄고 싶었습니다. 여러분의 최고 관심사에 대한 해명을 끝냈으니 우리가 이번 결정에 이르기까지 어떤 생각을 했는지 좀더 자세하게 여러분과 나누고 싶습니다.

일단 발표를 갑작스레 하게 된 점에 대해 사과드리겠습니다. 여러분도 아시다시피 우리의 핵심가치 중 하나가 '적극적으로 소통하고 솔직하고 열린 관계를 구축한다' 입니다. 제 마음대로 할 수 있었다면 아마존과의 논의과정을 훨씬 일찍 밝히고 결정과정에 직원 모두를 참여시켰을 것입니다. 불행히도 아마존은 상장기업이기 때문에 증권법 조항에 따라 오늘까지 직원들에게 언급할 수가 없었습니다.

수년 동안 우리는 아마존과 좋은 관계를 맺어왔습니다. 아마존은 항상 재포스에 관심을 표명했고 우리 브랜드에 대한 크나큰 존경심을 품고 있었습니다.

몇 달 전, 아마존이 우리에게 연락을 취해왔습니다. 그들과 함께 힘을 합쳐 우리 사업과 브랜드, 그리고 문화의 성장을 가속화하는 게 어떻겠냐는 제안이었습니다. 우리가 아마존에 귀속되지 않고 계속적으로 재포스 브랜드를 구축하는 것이 그들이 원하는 바라고 들었을 때 우리는 양측의 제휴관계가 어떤 모습일지 탐구해볼 만한 가치가 있다고 생각했습니다.

그 과정에서 우리는 우리가 계속 재포스 브랜드를 구축하고 우리만의 독특한 방식으로 재포스 문화를 발전시키는 것을 아마존이 진실로 원하고 있음을 알게 되었습니다. 여기서 아마존이 뜻한 '독특한'이란 표현은 우리 식으로 말하면 '재미가 있고 약간 희한한'과 통하지 않을까 생각합니다 :)

지난 몇 달 동안 서로에 대해 더 잘 알게 되면서, 서로의 강점을 활용할 수 있다는 가능성에 양측은 점점 흥분하기 시작했습니다. 우리는 두 기업 모두 매우 고객 중심의 기업임을 깨달았습니다. 고객을 행복하게 하기 위한 방법이 다를 뿐이지요.

아마존은 저렴한 가격, 거대한 제품군, 그리고 편리함을 통해 고객을 행복하게 하는 반면 재포스는 관계의 발전과 깊은 감정적 유대감의 창조, 그리고 고감도('와우') 고객 서비스를 통해 고객을 행복하게 합니다.

재포스 브랜드와 문화가 더 빨리 성장하도록 우리의 성장을 최대한 가속화시킬 수 있는 잠재력이 아마존의 자원과 기술, 그리고 경영 경험에 있음을 우리는 깨달았죠. 또한 우리의 문화 때문에 우리가 고객들에게 재포스식 고객 만족을 선사할 수 있었다는 점을 아마존은 깨달았습니다. 제프 베조스(아마존의 CEO)는 아마존이 우리의 문화를 진심으로 존경하다고 확실히 밝혔고 최선을 다해 우리의 문화를 보호하겠다고 말했습니다.

우리는 이사회의 의견을 구했습니다. 마이클 모리츠(투자자이면서 사외이사 중 한 명인)는 세쿼이어 캐피털을 대표해 다음과 같이 응답했습니다. "재포스의 발전을 가속화시키고 재포스 이름과 브랜드, 그리고 재포스와 연관된 모든 것이 사람들의 삶에 영원히 지속적으로 머무를 수 있도록 할 기회가 드디어 왔습니다…… 재포스는 이제 상상력을 마음껏 발휘할 수 있게 되었습니다. 그리고 현재의 제약된 구조에서는 할 수 없는 일들을 맘껏 생각하고 시도할 수 있게 되었습니다."

아마존의 위대한 점 중 하나가 그들의 장기적 사고방식입니다. 재포스와 똑같지요. 장기적 사고방식이란 측면을 함께 나누는 파트너나 투자자를 찾기란 힘들기 때문에 아마존과 재포스가 이 점에서 동일한 철학을 가지고 있다는 사실을 알았을 때 우리는 행운이라고 느꼈고 흥분했습니다.

그렇다고 해서 쉬운 결정은 아니었습니다. 지난 몇 달 동안 우리는 찬반 의견 모두와 잠재적인 혜택 및 위험을 저울질해야 했습니다. 결국 우리 주주들에게 최선의 방안으로 판단된 이상, 우리가 스스로에게 물어야 할 질문은 다음 두 가지였습니다.

1. 재포스 브랜드의 성장을 가속화시키고 행복을 배달한다는 우리 미션의 성취를 더 빨리 이룩하는 데 도움이 될 것이라 믿는가?
2. 우리가 계속 우리 운명의 주인으로서 우리의 독특한 문화를 키워나갈 수 있을 것이라 믿는가?

아마존 측과 많은 시간을 보내며 그들에 대해 배우고 그들의 의도에 대해 이해하게 되었을 때 우리는 이 두 가지 질문에 대답할 수 있었습니다. '예스!' 그리고 또 '예스!'

재포스 브랜드는 아마존 브랜드와는 별개로 남을 것입니다. 아마존의 다양한 자원을 사용할 수 있지만 우리의 브랜드와 우리의 문화를 예전대로 구축해나갈 필요가 있습니다. 우리의 직원과 고객, 그리고 관련 업체를 포함하여 우리에게 이해관계를 가지고 있는 모든 이들에게 행복을 배달한다는 우리의 미션은 변하지 않습니다(또 한 가지, 우리는 우리의 공급업체와 이제까지처럼 관계를 지속해나갈 것이며 아마존은 아마존대로 자신들의 업체와 계속 일해나갈 것입니다).

우리는 곧 전직원 회의를 소집하여 더 자세히 설명할 것입니다. 질문이 있다면 서슴지 말고 제게 메일 주세요. 전직원 회의와 후속 이메일에서 가능한 한 많이 답하도록 하겠습니다.

우리가 오늘 '확정 매매 계약서'라는 것에 서명을 했지만 정부의 승인을 받는 과정을 거쳐야 하기 때문에 이번 거래는 완료될 때까지 공식적으로는 빨라도 두어 달은 걸릴 것으로 예상합니다. SEC 법 규정에 의해 우리는 '침묵기간'이라는 것을 준수해야 합니다. 따라서 고객들이나 관련 업체, 또는 언론 등을 포함한 누가 이번 사안과 관련된 질문을 하더라도 직접 답하지 마시고 우리가 법으로 요구되는 침묵기간을 준수하는 중이니 대신 tree@zappos.com으로 이메일을 보내라고 알려주세요. 알프레드와 제가 관리하는 특별 이메일 계정입니다.

지난 몇 달 동안 이번 일을 가능하게 하기 위해 무대 뒤에서 밤낮을 가리지 않고 열심히 일해준 우리 재무 및 법무 팀 인원들, 모건 스탠리(Morgan Stanley)의 자문들, 펜윅 & 웨스트(Fenwick & West), 그리고 프라이스워터하우스쿠퍼스(PricewatershouseCoopers)에 알프레드와 저는 감사의 뜻을 표하고 싶습니다.

이제 Q&A 섹션으로 넘어가겠습니다만, 그전에 시간을 들여 이렇게 긴 이메일을 읽어주고 우리가 오늘의 위치에 오기까지 도움을 아끼지 않은 여러분께 또한 감사의 뜻을 표합니다.

오늘은 제게는 실로 온갖 감정이 교차한 날이었습니다. 대학 졸업식 때와 비슷한 기분이었습니다. 미래에 대한 흥분과 과거에 대한 그리움이 섞인 그런 기분이요. 지난 10년의 세월은 정말 근사한 여정이었습니다. 다음 10년 동안 재포스를 계속 키우면서 함께 성취할 수 있는 모든 것을 생각하면 정말 신이 납니다!

재포스닷컴 CEO

토니 셰이

Q&A

본사를 계속 라스베이거스에 두고 성장해갈 건가요?

예! 예전과 마찬가지로, 각 부서에 맞는 인재들을 끌어들일 수 있는 한 우리는 라스베이거스 기지를 계속 키울 생각입니다. 어느 부서도 이동시킬 계획이 없고 아마존도 우리가 이전하는 것을 원치 않습니다. 우리의 문화가 재포스 브랜드를 특별하게 만든다는 사실을 아마존도 알기 때문이죠.

켄터키에 있는 창고는 어떻게 되나요?

많은 분들이 아시다시피, 현 창고의 위치는 루이빌에 있는 UPS 월드포트 허브와의 거리를 고려한 전략적 결정이었습니다. 아마존에게는 우리 창고보다 월드포드 허브에 가까운 창고가 없어요. 아마존이 그쪽 재고의 일부를 우리 창고에 보관하거나, 아니면 그 반대의 경우가 있을 수도 있습니다. 지금 당장은 우리가 현재 위치에서 창고를 계속 운영하는 것이 고객 만족을 위해 최선이라고 재포스와 아마존은 믿고 있습니다.

효율적 운영을 위해 직원 수를 줄일 계획이 있습니까?

지금 이 시점에서 그럴 계획은 없습니다. 재포스도 아마존도 성장에 초점을 맞추고 있습니다. 따라서 우리는 인력이 더 필요하게 될 겁니다.

아마존에서 직원할인을 받을 수 있나요?

아니요. 재포스를 고유의 문화와 핵심가치를 지닌 별개의 회사로 운영을 계속할 계획이기 때문에 아마존 할인은 받을 수 없습니다. 또한 우리도 아마존 직원들에게 재포스 직원할인을 해주지 않을 거구요. 쿠키라도 구워서 직접 갖다준다면 또 모르겠지만.

회사에서 받는 각종 혜택에 변화가 있나요?

아니요. 회사 운영 과정에서 일반적으로 발생할 수 있는 변화 외에는 각종 혜택에 변화를 줄 계획은 없습니다.

우리 핵심가치는 계속 이어가나요?

네. 우리는 우리의 핵심가치를 계속 유지하고 아마존은 자신들의 핵심가치를 계속 유지할 겁니다.

우리 교육/파이프라인 프로그램이나 승급과정이 바뀌나요? 여전히 성장의 기회가 있을까요?

우리는 계획대로 파이프라인과 승급과정을 구축해나갈 겁니다. 이 조합의 핵심은 성장의 가속화이기 때문에 모두를 위한 성장의 기회가 오히려 더 많아질 것으로 예상하고 있습니다.

우리가 고객을 위해 하는 특별한 일들을 계속할 수 있나요? 고객 서비스 방침에 변화가 있을까요?

이전과 마찬가지로 모든 것은 우리에게 달려 있어요.

제프 베조스(아마존 CEO) 얘기 좀 해주세요. 어떤 분인가요?

제프 베조스에 대한 8분짜리 동영상을 보세요. 제프의 성격과 사고방식에 대해 알게 될 겁니다. 사업가로서 배운 교훈과 오류에 대해 말하고 있습니다.

http://www.youtube.com/watch?v=-hx_Q5CnaA

경제부 기자입니다. 어렵게 들리는 용어를 사용해서 은행원처럼 말할 수 있나요? 경영지에 싣게요.

재포스는 온라인 신발 쇼핑몰 분야 1인자이며, 아마존은 재포스가 독특한 문화와 검증된 실력, 그리고 앞서가는 소비재 기업이 되기 위한 경험을 지닌 최적의 팀이라 믿고 있습니다./재포스의 고객 서비스에 대한 고집은 지구에서 가장 고객 중심의 기업이 되고자 하는 아마존의 미션을 강화시킬 것입니다./최고의 브랜드, 탄탄한 업체 관계, 다양한 제품군, 폭넓고 활발한 재구매 고객 기반./아마존은 성장을 거듭하며 수익성과 현금흐름 면에서 흑자를 기록하고 있는 재포스가 훌륭한 사업이라고 믿습니다./신발과 의류, 액세서리 분야에서 결합한 두 회사의 규모와 성장궤도의 가속화/테크놀로지, 마케팅, 그리고 해외진출 가능성을 포함한 중대한 시너지 기회.

매수가는 얼마입니까?

현금이 아닌 주식교환을 이용한 인수입니다. 우리 주주와 옵션 소유자들은 보통주 전환 기준으로 대략 1천만 주의 아마존 주식을 받게 될 것입니다. 매수 조건의 세부 내용과 주식 교환 방법은 서식 S-4에 기재하여 SEC에 등록할 것이며 등록시 공개될 것입니다.

변호사처럼 말할 줄 알아요?

이 이메일은 2009년 7월 22일 발송되었습니다. 제안된 합병과 관련하여 아마존닷컴은 미국 증권거래위원회에 서식 S-4에 기재한 등록문서를 제출할 예정입니다. 등록문서에는 동의권유제안서와 사업설명서가 포함되어 있습니다. 주주 및 투자자들은 이후 www.sec.gov나 www.amazon.com/ir에 동의권유제안서와 사업설명서가 게재될 때 문서를 습득할 수 있으며, 동의권유제안서와 사업설명서, 그리고 증권거래위원회에 제출된 합병 관련 다른 관련 문서들의 경우 아마존과 재포스, 그리고 제안된 합병에 대한 중요한 정보를 담고 있으므로 재포스의 주주 및 투자자 들의 신중한 검토가 요구됩니다.

이 이메일에 담긴 내용 일부는 과거 사실의 진술이 아니며 1995년 증권민사소송개혁법이 규정한 의미 내에서의 전향적 진술을 형성합니다. 전향적 진술은 현재의 기대치를 반영하며, 불확실성이 내재되어 있고, 이미 알려진 위험과 아직 드러나지 않은 위험, 불확실성 및 다른 요소에 의해 영향을 받습니다. 예상결과에서 중요하게 다른 미래의 결과를 초래할 수 있는 요소는 아마존닷컴이 2009년 7월 22일 발행한 서식 8-K, 주요사건보고서에서 제시한 요소들을 포함합니다.

이제 그만 좀 할래요?
오케쌩유바이

이메일을 보낸 약 20분 후, 나는 후속 이메일을 보내 전직원 회의가 이틀 후로 잡혔음을 알렸다. 사무실 근처의 세미나 건물에 있는 커다란 파티장 하나를 빌렸다.

그런데 재미있는 일이 일어났다. 우리는 그날 아침 각 부서의 관리자들을 소집하여 내 이메일에 대한 직원들의 질문에 대답할 수 있도록 준비를 시켰다. 이메일을 받은 직원들이 퇴근시간까지 우왕좌왕할 것이므로 그날은 생산성이 뚝 떨어질 것이라 예상하고 그에 맞춰 계획을 세웠다.

우리 예상처럼, 직원들은 뉴스를 들었을 때 깜짝 놀랐다.

우리 예상처럼, 직원들은 궁금한 점이 많았다.

하지만 발표가 난 지 한 시간도 채 안 되어 우리 직원들은 다시 자리로 돌아가 발표 전에 하던 일을 계속했다. 상품기획팀은 공급업체들에게 전화를 하느라 바빴고 우리 중 몇 명은 언론의 질의에 응답하느라 바빴다. 하지만 그 외 대부분의 직원들은 평소와 같은 하루를 보냈다. 나는 완전 놀라버렸다.

'아마존, 재포스 인수'라는 표제에 직원들이 너무 충격을 받아 내 이메일의 자세한 내용을 다 이해하지 못할까 우려했었다. 그러나 처음의 충격을 가라앉히고 아마존의 자원을 이용할 수 있게 되면 펼쳐질 새로운 가능성에 흥분하고 열광하는 직원들의 대화를 나는 복도에서 엿들을 수 있었다.

감격스러운 경험이었다. 우리 직원들이 '변화를 적극 수용하고 추진한다'는 핵심가치를 가장 잘 실천한 예 중 하나가 아니었을까 한다.

전직원 회의

회의실이 터져나갈 것 같았다. 나는 연단에 서서 전직원 회의에 참여한 700명에 달하는 재포스 직원들을 내려다보고 있었다. 알프레드와 프레드가 나와 함께 연단에 서 있었고 아마존 사람도 두세 명 같이 있었다.

직원들이 빈자리를 찾아 움직이는 동안 파티 음악이 회의실 안을 채웠다. 설렘과 흥분의 기운이 느껴졌다. 비치볼을 가져와 사람들 속으로 던지기 시작한 직원들도 있었다. 마치 록 콘서트와 레이브 파티를 뒤섞은 것 같은 분위기였다.

회의를 시작하겠다고 선언하자 모두가 환호성을 지르며 손뼉을 치기 시작했다. 회의실 안의 에너지는 실로 놀라웠다.

우선 한 시간 동안 이틀 전 보냈던 이메일 내용을 되짚고 직원들의 추가 질문에 답했다. 아마존 또한 몇 가지의 질문에 답하며 모든 사안에 대한 그들의 관점을 피력했다.

"우리가 재포스를 다시 시작한다면 무엇을 다르게 하고 싶냐는 질문을 많이 받아요." 내가 직원들에게 말했다. "다르게 했더라면 좋았을걸 하고 생각하는 건 사실 별로 없어요. 이제까지 많은 실수를 저질렀지만 그 실수에서 배울 수 있었기 때문에 우리는 훨씬 더 강해진 거잖아요. 하지만 좀더 속도를 냈으면 좋았을걸 하는 생각은 합니다."

그리고 나는 모든 것을 한 문장으로 압축했다. "아마존과의 결혼으로 우리는 세상에 행복을 배달한다는 우리의 비전을 훨씬 더 빨리 충족시킬 수 있게 되었습니다."

알프레드와 나는 직원을 위한 깜짝 선물로 전직원에게 우리 둘의 사비로 아마존의 전자책 단말기인 킨들을 제공한다고 발표했다. 그뿐만이 아니었다. 우리는 또한 아마존이 우리의 현재 직원들 모두에게 열심히 일해준 데에 대한 감사의 표시로 두둑한 보너스를 지급할 것임을 발표했다.

누가 먼저라고 할 것도 없이 회의실의 모든 사람들이 자리를 박차고 일어나 환호성을 지르며 우레와 같은 박수를 보냈다. 행복의 눈물을 흘리는 사람들도 많았다. 충성고객들에게 해주는 다음날 배송 깜짝 업그레이드처럼 우리는 이미 행복한 우리 직원들을 깜짝 보너스를 통해 더 행복하게 한 것이었다.

내게 그 순간은 성공의 순간이었다. 10년 전의 나라면 상상도 못했을 수준의 성공. 킨들이나 보너스를 이야기하는 게 아니다. 그것들은 그저…… 보너스에 불과했다.

그 순간은 훨씬 더 큰 의미가 있었다. 회의실에 모인 전직원의 하나된 에너지와 감정은 나 자신의 행복, 아니 재포스 직원들의 행복만을 뜻하는 것이 아니었다. 돈과 열정은 이미 우리에게는 가장 중요한 것이 아니었다. 그 순간, 세상을 바꾸려는 여정의 다음 단계가 시작된 것이었다.

반은 뜻한 대로, 반은 행운으로 우리는 돈과 열정, 그리고 사명으로 가는 길을 찾아낸 것이었다.

행복을 배달하는 길을 찾아낸 것이었다.

할로윈 축배

10월 31일 서부시간으로 오후 11시 59분, 수개월 동안 기다리던 정부의 승인을 마침내 받아 아마존과의 합병이 공식적으로 완료되었다. 재포스 주주를 위한 매각 총액은 아마존의 전날 종가 기준으로 120억 달러를 초과했다.

그때 나는 인도의 뉴델리에 있었다. 알프레드와 프레드와 나는 이를 기념하기 위해 전화 회의를 미리 계획했고, 재포스의 전통에 따라 우리는 통화 중 그레이구스 보드카를 한 잔씩 마시기로 했다.

"뭐라고 건배를 할까?" 알프레드가 물었다.

왜인지는 모르겠지만 내 머릿속에 즉각 만화영화 〈토이스토리〉에 나오는 로봇 캐릭터 버즈 라이트이어의 대사가 떠올랐다.

"무한함 그 이상을 위하여!(To infinity and beyond! 〈토이스토리〉에서는 '무한한 저 공간 너머로'로 해석되었다 — 옮긴이)" 내가 외쳤다.

우리는 모두 건배했다. 이제는 진짜였다. 재포스와 아마존은 결혼했다. 예술과 과학, 고감도와 첨단기술이라는 각자의 강점을 합쳐 마침내 함께 일할 수 있게 되었다.

눈앞에 펼쳐진 가능성을 생각하니 가슴이 뛰었다.

이제 곧 우리가 함께 만들어나갈 것들을 상상하니 가슴이 뛰었다.

미래가 우리를 기다리고 있었다.

과거에 연연하지 말라. 너의 미래는 항상 순백이다.

— 알려지지 않은 작가

2010년 1월, 재포스는 『포천』 지에서 매년 선정하는 '일하기 가장 좋은 기업' 목록에서 여덟 계단을 뛰어오르며 15위를 차지했다.

7장
궁극의 목표

딜리버링 해피니스

지금까지 이 책 내용은 주로 나와 재포스, 그리고 우리가 이제껏 배워온 교훈에 대한 것이었다.

지금까지 당신은 수동적인 독자였다.

책의 막바지에 이른 지금, 나는 당신에게 적극적으로 참여해서 다음 질문에 대한 답을 생각해보라고 요청하고 싶다.

"내 인생의 목표는 무엇인가?"

이 질문을 받은 사람들의 대답은 가지각색이었다. "회사를 차리고 싶다"는 사람도 있었고 "남자친구나 여자친구가 생겼으면 좋겠다"는 사람도 있었다. "건강해지고 싶다"는 사람도 있었다.

당신의 대답이 무엇이건 간에, 그다음 질문에 대한 답 또한 생각해보기 바란다.

"왜?"

첫 질문에 대한 답에 따르면 두번째 질문의 대답은 "은퇴를 빨리 하고 싶어서" "영혼의 동반자를 찾고 싶어서" 또는 "더 빨리 달리고 싶어서" 등등이 나올지도 모르겠다.

두번째 질문에 대한 답에 다음 질문을 다시 해보라.

"왜?"

"가족들과 시간을 더 보낼 수 있으니까" "결혼하기 위해서" 또는 "마라톤을 뛰고 싶어서"라는 답들이 나오지 않을까?

재미있는 것을 하나 알려주겠다. "왜?"라는 질문을 거듭해보라. "당신은 지금 하는 일을 왜 하고 있나요?"라는 질문에 "왜?"라는 질문을 거듭한 사람들이 대부분 도달했던 대답과 같은 대답을 하게 될 것이다. 결국 우리는 더 행복해지기 위하여 인생의 목표를 추구하고 있는 것이다.

우리가 각기 다른 길을 선택하지만 도달하고 싶은 곳은 하나인 것이다. '행복'이란 곳.

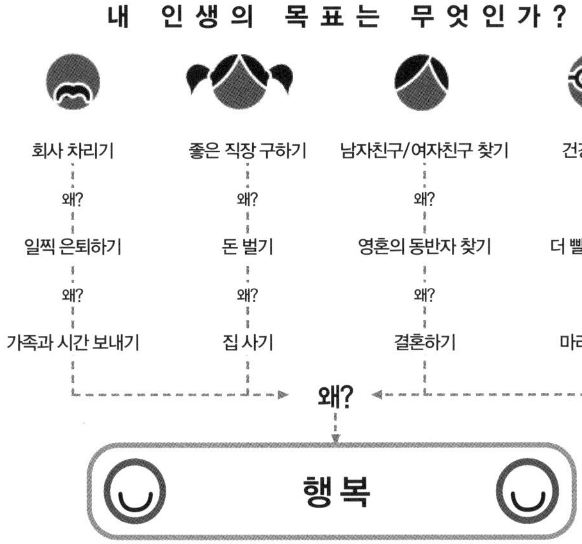

2007년 무렵 나는 '행복학'에 대해 관심을 가지기 시작했다. 행복학이란 상대적으로 새로운 연구분야인 긍정심리학에 속한다. 1998년 이전에는 심리학은 거의 예외 없이 문제가 있는 사람을 어떻게 정상으로 만드는가를 알아내려는 데 집중했다. 정상인이 어떻게 더 행복해질 수 있을까를 연구한 심리학자나 연구자는 거의 없었다.

나는 『명품을 코에 감은 코끼리, 행복을 찾아나서다*Happiness Hypothesis*』와 『해피어*Happier*』라는 책을 포함, 행복학에 대한 책과 논문들을 읽기 시작했다. 행복학 연구는 처음엔 단순한 취미와 개인적 관심거리로서 재포스와는 상관이 없었다.

그러던 어느 날, 행복학이 재포스와 매우 밀접한 관련이 있다는 사실을 나는 깨달았다(지금 생각해보면 너무나 당연한 듯 보이지만 이 사실을 깨닫는 데는 1년이나 걸렸다).

우리는 고객들에게 재포스의 제품이 든 상자를 열 때마다 '상자 속의 행복'을 연다고 생각하라고 말하곤 했다. 완벽한 구두 한 켤레나 멋진 옷을 받을 때 고객이 느끼는 행복도, 육로 배송에서 다음날 배송으로 깜짝 업그레이드를 받았을 때 고객이 느끼는 행복도, 또는 우리 고객충성팀과 이야기할 때 고객이 느끼는 행복도, 또는 개인적 가치관과 핵심가치가 부합하여 우리 문화의 일부가 될 때 직원들이 느끼는 행복도…… 이러한 모든 것의 공통분모는 행복이다.

2009년, 우리는 회사의 비전과 사명을 한 문장으로 압축했다.

재포스의 핵심은 세상에 행복을 배달하는 것입니다.

재포스 브랜드의 약속이 시간에 흐름에 따라 진화한 과정을 되짚어보면 흥미롭다.

1999년	가장 다양한 신발 제품군
2003년	고객 서비스
2005년	재포스의 토대로서 문화와 핵심가치
2007년	깊은 감정적 유대
2009년	행복의 배달

행복학에 대해 더 배워 그 지식을 경영에 적용하는 것은 내 관점

에서는 해볼 만한 일이었다. 고객과 직원들을 더 행복하게 하는 방법의 기반이 되는 과학을 배울 수 있다니! 오늘날 우리는 직원들에게 '행복학'이라는 강좌까지 제공한다.

사람들이 자신의 행복을 꾸준히 유지시켜줄 수 있는 것이 무엇인지 예측하는 데 큰 어려움을 겪는다는 점이 연구에서 거듭 확인되었다고 한다. 대부분의 사람들은 '내가 ____를 얻으면 행복해질 거야'라든가 '내가 ____를 성취하면 행복해질 거야'라고 생각하며 삶을 살아간다.

연구에 의하면 사람들이 성취 가능하다고 생각하는 그런 행복감이란 상당히 빨리 사라진다고 한다. 복권 당첨자들이 당첨 직전에 느꼈던 행복감과 1년 후 느꼈던 행복감을 비교하는 연구가 있었다. 그 연구에 의하면 당첨자들이 느낀 행복감의 수준은 예전으로 돌아갔다고 한다.

이러한 연구 결과는 상당히 흥미로웠다. 삶의 목표가 돈을 버는 것이건, 결혼이건, 달리기의 속도를 높이는 것이건 간에 대부분의 경우에 목표를 마침내 이룬다 해도 지속될 수 있는 행복을 얻을 수는 없다는 뜻이 아닌가. 그럼에도 많은 사람들은 행복해지리라 믿으며 특정 목표를 이루기 위하여 일생을 보낸다.

내가 추구하는 목표가 과연 내 생각하는 대로 행복을 가져다줄 것인지 독자 여러분도 자문을 해보기 바란다.

독자의 궁극적 목표가 행복이라면, 행복학에 대해서 배우고 공부해서 이미 밝혀진 연구 결과를 인생에 적용해봐야 하지 않겠는가.

과학적 연구 결과에 기초한 지식을 조금만 더 사용한다면, 얼마나 더 행복할 수 있을까?

그 지식을 당신 회사에 적용한다면 고객과 직원은 얼마나 더 행복해질 수 있을까? 그로 인해 사업은 얼마나 더 건강해질 수 있을까?

나는 2006년에 처음으로 마라톤을 뛰었다. 그전에는 1.5킬로미터 이상은 달려본 적이 없었다. 킬리만자로 등반처럼 마라톤도 '해야 할 일' 목록에 있던 일이었다. 마라톤 훈련에 대해 아는 바가 전혀 없었기 때문에 해당 서적과 논문을 읽기 시작했다.

알고 보니 육상과학과 마라톤 훈련에 대한 연구가 상당히 활발했다. 마라톤에서 최고의 결과를 얻기 위해서는 몇 달 동안 하루도 거르지 않고 매우 열심히 뛰어야 할 것이라고 처음에는 생각했지만 잘못된 생각이었다.

연구 결과에 의하면 마라톤의 가장 좋은 훈련방법은 실제 마라톤을 뛸 속도보다 느린 속도로 장거리 달리기를 하는 것이란다. 이 훈련의 핵심은 숨이 가쁘지 않은 상태에서 오랫동안 편안히 대화를 할 수 있을 정도의 느린 속도를 유지하는 것이다. 처음 그 방법을 시도했을 때는 너무나 느려서 불편하게 느껴질 정도였다. 마라톤 주자들에게는 상식화된 훈련방법이지만 일반인들에게는 상식에서 벗어난 것처럼 보이는 방법이다.

우리가 달리는 방법을 본능적으로 알듯이 무엇이 우리를 행복하게 할 것인지도 본능적으로 안다고 우리는 생각한다. 하지만 연구에 의하면 얼핏 본능과 직감에는 반하는 것처럼 보이는 방법이 더 좋은 마라톤 훈련법인 것이다. 행복도 같은 맥락이다. 행복학에 의하면, 일반적으로 우리를 행복하게 해줄 것이라고 간주되지 않는 것들이 실제로는 우리를 더 행복하게 할 수 있다는 것이다. 그 반대 또한 옳다. 우리를 행복하게 해줄 것 같은 것들이 장기적으로는 우리를 행복하게 해주지 않는 경우도 많다는 것이다.

행복학 전문가인 척할 생각은 없다. 그 주제에 정말 큰 흥미를 느끼기 때문에 책과 논문을 읽어온 것뿐이다. 이 과정에서 배운 것 중 개인적으로 내 사고 형성에 가장 유용했다고 느꼈던 행복의 체계에 대해 이야기해보고 싶다. 내 이야기가 독자의 구미를 자극하여 독자로 하여금 스스로 더 찾아보고 독자 개인의 행복감을 극대화할 수 있다면 좋겠다.

행복의 체계 1

행복은 다음 네 가지로 이루어져 있다. 결정권의 지각, 진척의 지각, 유대감(관계의 수와 깊이), 그리고 비전/의미(나 자신보다 더 큰 존재의 일부가 되는 것).

행복의 체계 1

결정권의 지각

진척의 지각

유대감

비전/의미
(나 자신보다 더 큰 존재의 일부가 되는 것)

사업에도 적용 가능하다는 점이 이 구조 체계의 재미있는 점이다.

결정권의 지각

우리 콜센터에서는 상담원들에게 1년에 한 번 임금인상을 해주었는데 상담원들은 그에 대한 결정권이 전혀 없었다. 후에 우리는 '기능 항목' 시스템을 대신 도입하기로 했다. 우리는 약 20가지의 기능 항목(보이스카우트의 기능장과 비슷한 것)을 정하고 각 기능을 취득할 때마다 소액의 임금 조정을 해주었다. 어떤 기능교육을 받고 자격증을 딸 것인가는 상담원 스스로가 결정할 수 있었다. 기능 습득을 원하지 않는 상담원은 동일한 봉급 수준에 머무를 것이었다. 20가지 항목을 모두 습득하고자 하는 야심찬 상담원은 얼마나 빠르게 (또는 느리게) 과정을 밟을 것인지 자신이 직접 속도를 정할 수 있었다. 습득하고자 하는 기능을 스스로 선택하여 봉급 인상을 주체적으로 관리할 수 있게 된 우리 콜센터 상담원들이 훨씬 더 행복해졌음을 우리는 알게 되었다.

진척의 지각

예전 재포스 상품기획부에서는 상품기획 어시스턴트 직을 맡은 무경력 대졸 신입사원을 18개월 후 그다음 단계인 어시스턴트 바이어로 승진시켰다(승진에 필요한 자격을 모두 갖춘 경우). 이후 우리는 승진 기간을 잘게 쪼개어 6개월에 한 번씩 미니 승진을 시키기로 했다. 승진 세 번은 이전 승진 한 번과 동등한 효과를 가져(6개월 승진×3＝18개월 승진) 승진을 세 번 하면 어시스턴트 바이어가 되는 것이었다. 교육이나 자격증, 그리고 임금 면에서 볼 때 바뀐 것은 없었다. 하지만 직원들은 자신의 진척 상황을 지속적으로 느낄 수 있기 때문에 훨씬 더 행복해한다는 것을 알게 되었다.

유대감

연구 결과에 의하면 참여도가 높은 직원들의 생산성이 높으며 직원이 가진 사이좋은 직장동료의 수는 그 직원의 참여도와 상호관계가 있다고 한다. 『명품을 코에 감은 코끼리, 행복을 찾아나서다』에서 저자 조너선 헤이트는 행복은 '내면'에서 주로 오는 게 아니라 '관계'에서 온다고 했다. 재포스가 기업문화를 강조하는 이유 중 하나이다.

비전/의미

『좋은 기업을 넘어 위대한 기업으로』와 『절친 리더십』은 모두 '위대한 기업(장기적 재무성과 면에서)'과 '좋은 기업'을 갈라놓는 중요한 요소로 기업이 돈과 이윤, 시장 점유율 1위 등 좀더 높은 목표를 비전으로 삼는 것을 들고 있다.

행복의 체계 2

칩 콘리의 책 『매슬로에게 경영을 묻다』는 매슬로 구조가 사업 경영을 위해서 어떻게 3단계로 압축되어 고객과 직원, 그리고 투자자에게 적용될 수 있는지 매우 훌륭하게 기술하고 있다. 일단 생존 욕구(음식, 주거, 안전, 물 등)가 충족되면 인간은 사회적 지위나 성취욕, 창조성 같은 비물질적 욕구에 더 자극을 받는다는 것이 매슬로의 인간욕구설의 바탕이 되는 근원적 명제이다.

고객 : 기대 충족 → 욕구 충족 → 무의식적 욕구 충족
직원 : 돈 → 인정과 포상 → 의미 부여
투자자 : 거래 목적의 일치 → 관계의 일치 → 사회 공헌

다수의 기업들과 관리자들은 높은 봉급이 직원들을 더 행복하게 할 것이라 믿지만 HR 설문 결과에 의하면, 사람들의 기본욕구가 충족되면 돈은 주요 욕구 목록에서 한참 아래로 떨어지며 관리자와의 우호적 관계, 직업적 성장 기회 등 무형의 욕구들이 목록의 상위로 올라온다고 한다.

고객 욕구 단계가 재포스에서 충족되는 예를 보자.

- 주문 제품이 제대로 도착 (기대 충족)
- 무료 배송 (욕구 충족)
- 다음날 배송으로 깜짝 업그레이드 (무의식적 욕구 충족)

매슬로의 욕구 피라미드

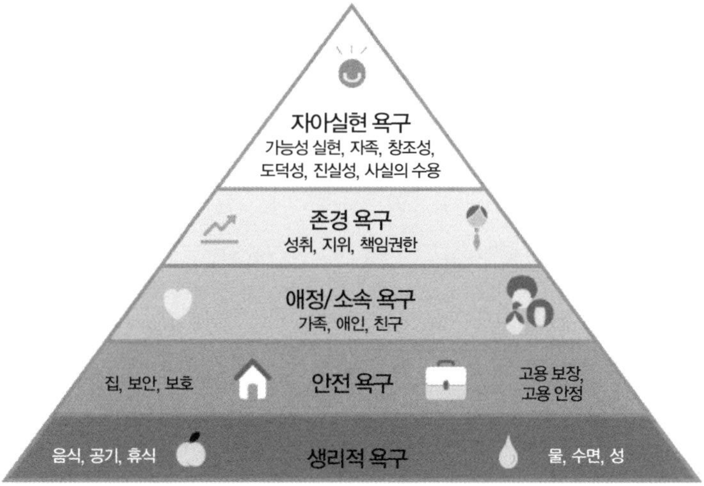

행복의 체계 3

세 가지 종류의 행복: 쾌락, 열정, 사명*

쾌락

쾌락이라는 유형의 행복에서는 언제나 다음 단계의 즐거움을 좇게 된다. 나는 이 유형을 '록스타' 유형의 행복이라고 부르고 싶다. 지속적인 자극을 받는 것이 좋을 수 있지만 록스타처럼 살지 못한다면 유지되기 힘든 행복이기 때문이다. 연구에 의하면 세 가지 종류의 행복 중 쾌락의 행복이 가장 빨리 사라진다고 한다. 자극의 원천이 사라지면 사람들의 행복감도 즉시 뚝 떨어진다는 것이다.

열정

열정이라는 행복은 '몰입'의 상태에 들 때 맛볼 수 있는데, 어떤 일을 완전히 몰두하여 최고의 성과를 내는 동안 시간이 쏜살같이 흐르는 경우를 말한다. 연구 결과에 따르면 세 가지 행복 중 열정의 행복은 두번째로 지속기간이 길다고 한다. '신들렸다'는 표현이 사용될 때도 있다.

* 여기서 논하는 세 가지 종류의 행복은 『긍정 심리학 *Authentic Happiness*』이라는 책에서 다루고 있다. 단, 재포스에서 사용하는 용어로 표현을 대체했다.

사명

사명의 행복은 내게 큰 의미를 지니며, 나보다 더 큰 어떤 존재의 일부가 될 때 느끼는 행복이다. 연구 결과에 의하면 세 종류의 행복 중 이 행복이 가장 오래 지속된다고 한다.

세 가지 종류의 행복

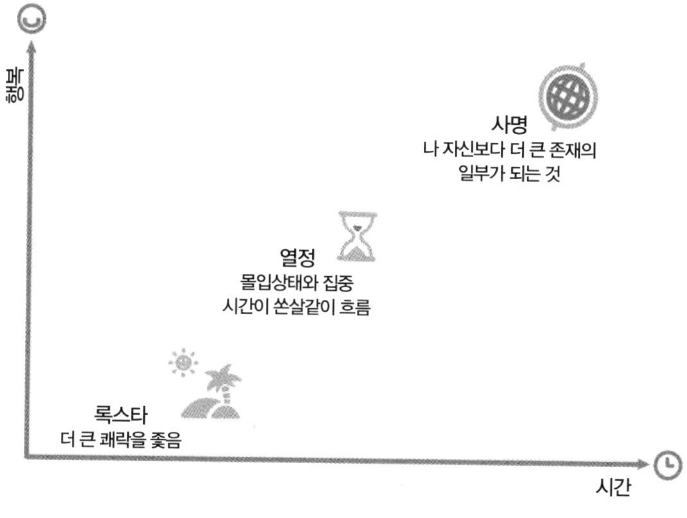

사람들이 일단 쾌락의 행복을 유지하게 되면 열정의 행복에 신경을 쓰고, 열정의 행복이 충족되면 사명을 찾겠다고 생각하며 살아간다는 것이 흥미롭다.

그러나 연구 결과에 따르면, 적절한 행복 전략은 먼저 자신의 사명이 무엇인지 파악하고 추구하며(사명의 행복이 가장 오래 지속되는 행복이므로), 그 위에 열정의 행복을 쌓고, 마지막에 쾌락의 행복을 더하는 것이라 한다.

프랙털로서의 행복

미리엄 웹스터 사전에 나온 프랙털의 정의는 '변칙적 곡선이나 형상으로, 임의의 일부를 같은 크기로 확대하거나 축소했을 때 그보다 크거나 작은 부분과 형태가 유사한 것'이다.

다음은 프랙털의 한 예이다(켄 슈워츠 박사의 『겨울 원더랜드』).

프랙털의 특징 중 하나가 바짝 당겨보거나 멀리 떼어놓고 보아도 눈에 들어오는 형태가 같거나 매우 비슷하다는 점이다. 위키디피아

에 의하면 구름, 산맥, 번개, 해안선, 눈송이, 다양한 채소(콜리플라워와 브로콜리), 그리고 동물의 얼룩 유형 등 다수의 자연체가 프랙털 같은 특징을 지니고 있다고 한다.

사람들을 행복하게 만드는 요소(쾌락, 열정, 사명)와 위대한 장기적 기업을 만드는 요소(돈, 열정, 사명)에 있는 유사성은 내가 접해 본 것 중 가장 흥미로운 프랙털이라 생각한다.

행복과 비즈니스의 유사점

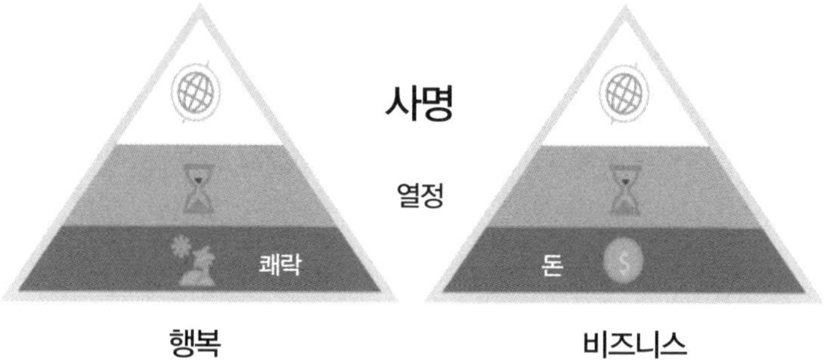

기하학적 프랙털이 자아내는 정형적 양식은 언뜻 보면 매우 복잡하게 보이지만 사실은 단순한 수학공식을 바탕으로 하고 있다.

기업도 마찬가지다. 오랫동안 지속될 위대한 기업을 일구려는 시도는 처음에는 압도적으로 거대한 일처럼 보이지만 '행복'을 기업 조직의 원칙으로 삼는다면 훌륭한 길잡이가 될 것이다.

책의 저술이 '해야 할 일' 목록에 있기는 했지만 단순히 그 이유 때문에 이 책을 쓴 것은 아니다.

또한 이 책이 미래의 재포스 직원에게 안내서의 역할을 하겠지만 (그리고 아마도 재포스에 새 고객을 한두 명 더 끌어다주지 않을까), 재포스를 위해서 쓴 책도 아니다.

이 책을 쓴 데는 다른 이유가 있다. 나는 세상을 더 나은 곳으로 만드는 데 일조하는 행복 운동에 기여하고 싶었다.

내가 개인적으로 배운 교훈들, 그리고 재포스를 통해 여럿이 함께 배운 교훈을 보며 이미 자리를 잡은 사업체들은 사업을 하는 방식을 바꿀 것을 모색하고, 사업가들은 행복을 사업모델의 핵심으로 삼아 새로운 기업을 시작할 마음을 품게 되기를 나는 바란다. 사업을 더 키우고 고객과 직원을 더 행복하게 하기 위하여 행복학 분야의 연구 결과를 적용하는 기업들이 더 늘어나기를 바란다.

이 책을 통해 당신이 행복해질 뿐 아니라 타인에게도 더 큰 행복을 가져다줄 수 있게 되기를 바란다.

행복이 모든 사람들의 궁극적 목표라면, 우리가 세상을 변화시키고 모든 사람들과 기업들이 행복이라는 관점과 체계로 사고하도록 할 수 있다면 정말 좋지 않겠는가.

내가 답을 다 아는 것은 아니다.

하지만 이 책으로 인해 당신이 올바른 질문을 하게 된다면 정말 좋겠다.

나는 매일 나의 행복을 최대화하기 위해 노력하는가?

세계의 행복에 내 존재가 매일 얼마나 기여하는가?

내 가치는 무엇인가?

나는 무엇에 열정을 느끼는가?

무엇이 내게 영감을 주는가?

내 인생의 목표는 무엇인가?

우리 회사의 가치는 무엇인가?

우리 회사의 사명은 무엇인가?

나의 사명은 무엇인가?

> 목적을 가지고 걷는 사람은 운명과 부딪치게 된다.
>
> —버티스 베리

이 책을 읽고 당신이 다음과 같은 결심을 하기를!

- (향상된 고객 서비스를 통해서) 고객을 더 행복하게 하겠다는 결심,
- (기업문화에 초점을 맞춤으로써) 우리 회사의 직원을 더 행복하게 하겠다는 결심,
- (행복학을 공부함으로써) 더 행복해지겠다는 결심.

이 책을 읽은 당신이 영감을 받아 이 결심들 중 하나라도 했다면,

재포스와 내가 '우리'의 사명을 완수하는 데 내 몫의 임무는 다 한 셈이다.

'세상에 행복을 배달한다'는 우리의 사명 말이다.

에필로그

동참

나는 어떤 일을 하려고 할 때마다 스스로에게 다음과 같은 질문을 던지려고 노력한다.

세상 모두가 같은 방식으로 행동한다면 무슨 일이 날까? 세상이 어떻게 보일까? 이 세상의 전반적인 행복에 어떤 영향을 미칠까?

이러한 '생각 실험' 은 재포스에서 일을 하는 방식을 세계에 알릴 것인지, 또는 내 주문을 잘못 이해한 웨이트리스에게 화를 낼 것인지, 아니면 내 뒤에 좀 멀리 떨어져 오는 사람을 위해 먼저 문을 연 내가 계속 문을 붙들고 있을 것인지 등을 생각할 때 유용했다.

하지 말아야 할 일을 결정하는 데도 앞의 질문은 똑같이 중요하다. 설사 그 일을 '하지 않는 것'이 보통 사람들에게는 최우선 선택일 경우라도 질문은 해야 한다.

이 책에서 나온 갖가지 발상은 이 책으로 그칠 수도 있다. 독자 여러분도 이 책을 덮고는, 아무것도 하지 않고 이제까지 살던 대로 살아갈 수 있다.

또는 좀더 행복하고 좀더 좋은 세상을 만드는 운동에 동참할 수도 있을 것이다. 선택권은 당신에게 있다.

후자라면 온라인에서 우리를 만날 수 있다.

www.deliveringhappinessbook.com/jointhemovement

이 운동에 참여하기 위해 당신이 할 수 있는 일이 무엇인지 알아보기 바란다.

우리는 함께 세계를 변화시킬 수 있다.

> 한 개의 초로 천 개의 초에 불을 붙일 수 있지만
> 그 초의 생명은 단축되지 않는다.
> 행복은 나누어도 줄어들지 않는다.
>
> —부처

피가 되고 살이 되는 트윗!

삶은 자신을 발견하는 과정이 아니라 자신을 창조하는 과정이다.

– 조지 버나드 쇼

공적을 인정받는 데 연연하지 않는다면 놀라울 정도의 성취를 이룰 수 있다.

– H.S. 트루먼

우리는 스스로를 비참하게도, 강인하게도 만들 수 있다. 드는 노력은 이래저래 비슷하다.

– 카를로스 카스타네다

우리가 뒤에 남긴 것과 우리 앞에서 기다리는 것은 우리 내면에 존재하는 것에 비하면 사소한 것이다.

– 랄프 왈도 에머슨

부록

온라인 자료

- 이 책에 대해서 더 알고 싶으면
  http://www.deliveringhappinessbook.com

- 지면 관계상 이 책에 실리지 못한 이야기들을 읽고 싶으면
  http://www.deliveringhappinessbook.com/stories

- 추천 도서 목록
  http://www.deliveringhappinessbook.com/books

- 재포스 핵심가치
  http://www.deliveringhappinessbook.com/zappos-core-values

- 당신의 조직을 위해 준수 가능한 핵심가치를 만들고 싶다면
  http://www.deliveringhappinessbook.com/core-values

- 어떻게 트위터가 당신을 더 행복하고 더 좋은 사람으로 만들어줄 수 있는가?
  http://www.deliveringhappinessbook.com/twitter-better

• 트위터에서 저를 팔로하세요(@zappos)!
http://twitter.com/zappos

• 재포스에 대한 사람들의 한마디, 그리고 재포스 직원들의 트윗을 보려면
http://twitter.zappos.com

• 재포스 문화에 대한 사진과 동영상
http://blogs.zappos.com

• 재포스에 대해 더 알고 싶다면
http://about.zappos.com

• '재포스 인사이트(Zappos Insights)' 가입을 원하는 기업인과 기업체라면
http://www.zapposinsights.com

• 재포스에서 일하고 싶으면
http://jobs.zappos.com

• 『재포스 컬처북』을 받고 싶으면(책을 받을 집주소를 적어주세요)
ceo@zappos.com

• 라스베이거스의 재포스 사무실 투어는
http://tours.zappos.com

옮긴이의 말

행복한 돈 벌기를 꿈꾸는 사람들을 위한 책

패션 온라인 쇼핑몰 재포스닷컴(Zappos.com)은 미국에서는 꽤 유명한 쇼핑몰이다. 내가 재포스란 이름을 처음으로 접한 것은 미국에 살던 2000년대 초반. 출근길에 받은 무가지에서 신발광인 유명 블로거가 어떤 온라인 신발 쇼핑몰을 찬양하는 것을 읽게 되었다. 엄청나게 다양한 제품군을 가지고 있고 쇼핑하기도 매우 편리하다며 신발을 사려면 재포스닷컴으로 가라고 했다. 신발에 큰 관심이 없던 내게도 그 이름은 뇌리에 박혔다. 독특하지만 기억하기 쉬운 이름이었던 것일까? (고백하자면 사실 재포스Zappos가 아니라 재포Zappo라고 기억하고 있었다.)

시간이 흘러 2009년 어느 날, 나는 〈셀리브리티 어프렌티스Celebrity Apprentice〉라 하여 유명인들이 비즈니스 관련 과제를 두고 경쟁하는 리얼리티 쇼를 시청하고 있었다. 이 쇼의 제작자 도널드 트럼프는 유명하거나 각광받는 기업을 초청하여 쇼에 출연하는 유명인 경쟁자들에게 그들 회사와 관련한 과제를 수행하게 하는데, 그날 초청을 받은 회사가 바로 재포스닷컴이었다. 재포스 CEO에 의하면 재포스는 최고의 고객 서비스를 제공하는 데 중점을 두고 있으며 전화를 건 고객에게 물건을 사라고 권하는 영업을 하지 않는다고 했다. 당시 미국에는 고객들이 제품을 구매할 때 다른 제품을 함께 권하며 추가 매출을 올리는 것이 좋은 경영이라는 인식이 여전히 남아 있었다(고객의 건강은 아랑곳없이 햄버거의 크기를 키워 돈을 더 번 맥도날드가 여전히 찬양받는 미국이었다). 나 또한 고객과 이야기할 때마다 수익 창출의 기회를 호시탐탐 노리라는 교육을 받았던 터라 그 CEO가 한 말에 귀가 쫑긋했다.

그는 날카로운 인상이었다. 책에서 풍기는 느낌과는 정반대이다. 백인 여성들이 주 고객일 듯한 패션 쇼핑몰의 사장이 젊은 동양계 남성이라는 사실이 흥미로웠다. 그는 눈앞의 유명인들에게 전혀 기죽지 않고 할 말을 다 하며 사장의 '포스'를 풍겼다. 출연자 중 한 명이 재포스를 '재포'라고 착각하자 바로 고쳐주기도 했는데 나도 그때서야 회사 이름을 제대로 알게 되었다. 하지만 곧 한국에 귀국하게 되어 그곳에서 신발을 구입할 기회는 없었다.

또 시간이 흘러 2010년 여름, 이 책의 번역을 제안 받았다. 〈셸리

브리티 어프렌티스〉에서 내 호기심을 자극했던 사람이 지은 책이라 고민하지 않고 냉큼 받아들었다. 책을 읽으며 나는 90년대 말 읽었던 신문기사를 떠올렸다. 20대 초반의 미국 청년 두 명이 당시 막 뜨기 시작한 인터넷 광고 시장에 뛰어들어 높은 수익을 올리고 있으며 대기업의 거액 인수 유혹을 받고 있다는 기사였다. 그 기사를 읽으며 '사업가적 자질'은 국에 쓰려고 해도 없던 나는 상당히 감탄했었는데 이 책을 읽으면서 깨달았다. 재포스 CEO 토니 셰이가 바로 그 두 청년 중 한 명이었다.

나는 약간의 실망을 느꼈다. '뭐야. 가치관이 독특한 경우인 줄 알았는데, 하버드 나오고 20대 초반에 백만장자가 된 머리 좋은 사람에 불과하잖아. 이런 사람한테 평범한 내가 배울 수 있는 게 뭐람.' 그러나 나는 책에 점점 빠져들었다. 토니는 세상의 흔한(?) 천재가 아니었다. 1년만 회사에서 더 버티면 8백만 달러(당시 환율로 약 120~130억 원)를 더 벌 수 있었지만, 지루하게 살기가 싫어 거액을 포기하고 회사를 그만두었다. 열정을 가진 사람들을 믿고, 리스크가 큰 상황에서 개인 재산을 거의 모두 투자했다. 그는 또한 다른 사람을 행복하게 함으로써 돈을 벌 수 있다는 철학을 가지고 고객과 직원, 거래업체에게 너그럽게 베풀었다. 고작(!) 2만여 달러를 아끼고 특정 직위를 따내기 위해 2년 동안 회사에서 버틴 적이 있고 한국에서 근무하던 시절 OEM 업체에게 한 푼이라도 덜 주려고 했던 내가 좀 창피했다. 하지만 희망이 싹트는 것을 느낄 수 있었다.

실제로 이렇게 사는 사람이 있구나. NGO에서 일하지 않고도, 소위 비주류로 살지 않아도 이런 삶이 가능하구나 하는.

이런 회사에서 일하고 싶다는 생각이 들었다. 이런 회사를 꾸려 보고 싶다는 생각도 들었다. 이 책을 많은 독자들이 읽어주었으면 좋겠다는 생각이 들었고 '옮긴이의 말'을 써달라는 요청을 받았을 때 쓰고 싶은 말이 참 많았지만 너무 길어질까 하여 꾹 참아야 했다. 이 책은 후기를 쓰는 데 그치지 않고 서점에 가서 '이 책 꼭 보라'며 소리라도 지르고 싶은 그런 책이다(그렇다고 내가 그러겠다는 뜻은 아니다!). 내 졸역이 유일한 흠일 뿐, 꿈 많은 청소년부터 기반을 잡은 경영인에 이르기까지, 모두에게 권하고 싶은 책이다. 독자 여러분이 이 책을 읽고 올바로 사업하는 법, 비즈니스와 인생에서 모두 성공하는 법, 또는 행복해지는 법에 한 걸음 더 가까이 다가갈 수 있다면 더 바랄 것이 없겠다.

2010년 늦여름

송연수

사족 : 토니가 천재인 건 맞다. 이 책을 2주일 만에 완성했다고 하니까.

옮긴이 송연수

서울에서 나고 자라 대학에서 경영학을 전공하고 상품기획자로 잠시 일하다 미국으로 건너가, 회계학을 전공하고 『딜리버링 해피니스』에서도 잠깐 언급된 회사에서 회계사로 수년간 재미있게 일했다. 그러나 대규모 회계법인의 부속으로 일생을 마치고 싶지는 않다는 소박한 생각에 회사를 그만두고 프리랜서 세법 전문가 및 번역가로 활동했다. 2009년 잠시 회계법인으로 돌아가는 등의 외도를 한 후 2010년 번역의 길에 본격적으로 들어섰다. 역서로는 『내가 확실히 아는 것들』 『내가 보고 싶었던 세계』 『슈퍼퓨전』 등이 있다.

딜리버링 해피니스

1판 1쇄 2010년 9월 1일
1판 12쇄 2023년 9월 1일

지은이 토니 셰이
옮긴이 송연수
펴낸이 김정순
디자인 김리영
마케팅 이보민 양혜림 정지수

펴낸곳 (주)북하우스 퍼블리셔스
출판등록 1997년 9월 23일 제406-2003-055호
주소 04043 서울시 마포구 양화로 12길 16-9(서교동 북앤빌딩)
전자우편 editor@bookhouse.co.kr
홈페이지 www.bookhouse.co.kr
전화번호 02-3144-3123
팩스 02-3144-3121

ISBN 978-89-5605-480-3 03320